市场营销专业工作过程系统化课程系列教材

消费者行为分析

刘 树 马 英 主编

内容简介

本教材是市场营销专业工作过程系统化课程系列教材之一,按照市场营销专业人才培养的目标,将消费者行为的基本理论和具体的实际操作相结合,阐述了消费者行为的基本理论及其在实践中的应用。

本书根据工学结合人才培养模式的要求,注重理论和实务相结合,在开展消费者行为理论教学的同时,强化主要环节的实践教学环节,在每一情景设置案例,具有很强的实践性和可操作性。

全书构建了消费者行为的理论体系和课堂实践体系。主要内容涉及消费者行为分析概论、购买行为分析、购买动机分析、心理因素影响分析、个人因素影响分析、社会因素影响分析(一)、社会因素影响分析(二)、文化因素影响分析、营销策略影响分析、购后使用与消费者评价。

本教材属于经济管理类的专业基础课教材,也可作为社会从业人士的参考读物。

图书在版编目(CIP)数据

消费者行为分析/刘树,马英主编. —北京:北京大学出版社,2013.7
(市场营销专业工作过程系统化课程系列教材)
ISBN 978-7-301-21998-0

Ⅰ.①消… Ⅱ.①刘…②马… Ⅲ.①消费者行为论—教材 Ⅳ.①F713.55

中国版本图书馆 CIP 数据核字(2013)第 016329 号

书　　　名:	消费者行为分析
著作责任者:	刘　树　马　英　主编
责任编辑:	李　玥(liyue102@vip.sina.com)
标准书号:	ISBN 978-7-301-21998-0/F·3490
出版发行:	北京大学出版社
地　　　址:	北京市海淀区成府路 205 号　100871
网　　　址:	http://www.pup.cn　新浪官方微博:@北京大学出版社
电子信箱:	zyjy@pup.cn
电　　　话:	邮购部 62752015　发行部 62750672　编辑部 62765126　出版部 62754962
印刷者:	北京富生印刷厂
经销者:	新华书店

　　　　　　　787 毫米×1092 毫米　16 开本　12 印张　292 千字
　　　　　　　2013 年 7 月第 1 版　2016 年 1 月第 2 次印刷

定　　价:24.00 元

未经许可,不得以任何方式复制或抄袭本书之部分或全部内容。
版权所有,侵权必究
举报电话:010-62752024　电子信箱:fd@pup.pku.edu.cn

前　言

"消费者行为分析"是市场营销专业的专业必修课，是市场营销专业及相关专业学生了解消费者行为特点、了解影响消费者购买行为的因素等相关知识的课程；同时也是一门应用性很强的课程，主要研究影响消费者决策过程的社会和心理变量。

本书重在案例的引入、基本理论和应用的讲解以及消费者购买行为的演练，结合高职高专的实践教学经验，借鉴同类教材的长处，精选经典案例，引入最新案例。教材的主要内容包括十个任务：任务一，消费者行为分析概论；任务二，购买行为分析；任务三，购买动机分析；任务四，心理因素影响分析；任务五，个人因素影响分析；任务六，社会因素影响分析（一）；任务七，社会因素影响分析（二）；任务八，文化因素影响分析；任务九，营销策略影响分析；任务十，购后使用与消费者评价。每个任务都包括实际案例、学习档案、课堂案例、课后作业、延伸阅读、参考文献等六个部分，以满足不同层次学生学习、参考的需要。

编者本着"以能力为本位，兼顾知识教育、技能教育和能力教育"的精神，力争使本书具有以下几点较强的职业特色。

1. 基础性。以"实用为主，够用为度"作为本书的编写原则，没有一味追求理论的深度，通过阐述一些基本的理论知识，指导学生应用这些知识。

2. 系统性。在保证基础性的前提下，本书特别注重内容的系统性，围绕着影响消费者购买行为的心理因素、个人因素、社会因素、文化因素、营销策略因素进行阐述，循序渐进，从而有利于学生通过系统学习，高效地获取消费者行为的相关知识。

3. 实用性。实用性主要体现在本书的引入案例、情景案例、课堂案例方面，通过引入知名企业的经典案例，便于学生在掌握理论的同时，了解不同因素对消费者行为的影响，具有很强的操作性。

本书由刘树（中国地质大学长城学院）、马英（河北科技学院）担任主编，拟定写作大纲、审定文稿。薛芳（中国地质大学长城学院）、潘宁宁（河北科技学院）、秦月（河北科技学院）担任副主编，负责收集资料、整理资料。河北科技学院的安海峰、张伏玲、苏丽莉、中国地质大学长城学院的刘晓燕参编。具体分工如下：

安海峰：学习任务一；马英：学习任务二、学习任务三；秦月：学习任务四；潘宁宁：学习任务五；张伏玲：学习任务六；苏丽莉：学习任务七；刘晓燕：学习任务八；薛芳：学习任务九、学习任务十。

本书既可作为市场营销专业课程教材，也可作为相关行业的培训用书。同时也适合作为企业管理人员的参考用书。

本书在编写过程中参考了众多学者、专家的著作和论文，在此一并表示感谢！由于能力、水平有限和编写匆忙，不足之处在所难免，敬请广大读者提出宝贵意见和建议，以便我们修订和完善。

编　者
2013 年 5 月

目 录

学习任务一　消费者行为分析概论 ·· (1)
 1.1　导入案例 ·· (1)
 1.2　学习档案 ·· (2)
 1.3　练习案例 ·· (10)
 1.4　课后作业 ·· (11)
 1.5　延伸阅读 ·· (12)
 1.6　参考文献 ·· (12)

学习任务二　消费者购买行为分析 ·· (13)
 2.1　导入案例 ·· (13)
 2.2　学习档案 ·· (14)
 2.3　练习案例 ·· (19)
 2.4　课后作业 ·· (19)
 2.5　延伸阅读 ·· (20)
 2.6　参考文献 ·· (20)

学习任务三　消费者购买动机分析 ·· (21)
 3.1　导入案例 ·· (21)
 3.2　学习档案 ·· (22)
 3.3　练习案例 ·· (31)
 3.4　课后作业 ·· (31)
 3.5　延伸阅读 ·· (32)
 3.6　参考文献 ·· (33)

学习任务四　消费者心理因素影响分析 ·· (34)
 4.1　导入案例 ·· (34)
 4.2　学习档案 ·· (35)
 4.3　练习案例 ·· (51)
 4.4　课后作业 ·· (52)
 4.5　延伸阅读 ·· (52)
 4.6　参考文献 ·· (54)

学习任务五　消费者个人因素影响分析 ·· (55)
 5.1　导入案例 ·· (55)
 5.2　学习档案 ·· (56)
 5.3　练习案例 ·· (70)

5.4 课后作业 …………………………………………………………………… (70)
5.5 延伸阅读 …………………………………………………………………… (71)
5.6 参考文献 …………………………………………………………………… (72)

学习任务六　社会因素影响分析(一) …………………………………………… (73)
6.1 导入案例 …………………………………………………………………… (73)
6.2 学习档案 …………………………………………………………………… (75)
6.3 练习案例 …………………………………………………………………… (89)
6.4 课后作业 …………………………………………………………………… (89)
6.5 延伸阅读 …………………………………………………………………… (90)
6.6 参考文献 …………………………………………………………………… (91)

学习任务七　社会因素影响分析(二) …………………………………………… (92)
7.1 导入案例 …………………………………………………………………… (92)
7.2 学习档案 …………………………………………………………………… (94)
7.3 练习案例 …………………………………………………………………… (105)
7.4 课后作业 …………………………………………………………………… (106)
7.5 延伸阅读 …………………………………………………………………… (107)
7.6 参考文献 …………………………………………………………………… (109)

学习任务八　文化因素影响分析 ………………………………………………… (110)
8.1 导入案例 …………………………………………………………………… (110)
8.2 学习档案 …………………………………………………………………… (111)
8.3 练习案例 …………………………………………………………………… (127)
8.4 课后作业 …………………………………………………………………… (129)
8.5 延伸阅读 …………………………………………………………………… (130)
8.6 参考文献 …………………………………………………………………… (132)

学习任务九　营销策略影响分析 ………………………………………………… (133)
9.1 导入案例 …………………………………………………………………… (133)
9.2 学习档案 …………………………………………………………………… (134)
9.3 练习案例 …………………………………………………………………… (162)
9.4 课后作业 …………………………………………………………………… (162)
9.5 延伸阅读 …………………………………………………………………… (163)
9.6 参考文献 …………………………………………………………………… (164)

学习任务十　购后使用与消费者评价 …………………………………………… (166)
10.1 导入案例 ………………………………………………………………… (166)
10.2 学习档案 ………………………………………………………………… (167)
10.3 练习案例 ………………………………………………………………… (181)
10.4 课后作业 ………………………………………………………………… (182)
10.5 延伸阅读 ………………………………………………………………… (183)
10.6 参考文献 ………………………………………………………………… (184)

学习任务一

消费者行为分析概论

学习目标

知识目标： 通过本章的学习，明确消费、消费者、消费者心理、消费者行为的基本概念，了解消费者行为学的研究对象和基本内容，明确其学科性质及发展趋势。

技能目标： 把握有关理论研究的历史演进过程，认识到研究消费者行为学的重要意义。

1.1 导入案例

到非洲卖鞋

某制鞋公司派两名业务员去非洲某国考察市场，由于该国地处热带，加上经济贫穷，几乎没有穿鞋的。

两个业务员回到公司汇报工作，一个业务员说"这个国家太穷了，没有鞋子的市场"，而另一个业务员说"太好了，这个国家的市场太大了，几千万的人口，几乎没有穿鞋的"。于是该业务员根据该非洲国家的特点，运去大量价格低廉的塑料拖鞋，结果非常畅销，加上后续的宣传推广，该公司的其他鞋销售也不错，为公司创造了非常可观的经济效益。该业务员也很快升职为出口部经理。

（资料来源：北京市教委选评2008《消费者行为分析》案例教材）

问题：该案例可能说明哪些问题？

1.2 学习档案

情景一　消费者行为分析的基本概念

> **小资料**
>
> 个人消费在推动美国战后经济增长方面始终起着重要作用。拉里·莫兰和克林顿·麦卡利的研究结果显示，从1959—2000年美国的个人消费开支年均增长率为3.6%，略快于国内总需求3.5%的增长速度。
>
> 推动美国消费开支的增长因素主要有以下四个方面。
>
> 第一，实际收入增加，家庭财富上升，消费者非基本生活必需品的开支远远超过必需品。消费者增加的非基本生活必需品开支大部分用于装饰房屋、购买汽车、休闲、向经济人和投资顾问支付费用、城市间旅行和电费。
>
> 第二，人口平均年龄上升和富裕程度提高导致购房和房屋装饰开支增加，此外私人医疗保险和公共医疗保险开支增加，老年人口的增长导致医疗照顾开支增加。
>
> 第三，技术革新导致新产品和服务的普及。
>
> 第四，消费者趣味和生活方式的改变，既推动了国内消费，也对经济的稳定起到了积极作用。
>
> **问题**：这个案例对你有什么启示？

一、消费、消费者和消费行为

（一）消费与消费者

消费与消费者是两个截然不同的概念。广义的消费包括生产消费和生活消费。生产消费主要是指生产过程中工具、原材料、人力等生产资料和活劳动资料消费。生活消费又称个人消费，是指人们为了满足自身的需要而对各种生活物资、劳务和精神产品的消耗。它是人们维持自身生存和发展的必要条件，也是人类社会最大量、最普遍的经济现象和行为活动。如果说前者是这一过程的起点，那么后者则处于这一过程的终点，即生活消费或者个人消费是一种最终消费。

消费者与消费既有紧密联系又有相互区别。消费是人们消耗生活资料和精神产品的行为活动。而消费者是从事消费行为的主体——人。

广义的消费者是指从事所有物质产品和精神产品的消费活动的人。某种意义上，社会中的每一个人为维持自身的生存和发展，都要对衣食住行等物资资料和精神产品进行消费，因而，都是消费者。

狭义的消费者概念是从市场需求的角度来界定。将消费者放在市场需求的框架中加以考察，可以认为消费者是指对某种商品或服务有现实或潜在需求的人。根据对商品需求的表现不同又可以分为现实消费者和潜在消费者。

现实消费者是指对某种商品或劳务有现实需求,并实际从事商品购买或使用活动的消费者。潜在消费者是指当前尚未购买、使用或需要某种商品,但在未来可能对其产生需求并购买及使用的消费者。

(二)消费者心理与行为

人作为消费者在消费活动中的各种行为也无一不受到其心理活动的支配。例如是否购买某种商品,购买何种品牌、款式、何时何地购买,采用何种方式购买……每一环节都需要消费者作出相应的心理反应,通过一系列的心理活动加以分析、比较、选择、判断。所以消费者的各种消费活动都是在一定心理活动支配下进行的。这种消费过程中发生的心理活动即消费心理,又称消费者心理。而消费行为则是消费者在消费心理的支配下,对商品、服务等消费对象加以选择、评价、购买和使用的一系列行为活动。

消费者行为由两个部分构成。一是消费者的购买决策过程。购买决策是消费者在使用和处置所购买的产品和服务之前的心理活动和行为倾向,属于消费态度的形成过程。二是消费者的行动。而消费者行动则更多的是购买决策的实践过程。

在现实的消费生活中,消费者行为的这两个部分相互渗透、相互影响,共同构成了消费者行为的完整过程。

二、消费者行为学的含义、学科性质及特点

(一)消费者行为学的含义

消费者行为是指消费者为获取、使用、处置消费物品或服务所采取的各种行动,包括先于且决定这些行动的决策过程。

消费者行为是与产品或服务的交换密切联系在一起的。在现代市场经济条件下,企业研究消费者行为是着眼于与消费者建立和发展长期的交换关系。为此,不仅需要了解消费者是如何获取产品与服务的,而且也需要了解消费者是如何消费产品,以及产品在用完之后是如何被处置的。因为消费者的消费体验,消费者处置旧产品的方式和感受均会影响消费者的下一轮购买,也就是说,会对企业和消费者之间的长期交换关系产生直接的作用。传统上,对消费者行为的研究,重点一直放在产品、服务的获取上,关于产品的消费与处置方面的研究则相对地被忽视。

随着对消费者行为研究的深化,人们越来越深刻地意识到,消费者行为是一个整体,是一个过程,获取或者购买只是这一过程的一个阶段。因此,研究消费者行为,既应调查、了解消费者在获取产品、服务之前的评价与选择活动,也应重视在产品获取后对产品的使用、处置等活动。只有这样,对消费者行为的理解才会趋于完整。从营销学的角度看,这门学科是为了提供对消费者行为的理解,因为"营销学是一门试图影响消费者行为的学科"。

对消费者行为的定义有不同的立论观点。"决策过程论"把消费者行为定义为消费者购买、消费和处置的决策过程。"体验论"认为消费者行为是消费者的体验过程,往往是一种感性的行为——消费者是在体验中购买、在体验中消费、在体验中处置。"刺激-反应论"认为消费者行为是消费者对刺激的反应,应从消费者与刺激的关系中去研究消费者行为。"平衡协调论"认为消费者行为是消费者与营销者之间的交换互动行为,是双方均衡的结果。

(二) 消费者行为学的学科性质与特点

作为现代经济管理科学体系的一个重要组成部分,消费者行为学在学科性质上具有综合性、经济性、发展性和应用性等特点。

1. 综合性

在现实生活中,消费者的心理和行为纷繁复杂,变化多端,其影响因素更是多种多样。如果仅从单一学科的知识进行研究,很难完整准确地把握其中的全部特点和规律。因此,有关学者和专家不断尝试从多维角度,运用多门学科的理论和方法对消费者心理与行为进行综合性研究,并由此积累大量实证性材料。这一领域的研究实际上涉及心理、社会心理学、社会学、人类文化学、经济学、市场学、广告学、企业经营、商品学等学科的许多研究成果,并直接借鉴、采用了这些科学的部分研究方法。

2. 经济性

消费者行为学是一门有自己独立研究范围的学科,就其性质来说属于经济科学的范畴。本门学科主要是从社会经济运行角度出发,把人作为市场活动的主要参与者和消费活动的主体加以研究,目的在于从消费者心理及行为的层面上揭示社会再生产过程中消费运动的内在规律,引导和促进生产、流通与消费的协调关系。

对消费活动的专门研究分两个领域。一是侧重于从宏观角度谈到消费在社会再生产过程中的地位、作用,消费者的总量与构成,消费方式及其发展趋势,而对消费活动的主体——消费者自身很少作深入分析的消费经济学;二是专门以消费者自身为研究对象,剖析消费者心理与心理行为的消费者行为学。从这一意义上来说,消费者行为学弥补了经济科学对消费研究的不足,并因此在现代经济科学中占有重要的位置,成为其中不可或缺的组成部分。

3. 发展性

消费者行为学作为一门独立学科的时间比较短,在体系设置、理论构造、内容方法等方面尚有待完善。尤其是对消费者心理行为规律的探索还远远未达到完善的程度。不仅如此,随着社会环境和自身条件的变化,消费者的心理倾向和行为表现也会有一定的变化。旧的消费观念、消费方式将不断被新的观念和方式取代,消费的需求变化也将更加复杂多变。因此,人们对消费者心理与行为的研究也是永无止境的。

4. 应用性

消费者行为学的研究目的在于帮助商品生产者和经营者掌握消费者心理与行为特点及其一般规律,并运用这一规律预测消费变化趋势,及时采用最佳营销手段,激发消费者的购买欲望,促成有效购买,在满足消费者需要的基础上提高企业的经济效益。

三、消费者行为学的演进与发展

消费者行为学作为一门独立的学科体系,其有关研究经历了漫长的理论和实践的积累和演变过程。其间,理论研究每前进一步,都始终与社会经济的发展进程以及相关学科的不断完善紧密相连。因此,二者构成了消费者心理与行为研究产生和发展的坚实基础。消费者行为学的发展大致可分为以下三个时期。

(一) 20世纪30—60年代:消费者行为研究被广泛应用于营销活动并迅速发展起来

1929—1933年的资本主义经济危机,使生产严重过剩,商品积压,销售非常困难。针对这种供过于求的市场状况,各个企业都在思考着产品销路的问题。而"二战"后的美国,由于军需品需求下降,转而生产民用消费品,导致市场也骤然膨胀,消费者的需求和欲望也随之变化,难以琢磨。这一切使得企业的营销思路发生了重大转变。他们开始重视市场调研,重视消费者。而这一时期,市场学、推销学等在市场营销中得到广泛应用,并收到显著效果。这为完善消费者行为学创造了有利条件,并使其发展成为一门独立的学科,为产品销售服务。20世纪50年代开始,企业对有关消费者心理与行为的研究越来越感兴趣,而更多的理论研究者也加入到这一领域的研究。

最著名的是心理学家马斯洛的"需要层次理论"。美国另外一名心理学家海尔找到了消费者潜在的或隐藏的购买动机理论。此外,美国的经济学家科普兰提出了消费者的购买动机可分为感情动机和理智动机,这对今天还有很大的意义。

20世纪60年代是消费者行为学研究的高峰。美国密歇根大学研究小组提出的期望与消费者态度的理论、哥伦比亚大学提出的"人格的影响"理论、哈佛大学对于知觉风险的研究、中间范围理论、低参与过程与高参与过程的理论、群体问题的研究等,都极大地发展和完善了消费者行为学。

(二) 20世纪70年代—90年代末,消费者行为学发展过程的重大转折时期

1968—1972年发表的研究成果,比1968年以前所出版的全部研究成果都要多。这一时期有关消费者心理与行为研究的各种研究不仅数量激增,而且质量也越来越高,研究方法也越来越科学。更多的新兴学科,如计算机、经济数学、行为学等被应用到消费者行为学研究中。而且,有关消费者研究的内容也有了重大突破。

(三) 进入21世纪后,消费者行为学有了进一步发展

随着社会生产、科学技术的飞速发展,许多学科种类大量涌现,有关消费者心理与行为的研究也在不断发展、深化,门类也越来越多,如商业心理学、广告心理学等。由此可见,消费者行为学面临着新的挑战,还需要不断完善和发展。

情景二 消费者行为分析的内容、目的及意义

> **小资料**
>
> 一部与众不同的小灵通手机,上面只有5个按键,每个按键绑定1个电话号码,只要父母把5个号码分别设定在按键上,小孩子一按就可以自动拨号。今日,这种专门为儿童设计的简易小灵通电话——"儿童终端"在上海现身,它既方便儿童使用,又能有效地帮助父母控制孩子的通信费。不过,尽管儿童手机有潜在的市场需求,网络覆盖更全面的移动和联通目前却尚未推出专门针对儿童用户的手机服务。此外,2004年10月间曾想把儿童手机带入上海市场的一家外地厂商也已经黯然退出这个市场。
>
> 其实,儿童手机一出现就存在着截然不同的两种意见。有人说好,因为孩子还小,没办法分辨好人坏人,有了儿童手机,可以随时联系家长,确保人身安全。也有人说不好,因为担心外表时髦的儿童手机会成为学校里孩子们相互攀比的新目标,并对手机辐射可能对儿童带来的影响心存顾虑。

> 目前,上海的手机和小灵通用户数已经达到1400万户,和上海常住人口数差不多。对于电信运营商来讲,可以发展的新用户越来越少。但是,与发达国家30%～50%的儿童手机普及率相比,上海的儿童通信市场潜力依然巨大。
>
> **问题**:你觉得开发产品最重要的是什么?

一、消费者行为分析的对象和内容

消费者行为学以消费者在消费活动中的心理和行为现象作为研究对象。在实际生活中,这些心理和行为的表现形式多种多样,涉及消费者个人心理特性、行为方式、消费群体、市场营销、社会文化环境等诸多方面。为此,消费者行为研究对象在具体内容上可以分为以下几个方面。

(一)消费者的心理活动基础

消费者行为学通过研究消费者的能力、气质、性格、自我概念等个性心理特征,了解消费心理现象的个别性或特殊性,进而解释不同消费者在行为上的种种差异;同时对影响消费者行为的诸多心理因素中最重要、最直接的因素——需要和动机加以深入了解研究,系统分析现代消费者的需求内容、动机类型及其发展变化趋势,从而为购买行为的研究奠定基础。

(二)消费者购买行为

购买行为是消费者心理活动的集中外观,是消费活动中最有意义的一部分。消费者行为学研究将会影响消费者的心理因素和行为表现紧密联系在一起,深入探讨消费者的购买行为过程,购买决策的形成,以及态度、偏好、逆反心理、预期心理等对购买决策与行为的影响。通过对购买过程中产生消费需求、驱动购买动机、搜集有关信息、进行比较选择、制定购买决策、实际从事购买、评价所购商品等若干阶段以及相互关系的考察,提炼出消费者购买行为的基本模式。在购买过程中,决策居于关键性环节。决策的正确与否将直接影响消费者购买行为的效率和效果。

(三)消费者群体心理和行为

消费者行为在直接形态上表现为消费者个人的行动活动。但从社会总的角度来看,消费者行为又带有明显的群体性。现实中某些消费者由于年龄、性别、职业、收入相同或相近,因而在消费需求、消费观念、消费习惯等方面表现出很大的一致性或相似性。具有上述相同特征的若干消费者构成一定的消费群体。消费群体是社会消费活动的客观存在。研究不同消费群体在消费心理和消费行为方式上的特点与差异,有助于从宏观角度把握社会总体消费的运动规律,同时对商品生产者和经营者准确地细分消费市场,制定最佳的营销策略,有重要的指导意义。

(四)消费者心理、行为和社会环境

消费者及其所从事的消费活动都是置于一定的社会环境中的,是在某种特定环境下进行的。因而,一方面,消费者个人或消费者群体的心理活动倾向及行为表现,在很大程度上受到社会环境因素的影响和制约;另一方面,消费者在适应环境的同时,也会以不同方式影响或作用环境。

（五）消费者心理与市场营销

现代市场经济条件下，消费者与之大量接触、受其影响最为深刻、直接的事物就是企业的市场营销。消费者心理和行为与企业的市场营销活动之间有着极为密切的内在联系，二者相互影响、相互作用。市场营销既是适应消费者心理的过程，又是对消费者心理进行诱导、促成其行为实现的过程。探讨这一过程中消费者如何对各种营销活动作出反应，以及怎样针对消费者的心理活动特点改进营销方式、提高营销效果，是消费者行为学研究的主要对象和内容之一，也是其研究目的和任务所在。

二、消费者行为分析的目的和意义

（一）对消费者的意义

可以使消费者学会科学地进行消费决策，从而使由于对商品不了解、认知水平差、消费观念落后等原因造成的盲目消费甚至利益受损的现象得以改善。消费者的消费将因此趋向于更成熟、更稳定，这使其需求得到更好的满足，更加明确自己要的是什么，消费更有效、更经济，从而走出消费误区。

（二）对消费者行为分析者的意义

消费者行为分析者通过对消费者行为的研究，创立了一个有关这一方面人类行为的独立知识体系。使知识体系更为完备，建立更全面的理论体系，对实践会有更强的指导意义。

（三）对企业、商家的意义

产品同质化时期的到来和残酷的竞争、对消费者争夺的白热化，不仅使市场观念从"以生产者为中心"转变到"以消费者为中心"再到"对消费者进行引导和规范"，把消费者的地位提到前所未有的高度，而且"不买的消费者"概念的提出，更使人们清晰地看到市场策略的重要性，让习惯于只唱"让消费者买我品牌的商品"这"一部曲"的企业改唱"两部曲"：先要让消费者的观念从认为自己不需要该类商品到认为自己有需要买这类商品，然后再想方设法使自己在这一市场中占有比较大的分量。

具体地说，消费者行为分析对企业、商家的意义，有以下几个方面。

1. 有利于制定科学的市场策略

了解消费者的倾向和需要以及现在对产品的态度，企业可以利用可控制的变量（如广告宣传、包装、价格、零售渠道）设计出有效的市场决策变量，从而有效地影响消费者购买其商品。消费者行为分析知识会催生成功的市场策略。

2. 有利于测定市场成效

消费者行为不仅影响市场策略，也反映市场策略。细心观察市场上的消费者行为，可使企业测量特定的市场策略的成功或失败。

3. 有利于详细划分市场

企业也要利用消费者行为的知识去细分市场，根据消费者心理和行为的分析成果，确定细分市场所依据的有意义变量。

针对我国的实际国情，在我国发展社会主义市场经济的过程中，深入开展消费者心理与行为的研究同样具有极其重要的现实意义。

1. 加强消费者心理与行为分析有助于提高宏观经济决策水平,改善宏观调控效果,促进国民经济协调发展

在社会主义市场经济条件下,市场作为经济运行的中枢系统,是国民经济发展状况的明显标志。处于买方地位的消费者,对市场的稳定运行,以及对国民经济的协调发展具有举足轻重的作用。消费者心理与消费者行为的变化会直接引起市场供求状况的变化,从而对整个国民经济产生连锁效应,对生产规模、生产周期、产品结构、产业结构以及劳动就业、交通运输、对外贸易、财政金融、旅游乃至社会安定造成重大影响。

2. 加强消费者心理与行为分析有利于企业根据消费者需求变化组织生产经营活动,提高市场营销活动效果,增强市场竞争力

随着经济的发展和人们收入水平的提高,一方面,我国广大消费者需求日趋复杂多样,不仅要消费各种数量的优质商品,还要享受完善周到的服务;另一方面,随着市场经济的迅速发展,所有企业都被卷入市场竞争之中,实践证明,只有加强对消费者心理与行为的分析,根据消费者心理活动的特点来制定规律和调整营销策略,企业才能不断满足消费者的消费需要,在瞬息万变的市场环境中提高应变能力和竞争能力。

3. 加强消费者心理与行为分析有助于消费者提高自身素质,科学地进行个人消费决策、改善消费行为,实现文明消费

消费就其基本形式来说,是以消费者个人为主体进行的经济活动。消费活动的效果如何,不仅受社会经济发展水平、市场供求状况及企业营销活动的影响,而且更多地取决于消费者个人的决策水平和行为方式。而消费决策水平及行为方式又与消费者自身的心理素质状况有直接的内在联系。消费者的个性特点、兴趣爱好、认知方法、价值观念、性格气质、社会态度、消费偏好等,都会不同程度地对消费决策的内容和行为方式产生影响,进而影响消费活动的效果乃至消费者的生活质量。

4. 加强消费者心理与行为研究有助于推动我国尽快融入国际经济体系,不断开拓国际市场,增强企业和产品的国际竞争力

情景三 消费者行为分析的理论体系与方法

> **小资料**
>
> 电视中许多广告以年轻的时髦女郎作为主角,从而迎合人们的心理。法国一家工厂的代理商反其道而行,为该厂的洗衣机做广告时选用了一位年近八旬的老妇人,在电视观众面前操控这种洗衣机进行表演。广告的标题是"八旬老妇也能使用洗衣机"。广告播出后不久,这种洗衣机的销量剧增,从同行业中的第四位跃居第二位。
>
> 问题:你了解广告中的"黄金白银法则"吗?

一、消费者行为分析的原则

消费者行为分析的原则主要包括以下几点。

（一）客观性原则

实事求是，按照事物本来面目反应事物，这是认识事物的客观性原则。任何事物的发生、发展和变化，都有自身的客观规律。消费者行为学所研究的行为现象也是如此。例如，各国的经商方式、文化准则和价值观念不同，当地的消费者也具有不同的消费行为，而只有客观地研究这些异同点，适应当地文化准则、价值观以及消费行为，才能在经营上取得成就。

（二）发展的原则

一切事物都是变化发展的，唯一不变的就是变化本身，消费者的心理及行为也不例外。这就要求在分析的过程中也要坚持发展的原则，不断把这门科学向前推进，以便适应消费者的变化。

（三）全面性原则

消费者在消费过程中，会有各种各样的因素影响他们的购买决定，如需求、动机、态度等，这些因素既是相互联系的，也是相互制约的。所以，消费者行为分析必须坚持全面性的原则。消费者行为是一个多层次、多因素、复杂的系统，受到消费者内在心理和外部环境的作用，因此，在分析过程中要从各个因素的相互联系和相互作用中去认识整体。例如，要研究一个教授家庭和一个工人家庭的消费行为，就必须从经济因素、社会因素和心理因素来进行整体分析。

二、消费者行为的分析方法

消费者行为的分析方法主要包括以下几点。

（一）观察法

观察法，是指在日常生活中通过观察消费者的外在行为探究其心理活动。如到购物场所实地观察顾客的购买行为。这个方法的特点是简单易行，成本低，有一定的可信度。

（二）实验法

实验法是心理学研究中应用最广且成效最大的一种方法，包括实验室实验法和自然实验法两种。实验室实验法是指在专门的实验室内，借助仪器、设备等进行心理测试和分析的方法。这种方法因借助仪器会得到比较科学的结果，但是存在无法测定比较复杂的个性心理活动的缺点。自然实验法是指在企业通过适当控制和创造某些条件，刺激和诱导消费者的心理，或者是利用一定的实验对象对某个心理问题进行试验，最终记录下消费者的各种心理表现。这种方法具有主动性、系统性的特点，因此，被广泛使用。

（三）问卷法

问卷法又称填表法，即调查机构或部门将他们希望了解的内容列在纸上，然后发给消费者，让他们填写。这种方法因为可以同时调查多个人，简单且收效显著，所以也被广泛应用。

（四）交谈法

这种方法是指调查的双方通过交谈的方式完成要调查的内容。一个调查者可以和多个被调查者同时交谈，简单易操作，效果也很好。

(五) 模型法

消费者行为学之所以在新兴的学科里占据重要的一席,就是因为它是建立在一系列有影响力的模型分析的基础上的,而不是建立主观的猜测之上。

(六) 决策导向研究法

决策导向研究法以消费者是一个积极、主动的问题解决者为出发点,试图重点了解消费者是如何形成策略或计划,在不同产品与品牌之间作出选择的。采用这一方法研究消费者行为,大量依赖认知心理学的研究成果,同时也依赖试验心理学和经济学的某些成果。但有两个问题需要注意。一是消费者在有些产品的购买上并不是采用一种系统、主动和理性的决策方式,很有可能是采用习惯性的反应方式,或者很少涉及有意识的决策。二是消费者的购买决策过程可能要跨越一个比较长的时段,作出决策所依赖的信息,往往带有模糊或含混的成分。以上两点,实际上意味着决策导向研究法在探究某些消费者行为时不可避免地存在局限。

(七) 经验导向研究法

持这种研究倾向的学者认为,在有些情况下,消费者并不是按照一种理性的决策程序作出购买决定的。相反,人们有时购买产品或服务是为了有趣、好玩,为了产生一种离奇感,为了获得一种情绪或情感上的体验,冲动性购买、寻求多样化的购买是这种体验型购买的经典例子。当消费者长期消费某种产品或某一品牌的产品时会感到厌倦。为了降低或减少厌倦感,获得新的刺激,他可能转换品牌,即寻求购买上的多样化。

着眼从情绪和情感体验角度研究消费者行为,研究人员将致力于识别、发现与购买相伴随的各种感觉、情绪、想象和象征。广告、包装设计中所运用的情感性主题或诉求,通常需要运用此研究方法所获得的成果。经验导向研究法深深植根于动机心理学、社会学、人类学的研究土壤中,需要后者提供理论和方法论上的支持。

(八) 行为影响研究法

在外部环境力量的驱动下,消费者可能尚未产生或形成关于某种产品的情感和信念,就作出了购买决定。换句话说,消费者在购买一种产品或接受一项服务时,并不一定经过了一个理性的决策过程,也不一定依赖已经发展起来的某些情感;相反,行动可能来源于环境因素的直接影响。从行为影响角度出发,研究人员在分析消费者行为时可能更关注或强调通过某些营销手段或刺激手段,直接影响消费者行为,而不一定采用先影响情感、态度,再通过这些中间变量来影响行为这样一种比较间接的行为影响方式。现代营销观念的核心是以比竞争者更加有效的产品、服务满足消费者的需要。

1.3 练习案例

我(安德鲁·汉克)每天先在某个餐馆工作 8 小时,然后再驱车到另一家餐馆干 8 小时。一天,当我回到家里,我发现妻子和年仅 6 岁的孩子不辞而别。自从她们出走之后,我感到似乎一切都完了。我停止了工作,整日坐卧不安、无所事事,人就像疯了一样……他们把我送进医院,我在大喊大叫之后才能入睡,醒来时,发现自己在一个精神病室里。差不多 4 天的心理治疗之后,他们让我出院了。

当我走出医院,我一无所有。我想重新找回那份丢失的工作,但是他们不给我机会。

我只好寻找另一份工作,但由于没有电话或BP机之类的通信工具,找工作谈何容易。很长一段时间,我不得不睡在废弃的建筑物里。

一天,大约在3年以前吧,我很饿而又身无分文。这时,我遇到了一位卖报纸的家伙。我问他卖的什么报纸,他说卖的是《街头智者》,这是由芝加哥那些无家可归或者曾经无家可归以及经济上处于不利境地的人销售的、独立的、非营利性的报纸。这样,我也加入到卖报的行列,我没有赚很多钱,但我省吃俭用,现在我正打算节省一些钱来购置一件过冬的外套。

我不再是无家可归者,我在一个旅馆中租了一间虽然很小但还算不错的房间,我可以买食品,我甚至还省钱买了一双"耐克"鞋。

实训目的:消费者心理对消费者行为的影响。

实训要点:1. "耐克"一类产品的消费对安德鲁意味着什么?
        2. 就我们的社会以及市场营销的作用和影响方面而言,这一故事到底说明了什么?

1.4 课后作业

1. 名词解释

消费者心理   消费者行为   消费者行为学

2. 简答题

(1) 消费者行为学的研究内容主要包括哪些方面?

(2) 如何理解消费者行为的学科性质?

(3) 学习消费者行为学有什么意义?

3. 案例分析

2000年,海尔公司的冰箱产销量突破300万台,成为国内第一家也是唯一一家产量突破300万台的冰箱企业。海尔公司在1999年销售250万台冰箱的基础上,仍保持了较高的增长速度,这种在高基数下的快速增长在国内家电制造业中是绝无仅有的。

在大洋彼岸,海尔公司继在美国正式投产运营后,2001年年初,又在美国政府采购中一举中标,成为2001年美国政府专用冰箱产品。

经过十多年的发展,中国冰箱市场上的一个显著特点就是国内竞争的国际化现象日益明显。除海尔公司等国内著名冰箱企业外,近年来一些国外品牌对这中国市场虎视眈眈,因此国内冰箱市场的竞争日益激烈。伴随着"洋品牌"进入中国市场,国内一些冰箱企业也将目标对准了国际市场。

在风云变化的冰箱市场,为何不打价格战、只打价值战的海尔公司能在国内外市场上两线奏捷?一直在市场和技术两方面充当领跑者的海尔为什么能在高基数下快速增长?

中国是一个非常有潜力、非常复杂、非常特殊的市场。受到消费习惯、区域差异等条件的影响,产品销售的区域特点十分明显。中国的地域差异、城乡差异、气候差异等原因导致不可能有一个固定的冰箱产品可以满足全部国内市场的需求。

那么海尔冰箱是如何做到"内外兼修"的呢?

"其实说起来很简单,就是创造市场,满足消费者潜在的个性化需求。"海尔人笑言。这一切都是以海尔雄厚的开发实力和生产能力为基础的。

需求就是市场,潜在的需求就是潜在的市场。事实证明了海尔冰箱这一战略的前瞻性:在短短一个月内,海尔就拿到了一百多万台定制冰箱的订单,定制冰箱开始风靡全国。

海尔定制冰箱在国际范围内产生的效益也很让同行眼红。目前,海尔不仅将产品出口到一百四十多个国家,在欧盟五国获得在当地销售享有政府补贴的待遇,而且80%以上的出口产品销往欧美,产品价格在欧美市场中与国际著名品牌不相上下。据美国家电协会统计,在美国小溶解冰箱市场中,海尔冰箱以平均40%的市场占有额稳居榜首。

问题:海尔冰箱是如何解决不同消费者对冰箱的要求的?

1.5 延伸阅读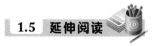

星巴克的体验营销

星巴克是一家1971年诞生于美国西雅图的咖啡公司,专门购买并烘焙高质量的纯咖啡豆,并在其遍布全球的零售店中出售;此外,还销售即磨咖啡、浓咖啡饮品、茶以及与咖啡有关的各种用品。

像麦当劳销售欢乐一样,星巴克把典型的美式文化逐步分解成可以体验的元素:视觉的温馨、听觉的随心所欲、嗅觉的咖啡香味,等等。试想,透过巨大的玻璃窗,看着人潮汹涌的街头,轻轻饮一口咖啡,这是非常符合"雅皮"感觉的体验,在忙忙碌碌的都市生活中是何等的令人向往。

星巴克认为:他们的产品不仅是咖啡,咖啡只是一种载体。而通过咖啡,星巴克把一种独特的格调传递给客户。"星巴克的成功在于,在消费者需求的中心由产品转向服务、由服务转向体验的时代,星巴克成功创立了一种以创造'星巴克体验'为特点的'咖啡宗教'"。

(资料来源:http://blog.sina.com.cn/s/blog_4ce3bda001000bf1.html)

问题:星巴克是如何利用消费者的心理和行为来为自己开拓市场的?

1.6 参考文献

[1] 江林.消费者行为学[M].北京:首都经济贸易大学出版社,2002.
[2] 龚振.消费者行为学[M].广州:广东高等教育出版社,2004.
[3] 王永.营销心理学实用教程[M].北京:化学工业出版社,2010.
[4] 〔美〕德尔·I.霍金斯,罗格·J.贝斯特,肯尼思·A.科尼.消费者行为学(英文版第7版)[M].北京:机械工业出版社出版,2001.
[5] 〔美〕德尔·I.霍金斯,罗格·J.贝斯特,肯尼思·A.科尼.消费者行为学(英文版第8版)[M].北京:机械工业出版社出版,2008.
[6] 〔美〕德尔·I.霍金斯.消费者行为学(英文版第10版)[M].北京:机械工业出版社,2010.
[7] 李东进.消费者行为学[M].北京:机械工业出版社,2007.
[8] 卢泰宏.消费者行为学[M].北京:高等教育出版社,2005.
[9] 王彤彤.消费者行为学[M].上海:复旦大学出版社,2008.

学习任务二

消费者购买行为分析

学习目标

知识目标：通过本章的学习，掌握消费者的特征；了解购买的类型；掌握顾客的购买行为以及顾客的购买决策。

技能目标：针对不同特征和类型的消费者提出不同的营销策略。

2.1 导入案例

苹果超过诺基亚成全球第一大手机厂商

据国外媒体报道，2011财年第一季度，苹果iPhone手机及配件销售额达到104.7亿美元，按营收计算，已超过诺基亚成为全球第一大手机厂商。

在最近一个季度中，诺基亚设备和服务部门营收为71.7亿欧元（约合97亿美元），并预计第四季度营收为82亿—87亿欧元（约合114亿—117亿美元）。设备和服务部门的产品不仅包括智能手机，还包括普通手机、Ovi服务等。

如果算上苹果iTunes Store业务14亿美元的营收，苹果移动业务更是远远超过诺基亚。

一年前，苹果首席执行官史蒂夫·乔布斯（Steve Jobs）曾表示，凭借156亿美元的营收，苹果超过诺基亚、索尼、三星成为全球"最大的移动设备公司"。

诺基亚时任首席执行官康培凯（Olli-Pekka Kallasvuo）对此表示，按"通用标准"衡量，诺基亚仍然是全球最大的移动设备公司。

苹果首席财务官彼得·奥本海默(Peter Oppenheimer)指出,该公司移动业务增长速度超过业界平均水平,"本财年第一季度,iPhone销量由去年同期的870万部增长至1620万部,增幅达86%,高于第四季度全球智能手机销量70%的增幅。"

奥本海默称,企业客户青睐iPhone,"88%的'财富100'公司,66%的'金融时报欧洲100'公司都在测试或部署iPhone"。

这不仅让诺基亚面子上过不去,还是对其传统市场的直接蚕食。欧洲是诺基亚的传统市场,Symbian手机受到欧洲企业的青睐。

对于诺基亚而言,最麻烦的是苹果移动业务还将继续增长。与PC领域的微软相似,多年来,诺基亚一直是手机领域的霸主。苹果把两家公司都甩在后边,通过推出高端产品,不仅占领市场份额,还获取了丰厚的利润。这使苹果有更多的机会在手机和PC市场上攻城略地。

苹果首席运营官蒂姆·库克(Tim Cook)表示:"尽管Mac计算机和iPhone业务增长较快,但我们在PC和手机市场上的份额还相当低,因此还有相当大的增长空间。"

(资料来源:http://tech.sina.com.cn/t/2011-01-20/10495112780.shtml)

问题:你了解过苹果的手机及掌上电脑吗?你认为是什么原因让苹果公司超越了诺基亚?

2.2 学习档案

情景一 消费者的购买行为

小资料

指南针和地毯本是风马牛不相及的两件东西,比利时一个商人却把它们结合起来,赚了大钱。

有个叫范德维格的比利时商人,以前专门做地毯生意。有一次,他到阿拉伯国家去推销地毯,发现穆斯林每天都准时跪在地上,朝着圣城麦加的方向祷告——他灵感来了,这就是商机!

他赶紧坐飞机回比利时,马上开发出一种有指明方向功能的祈祷地毯,在地毯上镶嵌一个类似指南针的针,能指示方向,它不指南也不指北,只指向圣城麦加!

所以,穆斯林只要买一块这样的地毯,不管你在哪个角落,把地毯一铺,一下子就可以找到麦加的方向,跪下来祷告就可以了!

这种地毯,十分方便,对穆斯林来说,仿佛是真主赐给他们的圣物,所以在阿拉伯地区一上市,立刻成了抢手货!

问题:你认为消费者购买带指南针的地毯的主要原因是什么?

一、消费者购买行为的含义和特征

(一) 消费者购买行为的含义

消费者购买行为是指消费者为满足其个人或家庭生活而发生的购买商品的决策过程。

消费者购买行为是复杂的,其购买行为的产生是受到其内在因素和外在因素的相互促进和交互影响的。

企业营销应通过对消费者购买的研究来掌握其购买行为的规律,从而制定有效的市场营销策略,实现企业营销目标。

(二) 消费者购买行为的特征

1. 购买者多而分散

消费购买涉及每一个人和每个家庭,购买者多而分散。因此,消费者市场是一个人数众多、幅员广阔的市场。由于消费者所处的地理位置各不相同,闲暇时间不一致,造成了购买地点和购买时间的分散性。

2. 购买量少,多次购买

消费者购买是以个人和家庭为购买和消费单位的,由于受到消费人数、需要量、购买力、储藏地点、商品保质期等诸多因素的影响,消费者为了保证自身的消费需要,往往购买批量小、批次多,购买频繁。

3. 购买的差异性大

消费者购买因受年龄、性别、职业、收入、文化程度、民族、宗教等影响,其需求有很大的差异性,对商品的要求也各不相同,而且随着社会经济的发展,消费者消费习惯、消费观念、消费心理不断发生变化,从而导致消费者购买差异性大。

4. 大多属于非专家购买

绝大多数消费者购买缺乏相应的专业知识、价格知识和市场知识,尤其是对某些技术性较强、操作比较复杂的商品,更显得缺乏知识。在多数情况下消费者购买时往往受感情的影响较大。因此,消费者很容易受广告宣传、商品包装、装潢以及其他促销方式的影响,产生购买冲动。

5. 购买的流动性大

消费者购买必然会慎重选择,加之在市场经济比较发达的今天,人口在地区间的流动性较大,因而导致消费购买的流动性很大,消费者购买经常在不同产品、不同地区及不同企业之间流动。

6. 购买的周期性

有些商品消费者需要常年购买、均衡消费,如食品、副食品、牛奶、蔬菜等生活必需商品;有些商品消费者需要按季节购买或在节日购买,如一些时令服装、节日消费品;有些商品消费者需要等商品的使用价值基本消费完毕才重新购买,如电话机与家用电器。这就表现出消费者购买有一定的周期性可循。

7. 购买的时代特征

消费者购买常常受到时代精神、社会风俗习俗的影响,从而对消费购买产生一些新的需要。如 APEC 会议以后,唐装成为时代的风尚;又如社会对知识的重视、对人才的需求量增加,从而使人们对书籍、文化用品的需要明显增加。这些显示出消费购买的时代特征。

8. 购买的发展性

随着社会的发展和人民消费水平、生活质量的提高,消费需求也在不断向前推进。过去人们只要能买到商品就行了,现在则追求名牌;过去不敢问津的高档商品,如汽车等,现在有很多人消费了;过去自己承担的劳务现在由劳务从业人员承担了,等等。这种新的需要不断产生,而且是永无止境的,使消费者购买具有了发展性特点。

认清消费者购买的特点意义是十分重大,它有助于企业根据消费者购买特征来制定营销策略,规划企业经营活动,为市场提供消费者满意的商品或劳务,更好地开展市场营销活动。

二、消费者购买行为的类型

(一) 根据消费者的参与程度划分

1. 复杂的购买行为

如果消费者属于高度参与,并且了解现有各品牌、品种和规格的产品之间具有的显著差异,则会产生复杂的购买行为。复杂的购买行为指消费者购买决策过程完整,要经历大量的信息收集、全面的产品评估、慎重的购买决策和认真的购后评价等各个阶段。

对于复杂的购买行为,营销者应制定策略帮助购买者掌握产品知识,运用各种途径宣传本品牌的优点,影响最终购买决定,简化购买决策过程。

2. 减少失调感的购买行为

失调感的购买行为是指消费者并不广泛收集产品信息,并不精心挑选品牌,购买决策过程迅速而简单,但是在购买以后会认为自己所买产品具有某些缺陷或其他同类产品具有更多的优点,进而产生失调感,怀疑原先购买决策的正确性。

对于这类购买行为,营销者要提供完善的售后服务,通过各种途径经常提供有利于本企业的产品的信息,使顾客相信自己的购买决定是正确的。

3. 寻求多样化的购买行为

多样化的购买行为指消费者购买产品有很大的随意性,并不深入收集信息和评估比较就决定购买某一品牌,在消费时才加以评估,在下次购买时又转换其他品牌。转换的原因是厌倦原产品或想试试新产品,是为寻求产品的多样性而不一定有不满意之处。

对于寻求多样性的购买行为,市场领导者和挑战者的营销策略是不同的。市场领导者力图通过提高市场占有率、避免脱销和提醒购买的广告来鼓励消费者形成习惯性购买行为;而挑战者则以较低的价格、折扣、赠券、免费赠送样品和强调试用新品牌的广告来鼓励消费者改变原习惯性购买行为。

4. 习惯性的购买行为

习惯性的购买行为指消费者并未深入收集信息和评估品牌,只是习惯于购买自己熟悉的品牌,在购买后可能评价也可能不评价产品。

对于习惯性的购买行为的主要营销策略有以下几种。

(1) 利用低价销售吸引消费者试用。

(2) 开展大量重复性广告,加深消费者印象。

(3) 增加购买参与程度和品牌差异。

(二) 根据消费者的购买目标划分

1. 全确定型

全确定型指消费者在购买商品以前,已经有明确的购买目标,对商品的名称、型号、规格、颜色、式样、商标以至价格的幅度都有明确的要求。这类消费者进入商店以后,一般都是有目的地选择,主动地提出所要购买的商品,并对所要购买的商品提出具体要求。当商品能满足其需要时,则会毫不犹豫地买下商品。

2. 半确定型

半确定型指消费者在购买商品以前,已有大致的购买目标,但具体要求还不够明确,最后购买需经过选择比较才可以完成。如购买手机是原先计划好的,但购买什么牌子、规格、型号、式样等还不确定。这类消费者进入商店以后,一般要经过较长时间的分析、比较才能完成其购买行为。

3. 不确定型

不确定型指消费者在购买商品以前,没有明确的或既定的购买目标。这类消费者进入商店主要是参观游览、休闲,漫无目标地观看商品或随便了解一些商品的销售情况,有时遇到合适的商品会购买,有时则观后离开。

(三) 根据消费者的购买态度划分

1. 习惯型

习惯型指消费者由于对某种商品或某家商店的信赖、偏爱而产生的经常、反复的购买。由于经常购买和使用,他们对这些商品十分熟悉,体验较深,再次购买时往往不再花费时间进行比较选择,注意力稳定、集中。

2. 理智型

理智型指消费者在每次购买前对所购的商品,要进行较为仔细的研究比较。购买感情色彩较少,头脑冷静,行为慎重,主观性较强,不轻易相信广告、宣传、承诺、促销方式以及售货员的介绍,主要依据商品质量、款式作决定。

3. 经济型

经济型指消费者购买时特别重视价格,对于价格的反应特别灵敏。无论是选择高档商品,还是中低档商品,参考因素首先是价格,他们对"大甩卖"、"清仓"、"血本销售"等低价促销最感兴趣。一般来说,这类消费者的形成与自身的经济状况有关。

4. 冲动型

冲动型指消费者容易受商品的外观、包装、商标或其他促销行为的刺激而产生的购买行为。其购买一般都是以直观感觉为主,从个人的兴趣或情绪出发,喜欢新奇、新颖、时尚的产品,购买时不愿作反复的选择比较。

5. 疑虑型

疑虑型指消费者具有内倾性的心理特征,购买时小心谨慎和疑虑重重。购买一般缓慢、费时多,常常是"三思而后行",常常会因犹豫不决而中断购买,购买后还会疑心是否上当受骗。

6. 情感型

这类消费者的购买多属情感反应,往往以丰富的联想力衡量商品的意义,购买时注意力容易转移,兴趣容易变换,对商品的外表、造型、颜色和命名都比较重视,以是否符合自己的想象作为购买的主要依据。

7. 不定型

这类消费者的购买多属尝试性,其心理尺度尚未稳定,购买时没有固定的偏爱,在上述六种类型之间游移,这种类型的购买者多数是独立生活不久的青年人。

情景二　消费者购买决策过程

> **小资料**
>
> 雷诺公司在"二战"结束后,为了抓住人们欢庆战后第一个圣诞节的时机,从阿根廷引进了美国人从未见过的圆珠笔,在短期内投放市场。当时,研制和生产圆珠笔成本为每支0.50美元,卖给零售商的价格却为每支10美元,高出成本19倍,再经过零售商倒手,变成了20美元。尽管价格如此之高,但雷诺圆珠笔却以其奇特、新颖和高贵而迅速风靡美国,十分畅销。如此一举,使得雷诺公司及其零售商赢得了不少利润。
>
> **问题**:雷诺公司的产品定价很高,为何还能受到消费者的青睐?

消费者购买是较复杂的决策过程,其购买决策过程一般可分为以下五个阶段,企业可据此制定相应的营销策略。

(一) 确认需要

当消费者意识到对某种商品有需要时,购买过程就开始了。消费者需要可能由内在因素引起,也可能由外在因素引起。

此阶段企业必须通过市场调研,认定可以促使消费者认识到需要的具体因素,营销活动应致力于做好两项工作:发掘消费驱策力和规划刺激、强化需要。

(二) 寻求信息

在多数情况下,消费者需要考虑买什么品牌的商品,花多少钱,到哪里去买等问题,需要寻求信息并了解商品信息。寻求的信息一般有:产品质量、功能、价格、品牌、已经购买者的评价等。

消费者的信息来源通常有四个方面:商业来源;个人来源;大众来源;经验来源。

企业营销任务是设计适当的市场营销组合,尤其是产品品牌广告策略,宣传产品的质量、功能、价格等,以便使消费者最终选择本企业的商品。

(三) 比较评价

消费者进行比较评价的目的是能够识别哪一种品牌、类型的商品最适合自己的需要。消费者对商品的比较评价,是根据收集的资料,对商品属性作出的价值判断。消费者对商品属性的评价因人、因时、因地而异,有的评价注重价格,有的评价注重质量,有的评价注重品牌或式样等。企业营销首先要注意了解并努力提高本企业产品的知名度,使其被列入到消费者比较评价的范围之内,才可能被选为购买目标。同时,还要调查研究人们比较评价某类商品时所考虑的主要因素,并突出进行相关宣传,对消费者的购买选择产生最大影响。

(四) 决定购买

消费者通过对可供选择的商品进行评价并作出选择后,就形成购买意图。在正常情况下,消费者通常会购买他们最喜欢的品牌。但有时也会受两个因素的影响而改变购买决定:他人态度和意外事件。

消费者修改、推迟或取消某个购买决定,往往是受已察觉风险的影响。"察觉风险"的大小,由购买金额大小、产品性能优劣程度,以及购买者自信心强弱决定。企业营销应尽可能设法减少这种风险,以推动消费者购买。

(五)购后评价

消费者购买商品后,购买的决策过程还在继续,因其要评价已购买的商品。企业营销应对此给予充分的重视,因为它关系到产品今后的市场和企业的信誉。

企业营销应密切注意消费者购后的感受,并采取适当措施,消除不满,提高满意度。如经常征求顾客意见,加强售后服务和保证,改进市场营销工作,力求使消费者的不满降到最低。

2.3 练习案例

推销菩提子手链

菩提子乃西藏语中的"bo-di-ci 之果",而非菩提树之果,产于雪山附近。其树属一年生草本,春天生苗,茎高三、四尺,叶如黍,开红白花,呈穗状;夏秋之间结实,圆而色白,有坚壳,如珐琅质,通常被用做念佛之数珠,故称菩提子。我国唯天台山有之,称为天台菩提。《本草纲目》无患子条中,举出无患子之七种异名,其中之一即菩提子。校量数珠功德经(大一七·七二七中)也载有:"若菩提子为数珠者,或用掐念,或但手持,数诵一遍,其福无量。"

实训目的:根据材料,设计出可影响消费者购买菩提子手链的购买过程的营销策略。

实训要点:

设计过程中需考虑:1. 顾客的选择;
       2. 顾客的购买过程;
       3. 顾客的心理活动。

2.4 课后作业

1. 名词解释

消费者购买行为 完全确定型消费者

2. 简答题

(1) 消费者购买行为有哪些特点?

(2) 按照参与的程度划分,消费者有哪些类型?

3. 分析题

如果现在你要购买一款新手机,你会做哪些准备?

4. 案例分析

用豆浆粉冲调"醇豆浆"的负面影响尚未消散,肯德基又被曝用于炸鸡的油4天才彻底更换一次。对此,肯德基在给《羊城晚报》记者的声明中,并未正面回应换油的时间频率,仅表示"每天都会过滤清除烹饪油中的食品残渣,减少残渣对烹饪油品质的影响"。

据《证券日报》报道,数名曾在肯德基工作过的人士爆料,在肯德基的后厨里,用于炸鸡的油4天才彻底更换一次,其间,每晚把油渣滤掉,第二天继续用。鸡在水里只简单过一遍,还滴着血水就直接裹面了,用于洗鸡的水混浊了也无人更换。高峰时段,按照规定应该炸7分钟的鸡翅不到4分钟就被捞出来。

问题:如果你是消费者,看到这样的报道心理上会出现什么样的波动?

2.5 延伸阅读

进行网上购物的消费者可以分为以下几种类型。

1. 简单型

简单型的顾客需要的是方便、直接的网上购物。他们每月只花少量时间上网,但他们进行网上交易的时间却占了一半。零售商们必须为这一类型的人提供真正的便利,让他们觉得在商家的网站上购买商品将会节约更多的时间。

2. 冲浪型

冲浪型的顾客占全部网民的8%,而他们在网上花费的时间却占了全部网民的32%,并且他们访问的网页是其他网民的4倍。冲浪型网民对经常更新、具有创新设计特征的网站很感兴趣。

3. 接入型

接入型的顾客是刚触网的新手,占36%的比例,他们很少购物,而喜欢网上聊天和发送免费问候卡。那些有着著名传统品牌的企业应对这群人保持足够的重视,因为网络新手们更愿意相信生活中他们所熟悉的品牌。

4. 议价型

议价型顾客在网民中占8%的比例,他们有一种趋向购买便宜商品的本能,著名的eBay网站一半以上的顾客属于这一类型,他们喜欢讨价还价,并有强烈的在交易中获胜的愿望。

5. 定期型和运动型

定期型和运动型的网络使用者通常都是被网站的内容所吸引。定期型网民常常访问新闻和商务网站,而运动型网民喜欢运动和娱乐网站。

(资料来源:http://zhidao.baidu.com/question/18180577.html)

问题:网络商家接待顾客的方法有哪些?怎么区别对待顾客?

2.6 参考文献

[1] 吴健安.市场营销学[M].北京:高等教育出版社,2000.
[2] 龚振.消费者行为学[M].广州:广东高等教育出版社,2004.
[3] 江林.消费者行为学[M].北京:首都经济贸易大学出版社,2002.
[4] 王曼.现代营销心理学[M].北京:中国物资出版社,2002.

学习任务三

消费者购买动机分析

学习目标

知识目标：通过本章的学习,掌握顾客的需要、动机的概念;了解顾客购买动机的类型。

技能目标：利用马斯洛需求层次理论分析消费者的不同层次的需要,针对不同层次需要的消费者提出不同的营销策略。

3.1 导入案例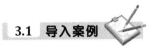

"少林寺"网络营销秘籍

2008年5月22日,继河南少林寺宅院内一个名为"少林欢喜地"的店铺开业之后,淘宝网的同名虚拟店铺也开始运营,其中《少林武功医宗秘籍》和《中国少林寺》更被以9999元的高价叫卖。如此高的定价,其底气源于少林文化在人们心中高山仰止般的地位。而谈到少林文化的影响力,自然要在很大程度上归功于20世纪80年代问世的电影《少林寺》。这部电影不仅捧红了"功夫之王"李连杰,更大的价值是令少林寺走出深山,名扬天下。一时间,去嵩山少林寺学习武艺,成为无数热血少年的梦想,全球的游客也蜂拥而至。电影《少林寺》成为少林寺走向复苏的第一个拐点,也正是基于此,少林寺认识到了现代媒介的巨大作用。

从电影到网络,一切都很自然。互联网提供了一个更有影响力的传播途径,少林寺自然不会错失机会。作为一面文化旗帜,"少林寺"不同于一般的企业,它具有足够响亮的品牌及特殊的身份。少林寺走上网络营销之路,反映了在网络信息时代,传统文化产业希望从不同的角度探索营销新路。

少林寺的网络征途

其实,在淘宝网开店,并非少林寺首次"触网"。在此之前,少林寺已经表现出在网络运用方面的先知先觉和老道。

1996 年,少林寺在中国寺院中率先建立了中文网站。在少林寺掌门人释永信看来,网络是必须利用的新交流方式:"我们过去与世隔绝,与外界的接触仅仅是通过耕作,只是与土地打交道。如今,我们必须与人打交道。我们需要获取知识,学习新技能,比如学习英语、外事接待、出国访问等,都要利用网络。"

少林寺网站的开通是少林寺融入网络信息时代的第一步。

2004 年:少林秘籍上网

2004 年 7 月,中断七百余年的"少林药局"得以恢复,少林寺将《易筋经》、《七十二绝技》、"点穴功"等少林武功秘籍及修炼方法通过网站向全世界公开,引起社会的广泛关注。

1997 年,河南少林寺实业发展有限公司成立,专门进行少林寺知识产权保护工作。2004 年少林寺品牌负责人钱大梁表示:公司成立 7 年来,虽取得一定成效,但与全球"少林产业"相比仍然难如人意,从今年起,少林寺将用音像、文字等方式,将少林武术、禅宗的精髓记录下来,以期流传后世,并通过网站、国内外巡演等形式,让全世界领略到真正的少林功夫的文化底蕴。

2008 年:"少林欢喜地"网店问世

2008 年 5 月 22 日,少林寺实业有限公司下属公司少林欢喜地有限公司入驻网店,这是少林寺正式在网上开设的第一家专卖店。

网店上销售的商品不仅包括禅修所用的禅修服、禅修鞋、禅香、烛台,还包括注入少林僧人元素的 T 恤、烛台、手表等年轻人喜爱的文化创意产品。其中,一套由中华书局特别编辑出版的《少林武功医宗秘籍》售价 9999 元,加上邮寄费价格已经突破万元。

少林网站的建立,为少林寺提供了一个宣传自身形象的网络平台;少林秘籍的上线,进一步促进了少林文化的传播和普及,提升了社会公众对少林文化的认知和理解;"少林欢喜地"网店的开张,更为人们提供了一个便捷的体验、消费少林文化创意产品的平台。因此少林寺网络化发展的三个不同阶段,运用网络信息传播形式丰富的特点,在不同层面上实现了少林文化与社会大众的互动。

(资料来源:http://info.ceo.hc360.com/2008/11/27084669138.shtml)

问题:你看过《少林寺》吗?你认为少林寺相关产品的销量怎么样?为什么?

3.2 学习档案

情景一 消费者需要分析

> **小资料**
>
> 宝洁的广告诉求很注重观念,如"佳洁士"与全国牙防组推广"根部防蛀"的防牙、护牙理念;"舒肤佳"与中华医学会推广"健康、杀菌、护肤"的理念;洗发水的"去屑、健康、

柔顺"理念等。这无一不是品牌的利益诉求。除此之外,宝洁的品牌还加强了情感诉求,如最近两年,飘柔打出"自信"的概念大旗,从"飘柔吵架篇"、"飘柔老师篇"到现在的"飘柔指挥家篇",飘柔广告无不以自信作为品牌的诉求点。此外,飘柔还相继推出"飘柔自信学院"、"多重挑战"、"同样自信"、"职场新人"、"说出你的自信"等系列活动,将"自信"概念演绎得炉火纯青。在广告传播方面,特别是电视广告,宝洁有一套成功的公式。首先,宝洁会先指出消费者所面临的一个问题来吸引消费者的注意;接着,广告会迅速告诉消费者,有个解决方案,就是宝洁的产品,这个产品通常会在整段广告中重复出现好几次,广告重点是在清楚地强调宝洁可以为消费者带来什么好处,通过利益诉求与情感诉求的有机结合,大大地提高了品牌的文化内涵。

问题: 平时你用什么效果的洗发水或牙膏?识别哪些产品具备你想要的功效是否容易?

一、需要的本质及分类

（一）需要的本质

需要是指有机体在内外条件的刺激下,希望得到满足时的一种紧张心理状态。它是机体或自身或外部生活条件的要求在脑中的反映。它通常以缺乏感和丰富感的形式被人体验。形成需要必须同时满足两个条件:一是个体缺乏某种东西,确有所需;二是个体期望得到这种东西,确有所求。"人的每一种本质活动的特征、每一种生活本能都会成为人的一种需要。"而消费者的需要,在商品经济条件下,表现为购买商品或劳务的欲望或愿望。

（二）需要的种类

1. 生理性需要和社会性需要

（1）生理性需要

生理性需要基于消费者的生理本能,"民以食为天",食、衣、住是人类最基本的物质需要,是维持和延续生命不可缺少的物质。人的这种需要如果在相当长的时间里得不到满足,人就会死亡或者不能繁育后代。

其特点是:以从外部获得一定的物质为满足;容易被人察觉;有一定限度。人和动物都有此需要,本质的区别在于:人是在劳动中不断产生和满足自己的需要,而动物只是依赖现成的天然物来满足需要。

（2）社会性需要

社会性需要是在进行社会生产和社会交往的过程中形成的,是人类所特有的,如对交通、通信、工具的需要,对装饰品、艺术品和接受高等教育的需要。社会性需要因社会历史发展的不同、经济和社会制度的不同、风俗习惯和行为方式的不同,而有显著的差异。这类需要也是人的生活所必需的,如果人的这类需要得不到满足,他虽不会像生理性需要得不到满足时那样死亡,但是会因此而产生痛苦和忧虑等情绪。

其特点是:不是由人的本能决定的,是后天学习获得的,由社会条件所决定的;它往往蕴藏于一个人的内心世界,不容易被人察觉;以人的内在精神获得满足为目标;弹性限度很大。

2. 物质需要和精神需要

（1）物质需要

物质需要指向社会的物质产品，并以占有这些产品而获得满足，如对工作和劳动条件的需要、对日常生活必需品的需要等。

（2）精神需要

精神需要指向社会的各种精神产品，并以占有某些精神产品为满足，如美的需要、交往需要、道德需要、劳动需要等。精神需要在人的社会生活中有重要作用。

上述分类并非截然分开，而是相互交叉。社会文化需要按其指向对象划分，可能是精神需要，也可能是物质需要。物质需要与精神需要有密切联系。人们在追求美好的物质产品时，同样表现出来某种精神需要。精神需要的满足也离不开一定的物质条件。

把人的需要进行分类，只具有相对的意义。人的精神需要的满足离不开物质需要的保证，比如对美的需要就要有美的时装和精致的首饰作前提。同时物质需要又渗透着精神需要，穿衣不光是为了御寒或蔽体，还包含对衣服的颜色、款式、质地、品牌的追求，体现对美的需要。了解上述多种需要的密切关系，对提倡文明经商、礼貌待客、注意满足消费者的各种需要是十分重要的。

二、需要层次理论

人的需要多种多样，但是各种需要不是孤立存在的，而是彼此联系的，是一个统一完整的需要结构。美国心理学家马斯洛提出的需求层次理论，被认为是力图回答这些问题的较全面、系统的一个理论。

（一）需要层次理论的基本内容

马斯洛在1943年所著的《人的动机理论》一书中提出，人的一切行为都是由需要引起的，他把需要分为五个层次（如图3-1所示）：生理需要、安全需要、社交需要、尊重需要、自我实现需要，五种需要是按序逐级上升的。前三者属于低层次的需要，后二者属于高层次的需要。一个人只有当低层次的需要获得满足后，高层次的需要才会产生。如荒岛上的鲁滨逊，在孤立无援的境地下，将最先满足食物和水的需求，再考虑建立一个避身之处，然后积累食物和水以备日后之需；其后是找一个土著"星期五"，指挥他干活，自己四处活动了解环境，闲暇时欣赏海上日落，做一些陶艺品；最后是要显示自己存在的价值，在岛上建立一个属于自己的"自由王国"。

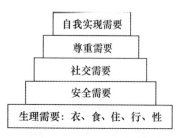

图3-1 需要层次理论

马斯洛还揭示了低、高两层次需要的关系。一般来说，当低级需要获得满足以后，就失去了对行为的刺激作用。这时追求更高一级的需要就成为驱使行为的动力。当人们进入高级的精神需要阶段以后，往往会降低对低级需要的要求。如成就需要强烈的人，往往把成就看得比金钱更重要，只是把工作中取得的报酬，看成是衡量自己的进步和成就大小的一种标志。这种人，事业心强,有开拓精神,能埋头苦干,并敢于承担风险。

（二）需要层次理论对消费者的影响

马斯洛的需要层次理论虽是管理科学的理论基础,但它对于我们理解消费者需要结构是有帮助的。从需要层次理论,我们可以看出消费者的任何消费行为总是为了满足某一层次的需要。这些需要包括对物质的需求和对精神需求的满足。在满足消费者对物质的需求方面,商品生产者和服务提供者要最大限度地提高产品和服务质量,生产出具有更大使用价值的商品,持久地满足消费者的生理需求和安全需求,减少消费者在购物中的风险,从而在消费者心中建立起长期而牢固的信赖感。在满足消费者精神需求方面,要适应消费者的社交需要、尊重需要和自我实现的需要,在商品的款式、包装、价格上,充分显示消费者的身份和地位。用以馈赠,能充分表达人际间的情感程度;自我使用,也能体现使用者的社会地位和经济状况,从而引起他人的尊重。

三、消费者需要的基本内容

根据消费者购买产品或服务时所希望获得的满足,可以把消费者需要的基本内容概括为以下几个方面。

（一）对产品基本功能的需要

产品的基本功能是指能满足消费者某种需要的物质属性。它是产品被生产和被销售的基本条件,也是消费者需要的最基本的内容。大多数产品具有一定的功能,即能给消费者带来一定的使用效果,否则,这个产品对消费者来说就可能不具有任何价值。例如,冰箱必须要能冷冻或保鲜食品;手表必须具备防水、防震、防磁和走时准确的性能。这些性能常以技术标准的方式表述,因此顾客需要产品质量达到技术标准规范的要求。然而有许多产品的性能无法用技术标准表述,如味道、手感之类的特性,此类特性应以满足顾客要求与适用为依据。

（二）对产品安全性的需要

消费者要求在购买、使用、处置产品的过程中不会对自己的身体、财产造成任何伤害。对一些生态意识较强的消费者来说,其对产品安全性的需要还包括产品在生产、营销、消费的过程中不对环境造成损害或有利于环境的保护。例如,蔬菜中化学农药成分过高,化妆品中过高的激素含量,儿童玩具中易被误食的小部件等,都是一些不安全的因素。各类产品均应符合国家有关安全的规定,确保使用者安全使用。

（三）对产品便利性、经济性的需要

便利性指企业在消费者购买、使用产品的过程中尽可能地为消费者提供方便,减少消费者在时间、精力、体力等方面的付出。由于对便利性的需要,当产品或服务在价格、质量等条件相同的情况下,消费者总是会选择那些能提供更大便利性的供应商、产品或服务。甚至在有些情况下,消费者还可能为了便利而放弃其他方面的利益。经济性是指产品从设计、制造到使用的整个产品寿命周期中的成本尽可能低。顾客不仅需要买到价格低廉的产品,同时也希望能在使用过程中尽可能降低使用费用。例如,希望洗衣机能节水与节省洗衣粉,空调能节省电能消耗,等等。

(四）对产品审美功能的需要

这一需要表现为消费者对产品在工艺设计、造型、色彩、装潢、整体风格等方面的审美价值上的要求。对美好事物的向往和追求是人类的天性，它体现于人类生活的各个方面。在消费活动中，消费者对产品审美功能的要求，同样是一种持久性的、普遍存在的心理需要。在消费心理学审美需要的驱动下，消费者不仅要求产品具有实用性，同时还要求产品具有较高的审美价值；不仅重视产品的内在质量，而且希望产品拥有完美的外观设计，即实现实用性与审美价值的统一。但是，由于价值观念、社会地位、生活背景、教育修养、职业、个性等方面的差异，不同的消费者往往会具有不同的审美观和审美标准。每个消费者都是按照自己的审美观和审美标准来认识和评价商品的，因而对同一商品，不同的消费者会得出完全不同的审美结论。

(五）对产品情感功能的需要

在许多时候，有些消费者还会要求所购买的产品具有浓厚的感情色彩，能够体现个人的情绪状态，成为人际交往中感情沟通的媒介，并通过购买和使用产品获得情感的补偿、追求和寄托。

(六）对产品象征性的需要

每个人都有自己的价值观念和追求，产品具有了象征性才能被用来帮助人们表达他们个人的价值观念和追求。

情景二　消费者购买动机分析

> **小资料**
>
> 2007年5月4日，大众汽车在自己的网站上发布了最新两款产品：甲壳虫系列——亮黄和水蓝，首批新车一共20辆，均在线销售。这是大众汽车第一次在自己的网站上销售产品。网站采用Flash技术来推广两款车型，并建立虚拟的网上试用驾车。将动作和声音融入活动中，让用户觉得他们实际上是整个广告的一部分。用户可以自由选择网上试用驾车的不同环境，如高速公路、乡间田野或其他不同场景。
>
> 网上试用驾车使得网站流量迅速上升。每天参与的独立用户平均为470人，每个用户花费时间比平日翻了1倍，达到19分钟，每页平均浏览1.25分钟。最终成功生成了25份在线订单。
>
> **问题**：你认为网络上试驾、预订的消费者具备什么特征？

一、消费者购买动机的含义和特征

（一）消费者购买动机的含义

购买动机是使消费者做出购买某种商品决策的内在驱动力，是引起购买行为的前提，也是引起购买行为的原因。有什么样的动机就有什么样的行为。

(二)消费者购买动机的特征

不同的购买动机引起不同的购买行为,即使是同一购买行为,也可能是由多种动机引起的。购买动机通常具有如下特点。

1. 动机的转移性

根据购买动机在消费者购买行为中所起的不同作用,动机分为主导性动机和辅助性动机,并且在一定条件下可相互转化。

一般来说,主导性动机决定消费者的购买行为,但同时又存在着若干潜在的辅助性动机。比如,希望买到所需商品是消费者的主导性动机,同时还希望受到热情接待,买完东西还想看看别的商品或逛逛商店等,这些就是辅助性动机。

辅助性动机有时并不被个体意识到,处于潜在状态,但在购买过程中或决策过程中,往往由于新的刺激出现而发生动机转移,原来的辅助性动机会转化为主导性动机,并取代原主导性动机。如当消费者来到电器店,本来是买微波炉的,但这时电器店刚来了一批紧俏商品——双开门冰箱,于是便马上放弃买微波炉的打算,而去购买冰箱。这说明,消费者除了想买微波炉外,购买冰箱也是动机之一,只不过因为所需要的冰箱比较普遍,而暂时把它排在计划后面。但当自己所喜欢的双开门冰箱出现时,购买冰箱的动机就上升为主导性动机,从而放弃了原要购买微波炉的打算。

2. 动机的内隐性

动机是消费者的内心活动过程,具有含而不露的特性,也就是说消费者会由于某种原因将其主导性动机或真正动机掩盖起来。

比如,消费者在购买产品的过程中往往对某一产品过于挑剔,作为营销人员应该意识到,消费者挑剔的真正动机是希望在成本方面少付出,而不是挑剔商品。针对顾客的这种心理,营销人员应该适时引导,促成顾客购买行为的实现。

3. 动机的模糊性

购买动机是复杂的、多层次的,也就是说在多种动机同时存在的情况下,很难辨认哪种是主导性动机,有时连消费者本人也说不清楚,因为有些消费者的购买行为有时是在潜意识支配下进行的,很难判断是出自哪类动机,有时几种动机都兼而有之。

4. 动机的冲突性

当消费者同时产生两个以上互相抵触的动机时,所产生的内心矛盾现象叫冲突,也叫动机斗争。这种动机冲突可分三类。

(1) 趋向-趋向冲突

趋向-趋向冲突是指当消费者遇到两个以上都想达到的目标而又不能都达到时所产生的动机斗争。比如,当消费者挑选商品时,面对两种自己所喜爱的产品却不能都买,选其中的一个又舍不得另一个时,他往往要对两种商品反复比较。这时,来自外界的因素可帮助其决策,如售货员或其他消费者的指点、说服、暗示都可以起作用。

(2) 回避-回避冲突

回避-回避冲突是指当消费者遇到两个以上不愉快的目标,又必须选择其中一个时所发生的动机斗争。比如,某商业银行工作人员在服务过程中态度漠然,周边居民颇有怨言,但是储蓄又是居民生活中不可或缺的一个部分,是忍受服务人员的冷漠还是去较远的银行进行储蓄就成为了居民的两难选择,一旦居民决定去更远的地方储蓄的时候,冲突就解决了。

(3) 趋向-回避冲突

趋向-回避冲突是指当消费者同时面临具有吸引力和具有排斥力的两种目标,需要作选择时所产生的动机斗争。比如,消费者在进行消费的过程中总是想购买到物美价廉的商品,但是商品的质量和价格又是成正比的,是选择物美价贵的产品还是选择物次价廉的产品就成为了消费者的两难选择。

二、消费者购买动机的类型

消费者购买动机分为两类:一类是生理性购买动机,一类是心理性购买动机。

(一) 生理性购买动机

生理性购买动机是消费者由于生理上的需要,购买用于满足其生理需要的商品而产生的购买动机。消费者为了不再经受饥饿、寒冷、免受疾病带来的痛楚,建立家庭与延续后代,以及增强体质与智力等方面的需要所引发的购买动机都属于生理性动机。

生理性购买动机是消费者本能的、最能促使购买行为发生的内在驱动力,在所有购买动机中最具普遍性和主导性。

在生理性购买动机支配下,消费者的购买行为表现出经常性的特征,并且在购买的过程中很少挑挑拣拣。

(二) 心理性购买动机

心理性购买动机可以分为三种,即感情动机、理智动机、信任动机。

1. 感情动机

感情动机就是由于人的情感需要而引发的购买欲望。感情动机可以细分为两种情况,一种是情绪动机,另一种是情感动机。

情绪动机是由于人们的喜、怒、哀、乐的变化所引起的购买欲望。针对这种购买动机,在促销时就要营造顾客可以接受的情绪背景。情感动机就是由人们的道德感、友谊感等情感需要所引发的动机。比如说,为了友谊的需要而购买礼品,用于馈赠亲朋好友等。

情感动机大体上是来自于下述几种心理。

(1) 好奇心理

好奇心理是人在成长过程中的普遍现象,一些人专门追求新奇,赶时髦,总是充当先锋消费者,至于是否经济实惠,一般不大考虑,诸如跳舞毯、跳舞手机、泡泡糖、名字项链、钛项圈等能在市场上风靡一时就是迎合了这一心理。

(2) 异化心理

异化心理多见于青年人,他们不愿与世俗同流,总希望突出自己的个性。年轻人喜欢烫爆炸头,个别女孩剃光头,或者是文身等消费行为就反映了他们想标新立异的心理。

(3) 炫耀心理

炫耀心理多见于功成名就的高收入阶层,也见于其他收入阶层中的少数人,在他们看来,购物不光是为了适用,还要表现个人的财力和欣赏水平。他们是消费者中的尖端消费群,购买倾向于高档化、名贵化、复古化,昂贵的跑车、上万美元的手表等的生产正迎合了这一心理,体现了他们的身份和地位。

(4) 攀比心理

攀比被社会学家认为是"比照集团行为"。有这种行为的人会照搬他希望跻身其中的那个社会集团的生活习惯和生活方式。对于汽车、名牌服饰、首饰等,攀比人群可能不管是否需要、是否划算,也要购买。

(5) 从众心理

社会人总是生活在一定的社会圈子中,人们总希望有一种归属感,有一种希望与他应归属的群体同步的趋向,不愿突出,也不想落伍。受这种心理支配的消费者构成"后随消费者群"。这是一个相当大的顾客群,研究表明,当某种耐用消费品的家庭拥有率达到40%后,将会产生该消费品的消费热潮。

(6) 崇洋心理

年轻人普遍认为国外的产品要比国货质量好得多。手机、家电、服饰、化妆品等行业中舶来品占据大半江山。近期媒体也宣传国货的好处,甚至以怀旧的情绪提倡大家购买国货,但是人们思想的改变一朝一夕很难实现。

(7) 尊重心理

顾客是企业的争夺对象,理应被企业奉为"上帝"。如果服务质量差,哪怕产品本身质量好,顾客往往也会弃之不顾,因为谁也不愿花钱买气受。因此,企业及其商品的推销员、售货员、维修人员应真诚地尊重顾客的经济权力。

2. 理智动机

理智动机就是消费者对某种商品有了清醒的了解和认识,在对这个商品比较熟悉的基础上所进行的理性抉择和做出的购买行为。

理智动机包括以下几点。

(1) 求实心理

这是理智动机的基本点,即立足于商品的最基本效用。在求实心理动机的驱使下,顾客偏重产品的技术性能,而对其外观、价格、品牌等的考虑则在其次。

(2) 求廉心理

科特勒说过,没有降价两分钱抵不了的顾客忠诚。在其他条件大体相同的情况下,价格往往成为左右顾客取舍某种商品的关键因素。折扣券、大拍卖之所以能牵动千万人的心,就是因为"求廉"心理。

(3) 可靠

顾客总是希望商品在规定的时间内能正常发挥其使用价值,可靠实质上是"经济性"的延伸。名牌商品之所以在激烈的市场竞争中具有优势,就是因为具有上乘的质量。所以,具有远见的企业总是在保证质量的前提下打开产品销路。

(4) 安全

消费者在购买商品的同时,对商品安全性的需要是一种不言而喻的要求。消费者购买的产品是要方便自己的工作或生活,如果商品造成了人身伤害,这是消费者所不能接受的。

近年来,人类越来越多地受到了大自然的惩罚,气候变暖、海平面上升都和人类的活动有着千丝万缕的联系,营造一种适合人类生存的地球环境成为整个世界的需要。"绿色产品"之所以具有十分广阔的前景就是因为适应这一追求环境安全的购买动机。

（5）美感

爱美之心人皆有之,美感性能也是产品的使用价值之一。企业对产品外观设计注入愈来愈多的投资,就是因为消费者进行购买决策时,美感动机的成分愈来愈大。

（6）使用方便

省力省事无疑是人们的一种自然需求。商品,尤其是技术复杂的商品,使用快捷方便,将会更多地受到消费者的青睐。声控灯、能拍照的手机、无绳电话、3G业务已经越来越多地走入了我们的生活,正是因为迎合了消费者的这一购买动机。

（7）购买方便

在社会生活节奏加快的今天,人们更加珍惜时间,对不需要挑挑拣拣的商品,就近购买、顺便购买经常发生。大型的超级市场之所以被消费者青睐,邮购、电话购物、电视购物等多种购物方式的兴起等正是迎合了消费者的这一购买动机。

（8）售后服务

消费者在购买前希望有足够的关于商品的前期了解,在购买过程中希望得到热情周到的服务和详尽专业的介绍,在购买产品后还需要得到企业完善的售后服务。为此,提供详尽的说明书,进行现场指导,及时提供免费维修,实行产品质量保险等都成为企业争夺顾客的手段。

3. 信任动机

信任动机就是基于对某个品牌、某个产品或者某个企业的信任所产生的重复性购买动机。

在现实经济生活中,这些不同的购买动机带来不同的购买行为,营销人员应该根据消费者的动机来了解其购买行为,并按照其购买行为来进行促销。

三、消费者购买动机的作用

一般来说,购买动机和购买行为之间是因果关系,顾客购买动机对其购买行为具有下列作用。

（一）始发作用

购买动机是购买行为的原因,有购买动机才会有购买行为。

人们觉得饿,要吃东西填饱肚子,所以去购买食品。在这里,吃东西填饱肚子就是动机,购买就是最终的行为。这是引起顾客购买行为的初始动机,这种动机引导顾客决定购买哪一种商品。动机的基本作用就是这种激励、刺激作用。

（二）选择作用

这是动机的调节功能所起的作用。因为顾客的动机是多种多样的,这些动机可能是一致的,也可能是矛盾的。动机的选择作用可以引导购买商品。当顾客的最强烈的动机实现后,初级动机就会自动调节出下一级动机。

（三）维持作用

人的行为是有连贯性的,动机的实现也往往需要一定的时间。在这个过程中,动机始终起着激励作用,直至行为目标实现为止。例如,在购买手机的过程中,手机的品牌和外观就起着维持购买的作用。

（四）强化作用

动机的强化机能具有正强化作用和负强化作用。为满足动机的结果,不断保持与强化行为动因,叫做"正强化";反之,起着减弱和消退行为作用的,叫做"负强化"。例如,企业对于耐用消费品的降价就是一种正强化,而对于耐用消费品的提高价格就是一种负强化。

（五）中止作用

当动机已经实现,或是由于刺激与需要的变化,动机会起中止行为的作用。当然,机体的动机是不会停止的,一个动机停止了,另一个动机又会继起,发起新的行为过程。

例如,手机已经买到了,购买手机的动机就会消失,而此时又会产生购买其他商品的动机。

3.3 练习案例

大家的电脑都有不同的品牌和配置,为什么会这样?
实训目的：购买动机。
实训要点：1. 顾客的购买动机;
2. 顾客的购买过程。

3.4 课后作业

1. 名词解释

购买动机　　生理性动机　　心理性动机

2. 简答题

（1）购买动机包括哪些类型?

（2）消费者的购买动机具有哪些特征?

3. 分析题

如何理解购买动机和购买行为? 消费者的购买动机具有什么作用?

4. 案例分析

1956年,宝洁公司开发部主任维克·米尔斯在照看其出生不久的孙子时,深切感受到一篮篮脏尿布给家庭主妇带来的烦恼。洗尿布的责任给了他灵感。于是,米尔斯就让公司中几个最有才华的人研究开发一次性尿布。

一次性尿布的想法并不新鲜,事实上,当时美国市场上已经有好几种牌子了。但市场调研显示：多年来这种尿布只占美国市场的1%。原因首先是价格太高;其次是父母们认为这种尿布不好用,只适合在旅行或不便于正常换尿布时使用。因此,一次性尿布的市场潜力巨大。美国和世界许多国家正处于战后婴儿出生高峰期,将婴儿数量乘以每日平均需换尿布的次数,可以得出一个大得惊人的潜在销量。

宝洁公司产品开发人员用了一年的时间进行产品开发。最初,样品是在塑料裤衩里装上一块打了褶的吸水垫子。在1958年夏天进行现场试验后,除了父母们的否定意见和婴儿身上的痱子以外,一无所获。

1959年3月,宝洁公司重新设计了它的一次性尿布,并在实验室生产了3.7万个样品,拿到纽约州去做现场试验。这一次,有2/3的试用者认为该产品胜过布尿布。到1961年12月,这个项目进入了能通过验收的生产工序和产品试销阶段。

公司选择地处美国最中部的城市皮奥里亚试销这个后来被定名为"帮宝适"(Pampers)的产品。在6个地方进行的试销进一步表明,定价为6美分一片,就能使这类新产品畅销。宝洁公司把生产能力提高到使公司能以该价格在全国销售"帮宝适"尿布的水平。

"帮宝适"尿布终于成功推出,直至今天仍然是宝洁公司的拳头产品之一。

(资料来源:http://www.doc88.com/p-995198184225.html)

问题:你认为"帮宝适"尿布常盛不衰最主要的原因是什么?

3.5 延伸阅读

他是智商高达194的天才,伟大的先知。虽然他没有出版过美学专著,其美学思想却融汇在其心理学理论中。

亚伯拉罕·马斯洛(Abraham Harold Maslow,1908—1970)出生于纽约市布鲁克林区,是美国社会心理学家、人格理论家、比较心理学家及人本主义心理学的主要发起者和理论家,心理学第三势力的领导人。1926年他进入康乃尔大学学习,三年后转至威斯康星大学攻读心理学,在著名的心理学家哈洛的指导下,于1934年获得博士学位。之后,他留校任教。1935年在哥伦比亚大学任桑代克学习心理研究工作助理。1937年任纽约布鲁克林学院副教授。1951年被聘为布兰戴斯大学心理学教授兼系主任。1969年离任,成为加利福尼亚劳格林慈善基金会第一任常驻评议员。第二次世界大战后他转到布兰代斯大学任心理学教授兼系主任,开始对健康人格或自我实现者的心理特征进行研究。1967—1970年他曾任美国心理学学会主席,也是《人本主义心理学》和《超个人心理学》两个杂志的首任编辑。

1943年,马斯洛出版《人类激励理论》,这个理论认为,个体成长发展的内在力量是动机。而动机是由多种不同性质的需求所组成,各种需要之间,有先后顺序与高低层次之分;每一层次的需求与满足,将决定个体人格发展的境界或程度。马斯洛认为,人类的需要是分层次的,由低到高。它们是:生理需求、安全需求、社交需求、尊重需求、自我实现需求。

生理需求

生理上的需要是人们最原始、最基本的需要,如空气、水、吃饭、穿衣、性欲、住宅、医疗等等。如果得不到满足,人类的生存就成了问题。这就是说,它是最强烈的不可避免的最底层需要,也是推动人们行动的强大动力。

安全需求

安全的需要要求劳动安全、职业安全、生活稳定、希望免于灾难、希望未来有保障等。安全需要比生理需要较高一级,当生理需要得到满足以后就要保障这种需要。每一个在现实中生活的人,都会产生安全感的欲望、自由的欲望、防御实力的欲望。

社交需求

社交的需要也叫归属与爱的需要,是指个人渴望得到家庭、团体、朋友、同事的关怀爱护理解,是对友情、信任、温暖、爱情的需要。社交的需要比生理和安全需要更细微、更难捉摸。它与个人性格、经历、生活区域、民族、生活习惯、宗教信仰等都有关系,这种需要是难以察觉,无法度量的。

尊重需求

尊重的需要可分为自尊、他尊和权力欲三类,包括自我尊重、自我评价以及尊重别人。尊重的需要很少能够得到完全的满足,但基本上的满足就可产生推动力。

自我实现

自我实现的需要是最高等级的需要。满足这种需要就要求完成与自己能力相称的工作,最充分地发挥自己的潜在能力,成为所期望的人物。这是一种创造的需要。有自我实现需要的人,似乎在竭尽所能,使自己趋于完美。自我实现意味着充分地、活跃地、忘我地、集中全力、全神贯注地体验生活。

马斯洛理论把需求分成生理需求、安全需求、社交需求、尊重需求和自我实现需求五类,依次由较低层次到较高层次排列。

(1) 五种需求像阶梯一样从低到高,按层次逐级递升,但这样次序不是完全固定的,可以变化,也有种种例外情况。

(2) 需求层次理论有两个基本出发点,一是人人都有需求,某层需求获得满足后,另一层需求才出现;二是在多种需求未获满足前,首先满足迫切需求;该需求满足后,后面的需求才显示出其激励作用。

(3) 一般来说,某一层次的需求相对满足了,就会向高一层次发展,追求更高一层次的需求就成为驱使行为的动力。相应的,获得基本满足的需求就不再是一股激励力量。

(4) 五种需求可以分为两级,其中生理上的需求、安全上的需求和感情上的需求都属于低一级的需求,这些需求通过外部条件就可以满足;而尊重的需求和自我实现的需求是高级需求,他们是通过内部因素才能满足的,而且一个人对尊重和自我实现的需求是无止境的。同一时期,一个人可能有几种需求,但每一时期总有一种需求占支配地位,对行为起决定作用。任何一种需求都不会因为更高层次需求的发展而消失。各层次的需求相互依赖和重叠,高层次的需求发展后,低层次的需求仍然存在,只是对行为影响的程度大大减小。

(5) 马斯洛和其他的行为心理学家都认为,一个国家多数人的需求层次结构,是同这个国家的经济发展水平、科技发展水平、文化和人民受教育的程度直接相关的。在不发达国家,生理需求和安全需求占主导的人数比例较大,而高级需求占主导的人数比例较小;在发达国家,则刚好相反。

(资料来源:http://baike.baidu.com/view/117943.htm)

3.6 参考文献

[1] 吴健安.市场营销学[M].北京:高等教育出版社,2000.
[2] 龚振.消费者行为学[M].广州:广东高等教育出版社,2004.
[3] 江林.消费者行为学[M].北京:首都经济贸易大学出版社,2002.
[4] 王曼.现代营销心理学[M].北京:中国物资出版社,2002.
[5] 孙庆群.营销心理学[M].北京:科学出版社,2008.

学习任务四

消费者心理因素影响分析

学习目标

知识目标：通过本章的学习,掌握知觉的过程；了解学习的特点；了解情绪的特点；掌握态度的构成。

技能目标：利用消费者知觉、学习、情绪与态度的相关理论分析具体的消费者心理,并提出相应的营销策略。

4.1 导入案例

本田(Honda)公司在 1986 年向美国市场推出了讴歌(Acura),它是一种溢价车,售价稍低于奔驰、宝马这些从欧洲进口的汽车。讴歌被定位为"高品质、精工制作并比其他同性能汽车定价低得多"。它获得极大成功并很快成为最畅销的高档车品牌。

1995 年,讴歌达到自其推出以来的最低销售点。怎么回事？原来是一系列事件的发生侵蚀了它最初的强大地位。在 1989 年,丰田公司(Toyota)和尼桑公司(Nissan)以稍高于讴歌的价格推出了凌志(Lexus)和英菲尼迪(Infiniti)两款豪华车型。到了 20 世纪 90 年代,奔驰、宝马和奥迪都进行了较大幅度的降价。因此,讴歌的地位从"廉价的高品质汽车"降为"价格稍低的高品质汽车"。

此外,本田认识到光靠价格和品质是不足以取胜的。本田公司一位主管说："我们开始发现,在高档车市场上,仅有高品质是不够的。消费者还渴望地位、声望、舒适和豪华。"本田的广告部主管说："讴歌在质量、可靠性和价格上是无可挑剔的,但它在豪华、气派和声望方面显得很不够。我们必须改变这种形象。"

于是，本田的1995年、1996年的车型的广告都淡化了品质主题，集中强调豪华性。里程(Legend)和型格(Integra)被重新设计并拥有了新名字。本田还加宽产品线，推出一种运动用的低价豪华单座小汽车。

不过，仅改变产品和广告还不足以将讴歌重新定位成一种豪华汽车。销售网络也要跟着改变。正如一个商家所说的："如果我们想成为豪华汽车的经销商，我们就得看起来像豪华汽车的经销商。我们得传递厂家所希望展现的形象。"于是，本田开始基于顾客满意度而不是基于销售量向经销商支付可观的酬金。本田还请曾经为土星(Saturn)和英菲尼迪(Infiniti)培训经销商的桑蒂公司（Sandy Corp）培训经销商如何更好地为顾客服务。然而，对过时的销售展示进行重新塑造的进程似乎很缓慢，销量始终很低，25%的经销商处于亏损状态。许多经销商没有支持本田的形象转换，而是把手中的品牌形象广告经费用于"硬性"推销。

（资料来源：(美)卡纽克.消费者行为学(第七版)[M].上海：华东师范大学出版社,2002.）

问题：

1. 尽管讴歌的产品定位改变了，但讴歌的形象并没有获得改变，为什么？它给我们提供了什么教训？
2. 本田的重新定位战略能获得成功吗？

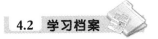

4.2 学习档案

情景一　消费者的知觉

> **小资料**
>
> 某品牌电视机做的电视广告中用了一位漂亮模特，这一模特衣着保守。目光跟踪仪显示观众注视这个广告的时间相当长。72小时以后，仍有36%的观众记住了这一品牌。与此对照的是一则相似产品的广告中使用了一位衣着暴露的性感女郎。目光跟踪仪显示此广告也相当引人注意，但观众只顾看那位性感模特去了，72小时以后的品牌记忆率只有9%。
>
> **问题：** 如何合理地刺激观众接受商品本身的信息？

由于广告充斥各处而且消费者并非乐意看所有的广告，于是营销人员经常使用漂亮模特、笑料或其他因素激发人们的兴趣，但他们并不希望其目标受众仅仅关注广告中的模特，他们还想与观众交流有关商品本身的一些信息。然而，之前的例子说明，如果刺激因素采用不好，只会引起受众对刺激本身的兴趣，而使人忽视广告所要传递的信息。

为避免与不同的目标受众沟通时发生这样或那样的问题，关于知觉方面的知识就显得尤其重要。知觉是将单个消费者与消费群体、环境及商家的影响联结起来的重要活动。

一、知觉的过程及特点

信息处理是刺激物被感知、被转化成信息并被存贮的一系列活动。常见信息处理模型由四个阶段构成,分别为展露、关注、解释和记忆,其中前三个阶段即构成了知觉的过程。

其实,这些步骤实际上是同时进行的,并显然相互作用。也就是说,我们的记忆会作用于展现在我们面前的信息,它也会对我们的注意力以及我们如何解释这些信息产生影响。同时,在接收信息过程中记忆也逐步形成。

知觉及记忆两者都带有选择性。知觉的选择性,或称为知觉防御(Perceptual Defences),指的是个体并非感官信息的被动接受者,相反,消费者决定大多数他们将碰到、注意到的信息及这些信息的意思。显然,营销者如何与消费者成功地交流是一项具有挑战性的工作。

二、展露

当刺激物出现在我们的感觉接收神经范围内时,我们称之为展露。刺激物在个人面前展现仅需将刺激物置放在个人相关环境之内。展露的发生并不一定要求个体接收到刺激物信息。通常个体面对的仅仅是被展露的刺激物中的很少一部分。人们自主选择观看的刺激物而回避其他刺激物。

通常我们寻找自己认为有助于实现某种目标的信息,这种目标既可以是近期的也可以是远期的。个体的目标及为达到此目标所需要的信息是由个体现在的和其所向往的生活方式以及短期动机共同决定的。同时,在日常生活中我们或多或少会偶然地或随机地面对大量的刺激信息。

展露的主动性和自我选择性所产生的影响可以在广告播出时,从人们快速跳过广告节目、转换频道或让广告静音等活动中体现出来。选择性地避开广告同样发生在电台节目收听、印刷材料阅读领域。为减少广告逃避现象和提高营销信息的展露水平,营销者和广告公司正在试图采用各种办法,如增强广告本身的吸引力;在多种媒体和多个电视频道播放广告;将广告置于最靠近节目开始或结束的位置;劝说电台、电视台等媒体单位减少广告播放时间与数量等。

三、关注

当刺激物激活我们的感觉神经,由此引发的感受被传送到大脑作处理时,关注就产生了。我们时刻面对着数千倍于我们处理能力的外界刺激物,所以,我们不得不有选择地关注广告及其他信息。

这种选择性对市场营销人员以及其他希望与消费者沟通的人具有重要意义。他们都应该知道刺激物展露后如何获得关注。注意力由三个因素决定——刺激物、个体及环境。

(一)刺激因素

刺激因素是指刺激物本身的物质特征。刺激物的一些特征会不依赖于个体的特征独立地吸引我们的注意力。

1. 大小和强度

刺激的大小影响人们关注此物的概率。大刺激物相对于小刺激物更容易被注意。

2. 插播频率

相同的广告在同期杂志中出现的次数与广告版面的大小有相同的效果。同样的广告播放多次可以增加记忆率。刺激强度（如音量大小、色彩明亮程度）也起到同样的效果。

3. 色彩和运动

色彩和运动可用以吸引注意力，因为鲜艳的色彩和移动的物体更引人注目。鲜艳的包装比色彩暗淡的包装更容易吸引人的视线。

4. 位置

物体在个体视线所及范围内的位置同样重要。处于视野正中的物体比处于边缘的物体更容易被人注意。

5. 隔离

隔离指将一个刺激物与其他物体隔开。"空白"（如将一则很短的信息放在一个空白的广告牌正中）的运用非常有效，广告之前的片刻沉默均是基于此原理。

6. 格式

格式指的是信息展示的方式。通常，简单、直接的播放方式比起复杂的方式受到的注意更多。信息中加入需要人们费力理解的因素也会降低其受关注的程度。不同的个体特征也会与信息发送格式相互作用，信息格式的设计必须充分考虑目标消费者的特征。

7. 对比

相对于那些与周围背景融合在一起的刺激物，我们更倾向于关注那些与背景反差很大的刺激物。鲜明的对比度是那些获奖广告的构成要素之一。那些与消费者预期的广告内容大相径庭的广告会比那些典型的产品广告更吸引消费者。

8. 信息量

所有消费者处理信息的能力都是有限的。为防止消费者因为出现信息超载而推延或放弃决定，随意作出决定或在决策时只利用总信息中一些次优的信息，营销人员必须依据其目标市场需要的信息需提供重要的信息，并着重加强或从背景中突出这些信息。详细信息及次要数据可以以表格、录像带和信息广告的形式提供，以供那些感兴趣的消费者查用。

（二）个体因素

个体因素是指个体的各种特征。兴趣或需要是影响关注程度的主要个体因素。兴趣是个体生活方式的体现，同时也是个体长期目标、计划和暂时需要的结果。短期目标、计划当然也受情境的影响。除此之外，不同的个体对信息的关注能力也大相径庭。

（三）情境因素

情境因素是指环境中除主体刺激物（如广告或包装）以外的刺激以及因导致暂时的个人特征的环境，如赶时间或置于一个拥挤的商店内等。

显然，忙碌的人比有空余时间的人更少关注刺激物（如果你乘坐某一长途航班，手头没有任何闲书供你打发时间，你无聊得甚至可能会记忆在航班广告杂志上看到的广告）。处于不快情境中，如置身于拥挤、嘈杂、过热或过冷的商店中的消费者，会注意不到许多展露在他们面前的刺激物,因为他们想尽快从目前的环境中逃脱。

四、解释

解释是对个体感受赋予某种含义。解释是由刺激物、个体、环境特点共同决定的。整个广告信息,包括广告出现的具体背景会影响我们对其内容的解释。就像对具体的词和符号的解释一样,我们会对广告语气和对信息的感受赋予含义。

认知解释是将刺激物置于既存的意思范围内来解释的过程,它也是刺激物与消费者现有知识经验相互作用的过程。新信息的加入会改变人们对事物的归类以及此一类别与彼一类别的关系。

情感解释是由某个刺激物(如广告)引发的情感反应。和认知解释一样,许多刺激物都会在同种文化背景下引发正常的情感反应。当然,个体之间会存在差异。

消费者个人的解释而非客观事实最终影响其行为,因此市场营销人员对词语的心理意义必须格外注意,要能够区别字面含义和心理含义的重要意义。字面含义是指某个词语的一般意义,即词典中的解释。心理意义是指基于个人或某个群体的经历、词语使用的具体环境而赋予某个词以特定含义。

(一) 个体特征

营销刺激物只有被个体理解或解释后才具有意义。一系列的个体特征会影响消费者对刺激物的理解。研究表明,语言会影响人们对书面信息的理解和记忆,其中,影响力特别大的两个因素是学习和期望。

1. 学习

一些看起来自然而然的事情,如时间、地点、友谊、色彩等都属于习得性行为,不同文化下人们对它们有不同的理解。即使在相同文化背景下,不同的亚文化群体对相同的刺激物的理解也存在很大差别。因此,市场营销人员必须确保目标受众的理解与企业希望赋予的含义相吻合。

2. 期望

个人对刺激物的理解倾向于与他们的期望相一致。消费者常常认为,知名品牌或价格昂贵的产品的质量较不太知名的品牌或价格低的产品要高,即使这不一定是实情。同样,零售店中带有促销标志的商品也常被认为已经降价了,即使促销广告中并未说明降价或价格实际上并未降低。

(二) 情境特征

很多情境特征会影响个人对刺激物的理解。一些暂时性个人特征如饥饿、孤独、当时的情绪均会影响个体对既定刺激物的理解。个人可支配的时间也会影响对营销信息的理解。同样,环境的外在特征如气温、在场的人数及这些人的不同特点、信息传播媒体的性质、外界的干扰及处理信息的原因都会影响到个体如何理解信息。

(三) 刺激物特征

刺激物为个体反应设定了基本构架。产品、包装、广告、销售展示的结构及本质对大脑对信息的处理即对信息的最终理解会产生重要影响。信息本身的方方面面都会影响我们对产品的理解。这些因素包括我们对信息的整体风格、视觉及听觉背景的反应,也包括我们对信息的语言和非语言方面的特点、信息的直接内容等的反应。

(四)对意象的理解

图画与语言具有不同的沟通能力。营销人员经常使用图画信息与消费者交流,其目的是让信息的发送者影响信息的接受者。信息的发送者基于自己对信息的各个方面如何影响受众的反应的认识而对受众作出各种假设,对各种信号如语言、图画、颜色等加以选择。受众则利用自己的"意义词汇"理解信息,推断信息发送者的意图,评价信息内容和形成自己的反应。这样看来,图像具有超出其直接反映之外的意义,这就要求我们构建有意境的广告,其整体意义、经由语言对它的解释以及广告的形象具有内在一致性(即语言和形象传递的一致性或互补性)。只有这样,广告才能在受众中获得预期的反应。

(五)消费者推断

消费者推断指的是消费者基于广告之外的线索对产品或其属性赋予某种价值的过程。当关于商品某一特征的信息缺失时,消费者会根据信息可获得的情况下该特征将处于什么状态而对这一特征的实际状况作出推断。无论是营销人员还是政府管制机构都必须弄清可能导致消费者作出错误推断的信息结构。当做比较广告时,这一点尤为重要。

(六)营销信息的误解

公众很难对大众传播信息产生一致性认识或正确理解,而营销经理和公关人员都希望消费者能正确理解广告信息,即按营销人员或专家对该信息的定义那样来理解信息。如何减少误解是一个十分复杂的问题,因此,营销人员、公关人员及其他希望与大众交流的人都应该仔细预先测试所要传递的信息,以确保不被误解。

情景二 消费者的学习与记忆

> **小资料**
>
> 2009年,为了有效地推广高效节能产品,提高终端用能产品的能源效率,经国务院同意,财政部、国家发展改革委正式启动实施"节能产品惠民工程"。明确安排:生产企业是高效节能产品的推广主体,中央财政对高效节能产品生产企业给予补助,再由生产企业按补助后的价格进行销售,消费者是最终受益人。各地相关政府部门、重点耗能企业、节能技术服务机构,节能产品生产、经销和应用企业,纷纷通过深入企业、社区、商场、学校、农村和军营,开展各种形式的节能宣传活动,普及节能知识,展示节能技术、节能产品、节能成果。
>
> **问题**:企业应如何采取有效方式帮助消费者了解其产品?

正如资料所显示的那样,一些组织乐于向消费者和其他人传授有关其产品和服务的知识,事例证明,用有效的方式帮助消费者认识其产品的企业能够获得长期的竞争优势。

在这一节,我们将讨论学习和记忆的本质,学习的条件反射理论和认知理论,以及学习的一般特征。这些理论或原理的营销意义也将在每一部分中论及。

一、学习的本质

在前文中,我们将信息处理过程描述成刺激被感知、被转化为信息并被存储在头脑中的一系列活动。它包括展露、关注、解释和记忆。"学习"是用来描述有意识或无意识的信息处理导致记忆和行为改变的这一过程。

学习是消费过程中不可缺少的一个环节。事实上,消费者的行为很大程度是后天习得的。人们通过学习而获得绝大部分的态度、价值观、品味、行为偏好、象征意义和感受力,这些体验极大地影响着我们所追求的生活方式和我们所消费的产品。

学习是指长期记忆和行为在内容或结构上的变化。如前文描述的那样,学习是信息处理的结果。信息处理可能是在高介入状态下的有意识、有目的的活动,也可能是在低介入状态下的不集中的、甚至无意识的活动。

二、高介入状态和低介入状态下的学习

学习可以发生在高介入或低介入状态下。高介入状态的学习是消费者有目的地、主动地处理和学习信息。低介入状态下的学习则是消费者没有足够的推动力去主动处理和学习信息。介入程度是个体、刺激和环境相互作用的结果。传播的内容与方式应视受众介入程度的不同而异。

(一) 条件作用

条件作用是指建立在刺激(信息)和反应(行为或感觉)的联系基础上的学习,指经由某些刺激和相应的反应,一个人能了解这些刺激与反应之间是有联系的或没有联系的。有两种基本形式的条件学习——经典性的条件学习和操作性的条件学习。

1. 经典性条件反射

运用刺激和反应之间某种既定的关系,使人学会对于不同刺激做出相同反应的过程叫经典性条件反射。

建立在这种条件反射之上的常见的市场营销应用包括以下几种。

(1) 不断地在令人兴奋的体育节目中宣传某种产品会使该产品本身令人兴奋。

(2) 各种运动会的吉祥物通常以卡通的动物形象,简化或突出动物的某一特征,与人们喜爱动物的潜意识相结合,使人对其产生好感。

(3) 商店内播放春节喜庆的音乐会激发给予和共享的情感反应,从而增加消费者的购买倾向。

经典性条件反射在低介入状态下经常发生。

2. 操作性条件反射

操作性条件反射主要在强化物的功能方面和强化时间方面与经典性条件反射有所区

别。强化这一环节在操作性条件反射中要比在经典性条件反射中重要得多。因为在操作性条件反射中,没有自发的"刺激-反应"关系,必须先诱导主体(消费者)做出所期望的反应,再对这种诱致的反应进行强化。

操作性条件反射经常需要实际试用产品。因此,营销策略的重点在于确保消费者对产品进行第一次尝试。免费试用(在商店派发或送上门)、新产品特别折价、有奖活动都是鼓励消费者试用某种产品或品牌的措施。一旦消费者试用了企业的产品并喜爱它(强化),他们就很有可能在今后继续购买它。这种由部分反应到所期望的最终反应的过程(消费免费试用品、折价购买、全价购买)叫做"塑型"或"行为塑造"。

正强化能增加再购买的可能性,负强化(惩罚)则会产生相反的效果。因此,对产品的一次不满意的购买经历会极大地减少再购买的可能性。这一点强调了保持产品质量稳定的重要性。

操作性条件反射被营销者广泛运用。最普遍的一种运用便是使产品质量保持一致,从而使消费者对其的好感从产品使用中得到强化。其他运用包括以下几种。

(1) 在销售之后,通过信函、人员回访等形式祝贺购买者作出了明智的选择。
(2) 对于光顾某一商店的购买者给予诸如商品赠券、折扣、奖励之类的"额外"强化。
(3) 对购买特定品牌的消费者给予诸如折扣、小玩具、优惠券之类的"额外"强化。
(4) 免费派送试用品或优惠券鼓励消费者试用产品。
(5) 通过提供娱乐场所、空调设施、精美布置,使购物场所令人愉快(强化)。

(二) 认知学习

认知学习包括人们为解决问题或适应环境所进行的一切脑力活动。它涉及诸如观念、概念、态度、事实等方面的学习,这类学习有助于我们在没有直接经历和强化的条件下形成推理、解决问题和理解事物之间的各种关系。认知学习的范围从很简单的信息获取到复杂、创造性的解决问题。有三种认知学习形态对于营销者很重要。

(1) 映像式机械学习

在没有条件作用的情况下学习在两个或多个概念之间建立联想叫做映像式机械学习。许多低介入主体的学习是映象式机械学习。一个简单信息的无数次重复可以导致消费者一进入某种环境就联想到该信息。通过映像式机械学习,消费者可以形成关于产品特征和属性的信念,一旦有了需要,消费者便会基于这些信念购买产品。

(2) 替代式学习与模仿

消费者并不一定通过直接体验奖赏或惩罚来学习,而可以通过观察他人的行为和后果来调整自己的行为。另外还可以运用想象预期行为的不同后果。这种类型的学习被称为"替代式学习或模仿"。替代式学习与模仿在低介入和高介入状态下都经常发生。

(3) 推理

认知学习最复杂的形式是推理。在推理中,个体对已有的信息和新信息进行重新构造和组合以进行创造性思考。

(三) 对学习理论的总结

学习理论有助于我们理解消费者在各种情境下是如何学习的。我们已经考察了五种具体的学习理论：操作性条件反射、经典性条件反射、映象式机械学习、替代式学习与模仿和推理。这些学习方式无论在高介入还是低介入状态下均能运用。表4-1 总结了上述理论，并提供了高、低介入状态下的具体实例。

表4-1 学习理论概览

理 论	描 述	高介入状态下的例子	低介入状态下的例子
经典性条件反射	如果两个物体频繁地在一起出现，由第一个物体引起的反应也会由第二个物体引起	当一个消费者获悉红旗轿车只使用中国制造的零部件后，由"中国"这个词引起的正面的情感反应也会由"红旗"这个品牌名称引起	即使消费者并不注意某个广告，背景广告歌曲所引起的正面情感反应也会由广告的品牌名称引起
操作性条件反射	如果一种反应被给予强化，人会倾向于在以后遇到相同情况时重复作出这种反应	一个消费者买了一套西装，发现它不打皱，并因此受到周围人的恭维。于是，他在下一次购买运动服时也选择这一品牌	消费者未加思索就购买了一种较熟悉的麦片，吃起来觉得"不错"。以后他就继续购买这种品牌的麦片
映像式机械学习	在没有条件作用的情况下将两个或多个概念联系起来	一个篮球爱好者仔细阅读了许多他所喜欢的鞋类广告，了解了各种品牌的球鞋	在从未真正"考虑"过苹果公司的广告或产品的情况下，一个消费者知道了苹果公司生产家用电脑
替代式学习或模仿	通过观察他人行为的结果或想象某种行为的结果来学习如何行动	在一个消费者准备买一件连衣时，她先观察人们对于她朋友穿的连衣裙有什么反应	在从未真正"考虑"过的情况下，一个小孩知道了男人不穿裙子
推理	个体通过思考、重新构造和组合已有的信息，从而形成新的联想或概念	一个消费者认为炭包可以除去冰箱里的异味。当他发现地毯有股异味时，决定在地毯里放一些炭包	消费者发现商店里没有黑胡椒了，决定买白胡椒代替

三、学习的特点

不管哪一种学习方法更适用于哪一种情境，学习的几个一般特点是与营销有关的。其中最重要的是学习强度、消退（或遗忘）、刺激泛化、刺激辨别和反应环境。

（一）学习强度

怎样才能形成一种强烈和持久的习得性反应呢？学习强度受四个因素的影响：重要性、强化、重复和意象。一般来讲，所学材料越重要，过程中接受的强化（或惩罚）越多，刺激重复（或练习）的次数越多，材料中包含的意象成分越多，学习就越快而且记忆也就越持久。

1. 重要性

重要性指所学信息对消费者的价值。学习某种行为或信息对一个人越重要，他的学习过程越有效果和效率。

重要性也是区分高介入状态学习与低介入状态学习的一个尺度。前者比后者更完全，而且也较少需要强化、重复和意象。遗憾的是，营销者面对的往往是处于低介入学习状态的消费者。

2. 强化

强化是指能增加特定反应在未来发生的可能性的任何事物或活动。虽然学习经常是缺少强化（或惩罚）的，但强化能极大地影响学习的速度和学习效果。

正强化是一种愉快的或被期待的结果。负强化则涉及对不愉快结果的排斥和避免。

强化的反面就是惩罚。惩罚是能减少特定反应在未来发生的可能性的任何事物。

从上面的讨论可以看到，营销者之所以要精确地确定"什么才能强化消费者的具体购买行为"，有两个重要原因：① 要让消费者重复购买，产品必须满足消费者所追求的目标；② 要诱导消费者做出第一次购买，促销信息必须保证恰当的强化，也就是保证产品会满足消费者的目标。

3. 重复

重复（或练习）能增加学习的强度与速度。很简单，我们接触某种信息的次数越多，我们掌握它的可能性就越大。重复的效果也直接与信息的重要性和所给予的强化有关。换句话说，如果所学的内容很重要或者有大量强化相伴随，重复就可以少些。由于许多广告内容在当前对于消费者并不很重要，也不能提供直接的激励与强化，重复就成为促销过程中的关键因素。

广告重复的次数和重复的时机都会影响学习的程度和持久性。但是，营销者应该注意重复的度，在重复与避免在消费者中产生负面情绪之间保持微妙的平衡。过多的重复会导致人们拒绝接受该信息、对其作出负面评价或对其熟视无睹。

4. 意象

无论是某个品牌名称还是某个公司的口号，均能产生一定的意象，这有助于消费者学习。因为形象化的语言更容易学习和记忆。意象效果背后的理论是，形象化语言有双重编码，它能同时以语言和形象两种方式存储于人的记忆中。由于意象能极大地提高学习的速度和质量，品牌名称的意象就成为市场营销决策的一个关键方面。

图像是形象化的，因此是一种特别有效的学习工具。它能增加消费者的视觉意象，还有助于消费者形成与信息编码相关的和有意义的信息块。所以，一则广告的关键沟通点应该是在它的图形部分所激发的意象里面，原因是消费者对这种意象记得更快更牢。

有证据表明，声音记忆和包含语言声音的记忆具有与视觉记忆不同的特点。与语言的信息意义相一致的背景音乐增进学习效果。

(二) 消退

营销者希望消费者学习和记住产品的优点，并保持对产品的良好感受和态度。但是，一旦对于习得的反应所给予的强化减弱、习得的反应不再被运用或消费者不再被提醒作出反应，消退或遗忘便会发生。

遗忘发生的速度与最初的学习强度呈负相关关系。也就是说，学习的内容越重要、强化越多、重复越多、意象越强，学习对遗忘的抵制就越强。

(三) 刺激泛化

刺激泛化是指由某种刺激引起的反应可经由另一种不同但类似的刺激引起。例如，一个消费者知道某品牌的饼干很好吃,便以为它的新产品也很好吃,这种情况就是刺激泛化。营销者经常运用这一原理来进行品牌延伸。

(四)刺激辨别

刺激辨别指对于相近但不同的刺激学会作出不同反应的过程。在某一点上,刺激泛化机能开始失灵,因为相似性越来越小的刺激都被同样对待,这时必须对刺激作出区分,以使消费者对它们作出不同的反应。

要做到这一点,营销者可以采用多种方法,其中最显而易见的一种就是在广告中具体指出各种品牌的差别。这种差别可以是现实存在的,也可以是象征意义上的。产品本身也应在造型或设计上经常改变以增加产品差别。

(五)反应环境

消费者往往能学到比他们将来能够提取出来的数量要多的信息。也就是,我们常常在需要的时候找不到存储在记忆中的相关信息。影响信息提取能力的第一个因素是最初的学习强度。最初学习的强度越大,在需要的时候,提取相关信息的可能性就越大。

第二个因素是回忆时所处的环境是否与最初的学习环境具有相似性。因此,在回忆时提供越多与当初学习该信息时相似的环境线索,回忆就越有效。根据实际情况,营销者可以做出两种选择:① 使学习环境接近回忆环境;② 使回忆环境接近学习环境。

四、记忆

记忆是以往学习经验的总积累。它由两个相互关联的部分即短时记忆和长期记忆组成。短时记忆和长期记忆并非两个相互独立的部分。实际上,短时记忆是长期记忆中处于活跃状态或处于工作状态的那一部分。

(一)短时记忆

短时记忆只有有限的信息与感觉存储能力。个体在分析和解释信息时将信息暂时放在短时记忆中,然后可能把这些信息转移到别处,也可能使这些信息进入长期记忆。因此,短时记忆类似于我们通常所说的"思考"。它是一个活跃、动态的过程,而不是一个静态的结构。

短时记忆中发生两种基本的信息处理活动——渲染性活动和保持性复述。

渲染性活动(Elaborative Activity)就是运用已有的经验、价值观、态度、信念、感觉来解释和评价当前记忆中的信息,或者添加与以前所存储的信息相关的内容。渲染性活动是用来重新定义或添加记忆元素的。上一节中所描述的知觉的解释,其基础就是渲染性活动。

保持性复述(Maintenance Rehearsal)是为了将信息保留在短时记忆中,供解决问题之用或使之转移到长期记忆中而不断地重复或复述信息。考前强记公式或定义就是保持性复述的例子。营销者通过在广告中重复产品品牌名称或重要功用来激发消费者的保持性复述。

短时记忆包括概念和意象的使用。

概念是对现实的抽象,它以通俗的词汇反映事物的含义。意象是思想、情感和事物在感觉上的具体表现,它能直接再现过去的经历。因此,意象处理涉及感官影像的回忆和运用,包括视觉、嗅觉、味觉、触觉。

(二) 长期记忆

长期记忆被视做一种无限、永久的记忆,它能存储各种类型的信息,如概念、决策规则、方法、情感状态等。

营销者对语义记忆(Semantic Memory)特别感兴趣,因为它代表我们对事物理解的最简单水平。在这个水平上,某一个品牌如"奔驰"可能被归类为"豪华汽车"。

营销者感兴趣的另一类记忆是插曲式记忆(Episodic Memory)。它是对个人所参与事件的次序记忆,诸如毕业、第一份工作、学开车。对这些事件的记忆非常深刻,而且常常激发意象和情感。营销者经常试图激起消费者的插曲式记忆,有时是因为他们的产品与插曲中的事件有关,有时则是为了将事件记忆所激发的美好情感与其产品或品牌相联系。

概念和插曲都能通过与其他概念和插曲的联系而获得更深的意义。这种围绕特定概念形成的系列联想叫做"图解"(Schema)或"图解式记忆"(Schematic Memory),有时也叫"知识结构"。图解式记忆是一个复杂的联想网络。这种记忆形式关注的是各种信息块之间的联系和结合。

情景三 消费者的情绪

> **小资料**
>
> 当尼古拉斯·哈耶克(Nicolas Hayek)把SMH(以其斯沃琪表而闻名的一家瑞士公司)从一家净资产11亿美元、年亏损1.24亿美元的公司变成一家净资产21亿美元、年创利2.86亿美元的公司时,有人问他:"你发现了什么别人没有发现的东西?"回答是:"我意识到我们不仅在销售一种消费品,甚或一种名牌产品,我们是在销售一种情绪化的产品。你在手腕上戴表,以你的皮肤作衬托。你每天有12或24小时戴着它,它能成为你的自我形象的重要部分。它不必、也不应该只是一种商品。我知道,如果我们能在这种产品上附加某种真实的情绪,赋予这种低端产品某种强烈的新信息,我们就能成功。"
>
> **问题**:该企业是如何重新为其产品定位的?

一、情绪及其特点

我们将情绪定义为一种相对来说难以控制且影响我们行为的强烈的情感。我们每个人都体验过一系列的情绪。想一想最近的一次情绪经历,这次经历有什么特点?所有的情绪体验都有一些共同的方面。

情绪通常是由环境中的事件引发的。愤怒、愉快、悲哀往往是对一系列外在事件的反应。不过,诸如"意象"这样的内在过程也能引发我们的情绪性反应。演员经常使用意象方法使自己进入所期望的情绪状态。

情绪还伴随有生理变化,如瞳孔扩大,流汗增加,呼吸加速,心率和血压的增高以及血糖水平增高。

情绪体验的另一个特点是"认知性思考"。情绪往往(尽管并非必然)伴随着思考。思考的类型以及我们"理智地"进行思考的能力,会随着我们情绪的类型和程度而变化。对于不合适的想法或行动,我们常常用一种极端的情绪反应作为解释,那便是:"我当时简直疯了,以至于完全不能正常思考了。"

情绪也与某些相关行为相伴随或相联系。尽管这些行为会随同一个体所处的不同时间和情境存在差异,以及各种情绪仍然与一定的行为形影相随:恐惧引发颤抖反应,愤怒导致奋起,悲伤引起哭泣,等等。

最后,情绪包含主观情感。事实上,当我们提到情绪时,往往指的就是这种情感成分。悲痛、喜悦、愤怒、嫉妒、恐惧给我们的感觉很不相同,这些主观感觉正是情绪的核心。这些感觉有某种特定的成分,被我们标记为诸如喜或悲的情绪。此外,情绪还带有评价喜欢还是厌恶的成分。虽然在文学中存在不一致的用法,我们通常还是用"情绪"这个词来指某种可辨认的、特定的感觉,用"感情"这个词来指某种特定感觉的使人喜欢或使人不喜欢的方面。尽管情绪通常被人以一致或一贯的方式来评价(人们通常喜欢某种情绪,不喜欢某种情绪),有些个体或有些情况下也有例外。例如,我们通常很少有人喜欢悲哀或恐惧,但我们偶尔也会喜欢一部让我们悲伤或害怕的电影。

二、情绪的类型

如果被问及,你可以毫不迟疑地举出很多种情绪。因此,研究者们试图对情绪进行分类也就不足为奇了。普拉契克(Plutchik)列出了8种基本的情绪类别:①恐惧;②愤怒;③喜悦;④悲哀;⑤接受;⑥厌恶;⑦期待;⑧惊奇。

普拉契克认为,其他的任何情绪都是派生情绪或这些基本情绪的组合。例如,欣喜是惊奇和喜悦的组合,轻蔑是厌恶和愤怒的组合。

另外一些学者提出用"愉悦、激发、支配"(PAD)这三个基本层面来说明所有的情绪,认为特定的情绪是这三个方面不同组合和不同水平的反映。表 4-2 列举了这三个基本层面和与其相联系的一系列情绪,以及用来表示这些情绪的感觉或指示器。

表 4-2 情绪层面、情绪和对情绪的描绘

情绪层面	情绪	对情绪的描绘
愉悦	责任	有道德的,善良的,有责任感的
	信仰	虔诚的,崇拜的,神圣的
	骄傲	自豪的,优异的,可尊敬的
	爱	爱的,慈爱的,友好的
	天真	天真的,纯洁的,无可指责的
	感激	感恩的,感谢的,备受欣赏的
	宁静	平静的,安宁的,舒服的,镇定的
	渴望	向往的,渴望的,恳求的,希望的
	喜悦	欢乐的,高兴的,欣喜的,满意的
	能力	自信的,可控的,能干的
激发	兴趣	关注的,好奇的
	萎靡不振	厌倦的,瞌睡的,懒惰的
	激活	激起的,活泼的,兴奋的
	惊奇	惊奇的,烦扰的,震惊的

续表

情绪层面	情绪	对情绪的描绘
激发	似曾相识	不引人注目的,未被告知的,不激动的
	介入	参与的,见识广的,开朗的,受裨益的
	烦乱	心烦意乱的,盘踞心头的,粗心大意的
	轻松	嬉戏的,娱乐的,无忧无虑的
	轻蔑	嘲笑的,蔑视的,不屑一顾的
支配	冲突	紧张的,受挫的,冲突的
	内疚	心虚的,懊悔的,遗憾的
	无助	无力的,无助的,被支配的
	悲哀	悲哀的,痛苦的,悲伤的,沮丧的
	恐惧	害怕的,担心的,忧虑不安的
	耻辱	差耻的,尴尬的,卑贱的
	愤怒	生气的,激动的,疯狂的
	过分活跃	恐慌的,混乱的,过度刺激的
	厌恶	厌恶的,憎恶的,烦扰的,强烈憎恶的
	怀疑	多疑的,可疑的,不信任的

三、情绪和市场营销策略

本节开头部分描述了"斯沃琪"手表是如何取得巨大成功的。其成功的原因之一是运用关于消费者情绪方面的知识为产品定位。虽然营销者一直在一种直觉的层面上运用情绪指导产品定位、销售展示和广告活动,深入、系统地研究各种情绪与市场营销策略的相关性则是一个全新的领域。下面将简要地讨论三个方面的策略问题,这三个问题分别是情绪的激发、情绪的降低以及广告中情绪的运用。

(一)情绪激发作为产品利益

情绪以伴随正面或负面的评价为特征,消费者积极寻找那些主要利益或次要利益在于激发其情绪的产品。虽然在大多数情况下,人们希望获得正面、积极的情绪,但也有例外的情况。例如,悲剧性的电影使观众伤心落泪,然而人们仍喜欢这样的电影。

很多产品把激发消费者的某种情绪作为主要的产品利益。最明显的例子莫过于电影、书籍和音乐。与各种类型的惊险旅游项目一样,迪斯尼乐园作为旅游胜地,也旨在激发游客的情绪。

长期以来,长途电话被定位于"激发情绪"的产品。一些软饮料品牌也以"妙趣横生"和"激动人心"作为其主要利益诉求点。甚至某些汽车有时也被定位为情绪激起型产品。

(二)情绪降低作为产品利益

看一看表4-2,其中许多情绪状况是令我们大多数人感到不快的。很少有人喜欢感受悲哀、无助、羞辱或恶心。面对这一境况,营销者们设计出许多防止或缓解不愉快情绪的产品。

这类产品中最典型的就是各种各样用于抑制忧郁或焦躁症状的非处方药品。人们常常光顾百货商店和零售店以消除疲倦、感受刺激、引发渴望。鲜花被宣传为能够消除悲哀;减肥产品和其他有助自我完善的产品常常根据其缓解内疚感、无助感、耻辱感或厌恶感等效果进行定位。个人清洁护理产品也常以缓解焦躁和忧虑作为其主要利益。

(三) 广告中的情绪

即使当情绪激发或情绪降低并不是产品的一项利益,广告中也经常使用情绪激发。广告中的情绪性内容增强了广告的吸引力和持续力。比起中性的广告,那些能激发欢乐温馨、甚至厌恶的情感反应的广告更能引起人们的注意。正如我们在前文看到的,注意是认识过程的关键一步。

情绪以一种高度激活的心理状态为特征。当个体被激活时,他变得更警觉和活跃。由于有了这种高度激活的心理状态,情绪性信息较中性的信息可能会得到更全面的"加工"。同时,在这样一种情绪状态下人们可能会花更多的精力进行信息处理并更可能注意到信息的各个细节。

能激发积极和正面情绪的情感性广告使广告本身更受人喜爱。例如,"温馨"是由对爱、家庭、友谊的直接或间接体验所激发的一种有积极价值的情感。突出温馨情调的广告,诸如麦当劳展现亲情的广告,就能激发本章前面所描述的那些心理变化。同时,温馨类广告也比一般的中性广告更受人喜爱,而喜欢一个广告会对产品好感的形成发挥积极影响。

情绪性广告可能比一般中性广告更容易被人记住。经由经典性条件刺激,重复置身于能引发积极情感的广告中可以增加受众对品牌的喜爱。刺激(品牌名称)与无条件反射(积极的情感)的配对和重复出现,可以使得一旦品牌名称被提起,积极的情感就会产生。

对品牌的喜爱也可能以一种直接和高度介入的方式出现。一个与情绪性广告只有一次或少数几次接触的人可能很简单地"决定"该产品是他所喜欢的产品。这是一种比条件反射更有意识的过程。例如,人们已发现,观看激发温馨感的广告可以直接强化购买意图,而这种强化的购买意图本来应该是喜欢该产品的结果。用情感来迎合消费者的广告现在正日益流行。

情景四 消费者的态度及态度的改变

> **📁 小资料**
>
> 在20世纪80年代,消费者的态度反映出美洲虎轿车存在严重的质量问题。美洲虎公司不得不采取措施提高产品质量,改进它的售后服务。管理人员开始跟踪顾客对轿车、经销商以及公司的态度,并且专门聘请一家公司负责每月调查数百名购买者。通过调查他们购车1个月、8个月和18个月后的反应,美洲虎淘汰了20%的最糟糕的经销商。随着产品质量、销售服务等各方面的改进,到1988年,美洲虎轿车在美国消费者最喜欢的汽车的评选中荣获第五名,仅次于本田而领先于马自达。在高档轿车中只有奔驰领先于它,消费者对美洲虎的评价总体是满意的。
>
> **问题:** 该企业采取了哪些策略改变消费者的态度?

一、态度及其功能

诚如上述案例所表明的,商业性和社会性机构常常通过改变人们对某一产品、服务或活动的态度而成功地改变他们的行为。态度的改变可以导致有益的消费决策,也可以导致有害的消费决策。

态度是我们对于所处环境的某些方面的动机、情感、知觉和认识过程的持久的体验。它是"对于给定事物喜欢或不喜欢的反应倾向"。因此,态度就是我们对于所处环境的某些方面,如一个零售店、一个电视节目,或一个产品的想法、感觉或行动倾向。

对个体而言态度有四项关键功能。

1. 知识功能

有些态度主要是作为组织关于事物或活动(如品牌和购物)的信念的一种手段。这些态度也许是对于客观事物的正确反映,也许是不正确的反映。但它们往往比事物的真相更能决定我们的行为。

2. 价值表现功能

有些态度是用来表达个体的价值观和自我概念的。比如,崇尚自然、重视环境的消费者有可能发展起与此价值观相一致的关于产品与活动的态度。这些消费者可能会表达对于环保和回收倡议的支持,愿意购买和使用"绿色"产品。

3. 功利功能

这种功能是建立在操作性条件制约的基础上,关于操作性条件反射,本书已作过描述。我们倾向于对那些能给我们带来好处的事物或活动形成正面的态度,而对那些会给我们带来害处的事物或活动形成负面的态度。

4. 自我防御功能

有些态度是为了保护我们的自我形象不受威胁或在受贬抑时进行自我防卫而形成的。被宣传为男性化的产品很可能被那些对自己阳刚之气没有自信的男人所看好。

任何一种特定的态度都能起到多重作用,不过其中某种作用可能占支配地位。营销者需要注意那些与其产品的购买和使用相关的消费者态度,以及这些态度所履行的功能。

态度是由我们在前几节中已经讨论过的一系列行为影响因素共同作用而形成的,它对于消费者行为影响深远。在这一节,我们将探讨态度的构成和改变态度的一般策略。

二、态度的构成

态度由三个成分构成,即认知成分(信念),情感成分(感觉),行为成分(反应倾向)。下面将对每一成分进行详细讨论。

1. 认知成分(信念)

认知成分由消费者关于某个事物的信念所构成。信念不必是正确的或真实的,它们只要存在就行。许多关于产品属性的信念本身具有评价性质。一个品牌与越多的正面信念相联系,每种信念的正面程度越高,则整个认知成分就越积极。而且,由于某一态度的三个组成成分总的来说具有内在一致性,因而整个态度也会越积极。

2. 情感成分(感觉)

我们对于某个事物的感情或情绪性反应就是态度的情感成分。特定消费者对于某个产品的情感反应会随情境的改变而改变。由于独特的动机、个性、经历、参照群体和身体状况,不同个体可能会对同一信念作出不同评价。尽管存在个体差异,但在某一特定文化之内大多数人对与文化价值观紧密联系的信念会作出相似的反应。尽管情感往往是评价某产品的具体属性的结果,它也可能在认知出现之前产生并影响认知。

3. 行为成分(反应倾向)

态度的行为成分是一个人对于某事物或某项活动作出特定反应的倾向。行为成分提供了反应倾向或行为意向。我们的实际行为反映出这些意向,而这些意向会随着行为所发生的情境而调整。由于行为往往是针对整个事物的,它不像信念或情感那样具有具体的属性指向。当然,这也不是绝对的。此外,我们必须记住,行为成分只是一种反应倾向,并不是实际的行为。反应倾向在许多情况下不一定通过购买显示出来。

4. 各成分间的一致性

态度的一个重要特征是态度的三个组成成分倾向于一致。这意味着某个成分的变化将导致其他成分的相应变化。这一趋势构成了很多市场营销策略的基础。

营销者极为关注如何影响行为。但是要直接地影响行为通常是很困难的。换言之我们通常不能直接地要消费者购买、使用并向他人推荐我们的产品。不过,消费者经常会听取推销人员的介绍,会注意我们的广告,或者会查看我们的包装。于是,我们可以通过提供信息、音乐或其他刺激来间接影响他们对产品的认识或情感,前提是使态度的三个组成成分之间保持一致。

三、改变态度的策略

(一)改变情感成分

现在,企业越来越试图在不直接影响消费者的信念或行为的条件下增加他们对于品牌或产品的好感。

如果企业成功了,消费者对产品的喜爱会增加其对产品的正面信念。一旦对该类产品产生需要,这些正面信念会引发他们的购买行为。或者,喜爱会直接促使购买,再在使用中增加关于该产品或品牌的正面信念。

营销者通常使用三种基本方法直接增强消费者对产品的好感:经典性条件反射,激发对广告本身的情感和更多接触。

1. 经典性条件反射

使用这种方法时,企业将受众所喜欢的某种刺激,如一段音乐,不断与品牌名称同时播放。过了一段时间后,与该音乐相联系的正面情感就会转移到品牌上。其他刺激,如喜爱的图画,也经常被使用。

2. 激发对广告本身的情感

经由经典性条件反射,消费者对广告的正面情感有助于增加其对品牌的喜爱。对广告的这种正面情感也可能提高购买介入程度或激发有意识的决策过程。使用笑料、名人或情绪诉求也可以增加受众对广告的喜爱。

3. 更多的接触

向某人不断地、大量地展示某种品牌也能使他对该品牌产生更积极的态度。因此,对于那些介入程度低的产品,可以通过广告的反复播送增加消费者对品牌的喜爱,而不必去改变消费者最初的认知结构。

(二) 改变行为成分

行为,具体来讲是购买或消费行为,可以先于认知和情感发生。或者,它也可以以与认知和情感相对立的形式发生。调查显示,试用产品后所形成的态度会更持久和强烈。

行为能直接导致情感或认知的形成。消费者经常在事先没有认知和情感的情况下尝试购买和使用一些便宜的新品牌或新型号的产品。这种购买行为不仅是为了满足对诸如食物的需要,也是为了获得"我是否喜欢这个品牌"的信息。

在改变情感或认知之前改变行为,主要是以操作性条件反射理论为基础。因此,营销的关键任务便是促使消费者试用或购买企业产品并同时确保消费者的购买和消费是值得的。优惠券、免费试用、购物现场展示、搭售以及降价都是引导消费者试用产品的常用的技巧。由于试用行为常常引发对于所试产品或品牌的积极态度,一个健全的分销系统和必要的库存对于防止现有顾客再去尝试竞争品牌是很重要的。

(三) 改变认知成分

改变态度的一个常用和有效的方法是改变态度中的认知成分。影响认知可以改变情感和行为。改变认知也可能直接引发购买行为,再引发对所购产品的喜爱。

有四种基本的营销策略可以用来改变消费者态度中的认知成分。

1. 改变信念

该策略是改变对于品牌或产品一个或多个属性的信念。要想改变信念通常要提供关于产品表现的"事实"或描述。

2. 转变权重

消费者认为产品的某些属性比其他一些属性更重要。营销者常常向消费者表明自己产品相对较强的属性是该类产品最重要的属性。

3. 增加新信念

另一种改变态度中的认知成分的方法是在消费者的认知结构中添加新的信念。

4. 改变理想点

最后一种改变认知成分的策略是改变消费者对于理想品牌的概念。

4.3 练习案例

为以下事物设计两则广告,分别侧重于认知成分和情感成分。

1. 牙膏
2. 健身俱乐部
3. 软饮料
4. 节能减排行动
5. 汽车

实训目的：把握态度的构成。

实训要点：1. 把握态度的认知成分；

2. 把握态度的情感成分。

4.4 课后作业

1. 名词解释

知觉　记忆　情绪　态度

2. 简答题

（1）关注是什么意思？个体关注哪一个刺激物是由什么因素决定的？

（2）描述低介入学习，它与高介入学习有什么区别？

（3）什么因素构成情绪的特征？

（4）态度的组成成分是什么？

3. 分析题

找出你认为基于低介入学习和高介入学习的广告各三则，并分析理由。

4. 案例分析

Aviva 在打开 www.ichocolateyou.com 的那一瞬间，就被那浓得腻人的黑与红彻底震撼了。

Aviva 发现，那些惹眼的黑与红，属于一款于 4 月 13 日刚刚上市的手机新品牌，它的名字就是 chocolate（巧克力），出自韩国家电品牌 LG。

在这个感觉古怪的网站上，Aviva 看到了她喜欢的韩国明星金泰煦和玄彬，LG"巧克力"手机的广告片里，他们演绎着一个若即若离的爱情故事。他们的故事与网站上"chocolate 故事"的文字一样让人感动。

最让 Aviva 难以忘怀的，是临走时不经意看到的那一句"I chocolate you"，LG 居然将它翻译成了中文"爱巧克力哟"。对于 Aviva 来说，那简直是一个致命的"情感按钮"，它将 Aviva 的记忆带回到了青涩的初恋时分，现在想起来，Aviva 心里隐隐还有些酸痛。

Aviva 在"chocolate 故事"里看到一段文字写着："不同的是我呼呼我那情有独钟的 chocolate，以及我 16 岁时遇见的那个人。"电光石火闪动的刹那，Aviva 被"巧克力"彻底打动了，她忽然强烈地感觉到，这枚可爱的巧克力手机，分明就是自己爱情的见证。

在对自己的爱情久久回味与为之感伤的同时，Aviva 已悄然成为了 LG"巧克力"手机攻心术的"俘虏"。这就是 LG 手机感性营销的魅力。

问题：该手机广告在目标人群的情感定位上有哪些可取之处？

4.5 延伸阅读

研究发现，人们看电视时通常还同时做一些其他的事情或者让电视开着而身处另外的房间。但有时他们却会深深沉浸在播放的电视节目中。

根据身体与电视机的接近程度及观众对电视节目的投入程度，一项研究把看电视分成以下四种情形。

情形Ⅰ：看电视是个体唯一的活动，其关注程度高，观众直面电视机。

情形Ⅱ：看电视只是两项活动中的一项，个体注意力被分散，虽然正坐在电视机前，但并不是专注于电视节目而是时而被诸如看报纸之类的活动分心。

情形Ⅲ：看电视只是个体的一项次要活动，在看电视的同时，还从事其他更重要的活动。观众并没有坐在电视机前而只是不时注意一下节目内容。

情形Ⅳ：电视机节目作为一种背景声音，观众可能在也可能不在电视机开着的房间。

情形Ⅰ和情形Ⅱ似乎比较常见，此时观众喜欢看某个节目，在此节目播放时间里把电视打开，通常不会换台看其他节目。看电视也是一项社交活动，黄金时段播放的电视节目大约有2/3是与其他人一起观看的。在黄金时段看电视节目是一项全家活动，而非个人的单独活动。

人们看电视节目时不仅投入程度存在差别，而且目的也各不相同。下面将揭示六种主要的看电视动机。

（1）虔诚或仪式化

具有这类动机的人把看电视作为最喜欢做的事情，有规律地看电视。电视节目就像他们的朋友。下面这个例子也许能说明这一动机。当你看到这些非常熟悉的主持人，你觉得他们仿佛就是你的朋友。你看完晚上11点的新闻时，他说："观众朋友，晚安。"你觉得他是在说："我的朋友，晚安！"

（2）改善心情

许多人看电视是为了调整心情，如摆脱着急、担心等情绪。工作，然后回家……大多数人日复一日重复着一些单调的事情。看电视让人从枯燥的日常工作中解脱出来，暂时忘却那些烦心的事。电视是一床温暖的毛毯，是压抑心灵的治疗室，在短时间里使人沉浸在一个童话般的世界。

（3）信息窗口

电视是观众了解最新事件、最新信息和趣闻的窗口，它让观众熟悉他们从未去过的地方和从未谋面的人。电视还给观众提供"精神食粮"。

（4）社会知识学习

观众根据电视节目中的情形或情境来审视自己的行为，并把这些情形作为行为指南。比如你对某人做了什么事情，你从未意识到你做错了——你压根没这么想过。但当你看了某个电视节目后想，主持人怎会对别人说这样的话呢？此时你才意识到自己在前几天也说过这样不该说的话。

（5）社交润滑油

人们看电视有时是因为自己的家人或朋友在看同一节目。无论电视节目播放时还是播放后，节目内容是交谈的话题之一。我们讨论电视中的故事，说不喜欢哪个角色，以及后来又发生了什么事……有时别人甚至会认为我们在讨论我们认识的某个人，某个真实的人。

（6）逃离现实

电视给个人一种心灵慰藉。看电视不仅是为了放松，它留给人悬念，它带给人兴奋和激动的情绪。

（资料来源：http://www.docin.com/p-403470621.html）

问题： 1. 广告应怎样基于目标消费者观看特定节目的不同目的进行不同策划？
2. 在上述每种动机之下什么样的电视节目最可能被观看？

4.6 参考文献

[1] 吴健安.市场营销学[M].北京：高等教育出版社,2000.
[2] 龚振.消费者行为学[M].广州：广东高等教育出版社,2004.
[3] 江林.消费者行为学[M].北京：首都经济贸易大学出版社,2002.
[4] 王曼.现代营销心理学[M].北京：中国物资出版社,2002.
[5] 孙庆群.营销心理学[M].北京：科学出版社,2008.

学习任务五

消费者个人因素影响分析

> **学习目标**
>
> **知识目标**：通过本章的学习,掌握影响消费者行为的个性因素、自我概念和生活方式,了解各因素与消费者行为的关系。
>
> **技能目标**：通过掌握各因素对消费者购买行为的影响,制定相关营销策略,促进消费者消费行为的发生。

5.1 导入案例

解读安踏品牌个性

根据形象一致原则,消费者一般选择与自己自我意识(或形象)一致的品牌或产品、商店,就是说产品形象与消费者个性是相互作用的。安踏作为一个知名品牌,其品牌形象是怎么样的?首先,安踏品牌具有能见性。其店面的红色主色调很容易辨认。它的形象代言人,是前奥运冠军,现任中国国家女一队主帅,这一点也提升了消费者对于安踏品牌的辨别能力。当然,安踏形象也有不足。安踏、李宁、特步等国内大品牌的标识比较接近,甚至安踏与李宁的店面装修及招牌都一度非常相似,采用的都是红底白标,这无疑大大混淆了两个品牌的形象;其次,安踏品牌具有差别性。对比其他的运动品牌,不难发现安踏的与众不同。与耐克、阿迪达斯等世界级品牌相比,其价格优势非常明显,14—26岁的年轻人,80%以上还没有收入,对于耐克、阿迪达斯500元以上的鞋很多是消费不起的。那么安踏的价格优势就很明显了。而与国内品牌相比,比如李宁,同类产品在价格上依然有15%左右甚至更大的优势的。而与同为国内品牌的特步等其他一些运动品牌相比,安踏虽然价格上没有优势,但是性价比高,质量和性能是后者所不能比的。最后,安踏品牌抓住了消费者的心理。平民可以接受的价位,国球明星的代言,给消费者带来这样的暗示,"这就是适合咱中国老百姓的产品"。

安踏的目标群体是14—26岁、立志向上、自强不息的"草根青少年"。他们喜欢冒险,勇于挑战,个性独特,消费超前,数量群体庞大。安踏主要是在以下几个方面进行定位的。首先,价格。14—26岁的少年,多数还属于花着父母血汗钱的人,没有很多钱去消费诸如耐克、阿迪达斯等较高端的产品,而安踏的定价正好符合这一年龄层的经济状况。其次,个性。14—26岁,正是宣扬自己个性的时候,安踏以一句"我选择,我喜欢"的广告词,很好地抓住了年轻人的心。最后,产品线主题。众所周知,安踏就是做运动商品的,主营运动服饰和运动鞋,兼营一些运动器材,运动又是时下年轻人的不二选择。试想一下,如果安踏的产品线不是贯穿着"运动"的主题,而是"养生"的话,那么它还可能在青少年群体中立足吗?

(资料来源: http://zhuzhuyuweini.blog.163.com/blog/static/11526684820093264323 9457/)

问题: 安踏的品牌个性如何对消费者产生影响?

5.2 学习档案

情景一 消费者的个性

> **小资料**
>
> #### "查理"香水的销售
>
> 19世纪70年代初,西方女士们大都刻意追求和表现自己独特的个性,法国露华浓香水公司率先推出一种"查理"香水,并宣扬其"个性化",标榜其为世界上第一种"社会方式"型香水,而对其护肤功能根本不提。女士们为体现自己的个性争相抢购,供不应求。该品牌香水创造了同种品牌香水最长的销售时间纪录,直到70年代末。因为70年代末,女士们的情感诉求又从独立感转移到女性化。露华浓香水公司又研制生产出"琼特"香水,尽力突出其"女性化"特点,再次受到女士们的青睐。露华浓香水公司跟着女士们的感觉走,紧紧抓住女士们情感变化的需求,连续不断地推出新品牌香水,始终执着西方社会香水生产销售的牛耳,获利丰厚。该公司已成为法国乃至全世界有名的大型化妆品生产企业。
>
> **问题**: 品牌个性如何影响消费?

动机促发消费者的行为目标,而个性会使不同的消费者选择不同的行为去实现目标。个性是个体在面临相似情况时作出有特性的反应的倾向。我们能轻易描述自己或朋友的个性。例如,你也许会说某个朋友"很有进取心、很固执、好斗、善交际、机智"。你所描述的正是你朋友在各种情况下多次展现出来的行为倾向。这些广泛情境下的反应特性,也同样会呈现在对营销策略的反应之中。关于个性的本质,以及如何对个性进行衡量,都存在着争议。但是,这个概念对于日常生活中的每个人却是真实而有意义的,它有助于我们描述并区分不同的个体。

个性理论分为个体理论和社会学习理论两大类。了解它们将有助于我们理解个性在消费者行为中的潜在作用。

一、个性的含义与特点

个性是在个体生理素质的基础上，经由外界环境的作用逐步形成的。个性的形成既受遗传和生理因素的影响，又与后天的社会环境尤其是童年时的经验具有直接关系。

（一）个性含义

个性有时也称人格，该词来源于拉丁语 Persona，最初是指演员所戴的面具，其后是指演员和他所扮演的角色。心理学家引申其含义，把个体在人生舞台上扮演的角色的外在行为和心理特质都称为个性。关于个性的定义，迄今仍是众说纷纭。这里我们引用施契夫曼和卡努克（Schiffman & Kanuk）对个性所下的定义：个性是指决定和折射个体如何对环境作出反应的内在心理特征。内在心理特征包括使某一个体与其他个体相区别的具体品性、特质、行为方式等多个方面。构成个性的这些心理特征不仅对产品选择产生影响，而且还会影响消费者对促销活动的反应以及对何时、何地和如何消费某种产品或服务的选择。

（二）个性的特点

人的个性具有多方面的特点。首先，个性既反映个体的差异性又反映人类、种族和群体的共同心理特征。"人心不同，各如其面"。其次，个性具有一致性和稳定性。最后，个性并非完全不可改变。生活中的某些重大事件，如小孩的出生、亲人的去世、离婚等都可能导致个性的改变。

二、有关个性的理论

（一）个体个性理论

所有的个体个性理论都有两个基本假设：① 所有的个体都有内在的特点或特性；② 个体之间存在可以衡量的、一贯的特性差异。这类理论不考虑外界环境的影响，而且大多认为人的个性特质或特征是在其早年形成的，随着时间的推移变得相对稳定。各种不同的个体个性理论的主要区别在于对"什么是个性中最重要的内容"有不同认定。

卡特尔（Cattell）理论是个性理论的典型代表。该理论认为个性是人在早年通过学习或遗传获得的。这一理论的独特之处在于它对构成个性的特性进行了分类描述：一类是相似的、聚集在一起出现的，称为表征性特质或可观察特质；另一类是可观察特质的原因，称为源特质。卡特尔认为，如果一个人能被观察到一些高度相关的表征特质，其背后的源特质就可以被辨识出来。例如，源特质"武断"能解释"有进取心、好斗、顽固"这样一些表征特质。表 5-1 列举了卡特尔理论中的个性特质。

表 5-1 卡特尔理论中的个性特质

个性特质	相反个性特质
孤僻(吹毛求疵、不合群、生硬)	好交际(热心、开朗、随和、爱参与)
多愁善感(情绪不稳定)	情绪稳定(成熟、现实、冷静)
谦恭(稳定、温和、顺从、温顺、迁就)	武断(富有侵略性、好斗、顽固)
沉闷(沉默寡言、严肃)	乐天派(狂热、热心)
随便(不守规矩)	认真(坚忍、有道德观念、沉着)
怯懦(害羞、胆小)	大胆(无拘无束、莽撞)
意志坚强(自立、现实)	意志脆弱(敏感、依附、被过度保护)
实际(现实)	富于想象(狂放不羁、心不在焉)
直率(不矫饰、真诚、不善交际)	狡猾(圆滑、精通世故)
自信(平静、安然、自得、安详)	忧虑(自责、不安、操心着急)
保守(遵循传统观念、守旧)	开放(思想自由、激进)
依附群体(加入许多俱乐部及社团、可靠的跟随者)	自立(足智多谋、自主自决)
自由散漫(自由行事,不理会社会规则)	自制(意志力强、自我克制、恪守自我形象)
松弛(宁静、麻木的、不泄气、泰然自若)	紧张(易受挫折,过度兴奋)

资料来源：Adapted from R. B. Cattell, H. W. Eber, and M. M. Tasuoka, Handbook for the Sixteen Personality Factor Questionnaire(Champaign, IL: Institute for Personality and Ability Testing, 1970). pp. 16-17. Reprinted bypermission of the copyright owner. All rights reserved.

卡特尔理论是多特质个性理论(有多种特性影响人的行为)的代表,此外还有单特质个性理论。这些理论强调一种与营销最有关的特质,如独断主义、外向性、神经质、犬儒主义、趋同消费、虚荣心、认知需要等。浪漫主义/正统主义是对营销者有潜在作用的个体个性因素。浪漫就是"有激情,富于想象力和创造力,凭直觉行事,被感觉而不是事实所支配"。正统就是"诚实、朴素、冷静、节俭、恰如其分"。现在已经发展出一种方法用来衡量以上这些个性成分。一项以工商管理硕士（MBA）学生为对象的调查表明,被视为"浪漫"类的人比视为"正统"类的人更喜欢到气候宜人的地方度假并参加"蹦极"之类的冒险活动。

（二）社会学习理论

这类理论强调环境是人的行为的决定性因素,因而关注外在而不是内在因素对人的影响。它们主要关注环境、刺激、社会背景这些系统性差异,而不是个体特性、需要或其他属性上的差异。持这一理论的学者重视对环境而不是对个体进行分类。

社会学习理论研究人怎样对环境作出反应以及他们所逐渐习得的反应模式。当环境发生变化时,个体也改变他们的反应。在极端的情况下,甚至可以说每一次人际交往都是一个不同的环境,而人在其中以一种不同的模式作出反应。有些人会认为你很外向,而另一些人会认为你很内向。他们对于你的个性的评价都可能是准确的,因为个体在不同的人面前会展现出他个性中不同的方面。

（三）混合理论

个体理论认为,人的行为是由所有人都共有、但程度有异的一些内在特性所决定的。社会理论则认为,人所处的环境是其行为的决定因素,人的不同行为是不同环境的结果。

而混合理论认为,人的行为是由个体的内在特性和他所处的外在环境二者共同决定的。

尽管研究表明个体特质并不能对人的行为作出很好的预测,但我们的直觉却不这么认为。我们期望在不同的情况下仍能看到个体行为具有基本的稳定性。例如,一个武断的人在各种情况下都会表现出行为武断的倾向。当然,其武断的程度会随情境而异,但可以合理地预料就总体而言他比一个害羞的人表现得更为武断。因此,情境制约着个体身上的一般的特质并与个体特质一起共同影响人的行为。

在消费者行为研究领域,一些学者试图测定某些与企业营销活动密切相关的个性特质,如消费者的创新性、对人际影响的敏感性等。一般认为,这类研究对于理解消费者如何作选择、是否消费某一大类产品颇有帮助,而对于预测消费者具体选择何种品牌的产品则帮助不大。例如,某种个性可能更多地对消费者是否购买微波炉而不是购买何种品牌的微波炉具有预示作用。

三、个性与消费者行为

(一)运用个性预测购买者行为

大多数个性研究是为了预测消费者的行为。心理学和其他行为科学关于个性研究的丰富文献促使营销研究者认定,个性特征应当有助于预测品牌或店铺偏好等购买行为。在20世经50年代,美国学者伊万斯(Evans)试图用个性预测消费者是希望拥有"福特"汽车还是"雪佛莱"汽车。他将一种标准的个性测量表分发给"福特"和"雪佛莱"车的拥有者,然后对收集到的数据用判别分析法进行分析。结果发现,在63%的情形下,个性特征能够准确地预测实际的汽车所有者。由于在随机情况下这一预测的准确率也达到了50%,所以个性对行为的预测力并不很大。伊万斯由此得出结论,个性在预测汽车品牌的选择上价值较小。

几个后续研究虽然发现了关于个性与产品选择和使用之间存在相关关系的证据,但个性所能解释的变动量是很小的。迄今为止,即使是颇具结论性的研究中,个性所能解释的变动量也不超过10%。个性对行为只有较小的预测力,实际上并不奇怪,因为它只是影响消费者行为的众多因素中的一个因素而已。即使个性特征是行为或购买意向的有效的预示器,能否据此细分市场还取决于很多条件。

(二)品牌个性

品牌个性是品牌形象的一部分,它是指产品或品牌特性的传播以及在此基础上消费者对这些特性的感知。现在,越来越多的研究人员开始摒弃那种认为个性特征对消费者决策行为的影响放之四海而皆准的假设,相反,转而认为具体的品牌具有激发消费者一致性反应的作用。

对品牌可以从三个方面进行考察。

(1)品牌的物理或实体属性,如颜色、价格、构成成分等。

(2)品牌的功能属性,如"活力28"洗衣粉具有去污渍、少泡沫等特点。

(3)品牌的个性,即消费者对品牌是新潮还是老气,是沉闷还是富有活力,是激进还是保守等方面的评价和感受。

品牌的个性无疑具有一定的主观性,然而它一旦形成就会与其他刺激因素共同作用于信息处理过程,使消费者得出这一品牌"适合我"或"不适合我"的印象。品牌个性不仅使其与其他品牌相区别,而且它还具有激发情绪和情感,为消费者提供无形利益之功效。缘于此,品牌个性还会引发消费者生理上的反应,而这种反应是可以通过某些客观的方法予以测量的。

(三) 与采用创新产品相关的个性特征

消费者采用新产品是有先有后的,有些人是新产品的率先采用者或叫创新采用者(Innovator),而另外一些人则是落后采用者。创新采用者和落后采用者具有的以下区别性特征,是营销者特别希望了解的。

1. 创新性

创新性反映的实际上是消费者对新事物的接受倾向与态度。有些人对几乎所有新生事物都采用排斥和怀疑的态度,另外一些人则采用开放和乐于接受的态度。

2. 教条性或教条主义

教条主义是这样一种个性特质,它反映个体对不熟悉的事物或与其现有信念相抵触的信息在多大程度上持僵化立场。非常僵化的人对陌生事物非常不安并怀有戒心;相反,少有教条倾向的人对不熟悉或相对立的信念持开放的立场。与此相应,少教条性的人更可能选择创新性产品,而教条倾向严重的人则更可能选择既有产品或已经成名的产品。另外,教条倾向重的人更可能接受带有"权威诉求"的新产品广告。部分出于这一目的,一些企业运用名人和权威来推广其新产品,以使那些疑心重重的消费者乐于采用新产品。

3. 社会性格

在社会心理学中,社会性格被用来识别和区分不同的社会亚文化类型。在消费者心理学领域,社会性格被用来描述个体从内倾到外倾的个性特质。有证据显示,内倾型消费者倾向于运用自己内心的价值观或标准来评价新产品,他们更可能成为创新采用者;相反,外倾型消费者倾向依赖别人的指引作出是非判断,因此成为创新采用者的可能性相对要小。上述两种类型的消费者在信息处理上也存在差别。一般来说,内倾型消费者似乎较喜欢强调产品特性和个人利益的广告,而外倾型消费者更偏爱那些强调社会接受性的广告。由于后者倾向于根据可能的社会接受性来理解促销内容,所以这类消费者更容易受广告影响。

4. 最适激奋水平

有些人喜欢过简朴、宁静的生活,而另外一些人则喜欢过具有刺激和不寻常体验的生活。目前的一些研究主要是探讨不同个体的最适激奋水平(OLS)受哪些具体的个性特质影响,某一特定的最适激奋水平又是如何与消费者行为相联系的。比如,OLS水平与个体承担风险的意愿、创新性和新产品采用、收集购买信息和接受新的零售方式之间存在何种关系等。

四、个性与决策

虽然个性在预测购买结果上并不尽如人意,但它对解释不同购买决策阶段上的行为却颇有帮助。目前,关于这方面的研究主要集中于个性与信息处理变量的以下几种关系上。

1. 认知需要

认知需要是指个体进行思考的努力程度,或更通俗地说它是指个体喜爱思考活动的程度。广告如何影响消费者对产品态度的形成与认知需要有密切的关系。研究发现,高认知需要者更多地被广告的内容与陈述质量所影响,而低认知需要者更多地被广告的边缘刺激,如被陈述者的吸引力所影响。

2. 风险承担

是否愿意承担风险将直接影响消费者对诸如新产品推广和目录销售等营销活动的反应。在个性研究中,风险不仅是指决策后果的不确定性,它也意味着对将要发生的损失的个人预期。一些消费者被描绘成"T型顾客",这类顾客较一般具有更高的寻求刺激的需要,很容易变得厌倦;他们具有追求冒险的内在倾向,更可能将成功和能力视为生活的目标。与此相反,风险规避者更可能将幸福和快乐视为生活的首要目标。

3. 自我掌控或自我驾驭

辛德(Snyder)将自我驾驭界定为这样一种个性品质:它反映个体是更多地受内部线索还是更多地受外部线索的影响。自我驾驭程度低的个体,对自身内在的感受、信念和态度特别敏感,并认为行为主要受自己所持有的信念和价值观等内在因素的影响。与此相反,自我驾驭程度高的个体,对内在信念和价值观不太敏感。凡恩(Fine)和舒曼(Schumann)发现,消费者与营销人员的自我驾驭特质存在交互影响。当双方自我驾驭水平不同时,互动效果更加正面和积极。

五、个性在营销策略中的运用

我们的确具有很多个性特征,个性的某些方面会由于我们所处的环境而被诱发。这些个性特点有的是我们所期望的,有的则不是我们所欲求的。也就是说,在某些情况下,当我们希望自己大胆时却很害羞,希望自己温顺时却很霸道。于是,我们所有人都将发现自己的某些个性需要发扬,而另外一些则需要改进。许多消费品拥有品牌个性。某种品牌的香水可能表现出青春、性感和冒险,而另一种品牌的香水可能显得庄重、保守和高贵典雅。每种香水都具有独特的"个性",被不同类型的消费者购买或在不同的场合使用。消费者倾向于购买那些与他们自己具有相似"个性"的产品或那些使他们感到能使自己的某些个性弱点得到弥补的产品。

安休泽·布希的一项研究可以让我们领略个性所产生的影响:公司为它新推出的四个品牌的啤酒创作了四则商业广告。每则广告代表一个新品牌,每一品牌被描绘成适用于某一特定个性的消费者。例如,有一个品牌的广告上是一位"补偿型饮酒者",他正值中年,有献身精神,对他来说,喝啤酒是对自己无私奉献的一种犒劳。其他几个品牌分别被赋予"社交型饮酒者"(如校园联谊会上的豪饮者)、"酒鬼"(认为自己很失败而嗜酒)等"个性"。

该试验让250位饮酒者观看过四则广告并品尝广告中宣传的四种品牌的啤酒。然后,让他们按喜欢程度对啤酒排序,同时填写一份测量其"饮酒个性"的问卷。试验结果显示,大多数人喜欢品牌个性与他们的个性相一致的啤酒。这种好恶倾向非常强烈,以至于大多数人认为至少有一种品牌的啤酒不适于饮用。他们不知道,其实这四种品牌的啤酒是同一种啤酒。看来,那些商业广告所创造的产品"个性"确实吸引了具有类似个性的消费者。

营销者现在越来越重视产品的品牌个性。例如,克莱斯勒公司试图给其1997年车型的每一种品牌建立一种"个性"。惠而浦公司的研究人员总结出以下几条关于品牌个性的结论:

(1) 消费者总是赋予品牌某些"个性"特征,即使品牌本身并没有被特意塑造成这种"个性",或者那些"个性"特征并非营销者所期望的;

(2) 品牌个性使消费者对品牌的关键特性、表现、功用和相关服务产生预期;

(3) 品牌个性往往是消费者与该品牌建立长期关系的基础。

惠而浦公司的研究还发现了"惠而浦"和"厨房帮手"(Kitchen Aid)两种品牌的个性概貌,包括对于"如果该品牌是人,那么会是个什么类型的人,以及他会做什么和喜欢什么"的描述(参见表5-2)。

表 5-2 惠而浦公司对品牌个性概貌的调查结果

惠而浦	厨房帮手
高贵的(146)	世故的(206)
敏感的(128)	富有魅力的(186)
宁静的(117)	富裕的(180)
性情好的(114)	文雅的(178)
30 岁(125)	30 岁(135)
70 年代的(140)	90 年代的(167)
秩序和谐的(132)	秩序和谐的(136)
(爱好)航海(125)	(爱好)戏剧(124)
(爱好)爵士乐(118)	(爱好)古典乐曲(126)

注:分数越高表示该特性与该品牌联系越紧。

消费者为这两个不同品牌所划分的个性是明显不同的。这两个品牌各自迎合的目标顾客显然也是不同的。这一研究得出的一条重要结论是:无论营销者是否希望或愿意,品牌确实具有"个性"。SMH(斯沃琪、欧米茄和其他很多名牌手表的制造商)的主管是这么说的:"我的工作就是坐在地下碉堡里,用机枪捍卫我的所有品牌的清晰信息。我是我们的信息的监管人,我对每一个品牌的每一次新的传播活动进行审查。"

情景二 消费者的自我概念

 小资料

哈雷·戴维森

"哈雷"摩托车是在1903年由21岁的威廉·哈雷和20岁的阿瑟·戴维森在一间小木屋里"攒"出来的,并以两个人的姓氏命名为"哈雷·戴维森"。同年,威廉·哈雷和戴维森三兄弟在密尔沃基创建了著名的哈雷·戴维森机车公司。一个世纪以来,它经历了战争、经济衰退、萧条、罢工、买断和回购、国外竞争以及市场变幻的重重洗礼,但它经受住了所有考验。哈雷·戴维森一直是自由大道、原始动力和美好时光的代名词。对于中国人来说,他们是生动的美国历史故事,是两个轮子上的神奇故事。骑手们骑着它去发现力量和激情。就像很多美国的成功故事一样,哈雷·戴维森摩托车公司怀着一个梦想,以大量艰苦的工作为基础开始了它的事业生涯。今天,哈雷·戴维森公司比以往任何时候都更加强大。"哈雷"摩托车已经行销到二百多个国家。尽管经济萧条,哈雷仍以年销量15.7%的比例增长。

"哈雷"摩托车最大的特点是力求个性的张扬,所以它依此建立了接单后的生产营销系统。哈雷公司一般是确定订单以后,再根据顾客的个人喜好量身定做个人专属的"哈雷"车。

金属的质感、优美的线条、奇特的颜色搭配、电镀和黑漆的对比、烫人的排气管、震耳欲聋却"如音乐般"的轰鸣声,无一不符合一个男人在梦中对力量和自由的物化想象。"哈雷"车在北京的售价一般不会低于25万元——相当于一辆高级轿车的价格。

问题: 哪种人会买哈雷车?为什么?

一、自我概念的含义和类型

(一)自我概念的含义

自我概念是个体对自身一切的知觉、了解和感受的总和。每个人都会逐步形成关于自身的看法,如是丑是美、是胖是瘦、是能力一般还是能力出众等。自我概念回答的是"我是谁?"和"我是什么样的人?"一类问题,它是个体自身体验和外部环境综合作用的结果。不同的人对自身的认识、评价、态度大致有两种:一是强调自身的主体地位;二是强调环境的制约作用。营销者一般认为,消费者将选择那些与其自我概念相一致的产品与服务,避免选择与其自我概念相抵触的产品和服务。正是在这个意义上,研究消费者的自我概念对企业特别重要。

(二)自我概念的五个基本类型

消费者不只有一种自我概念,而是拥有多种类型的自我概念。

(1)实际的自我概念,指消费者实际上如何看待自己。

(2)理想的自我概念,指消费者希望如何看待自己。

(3)社会的自我概念,消费者感到别人如何看待自己。

(4)理想的社会自我概念,指消费者希望别人如何看自己。

(5)期待的自我。消费者期待在将来如何看待自己,它是介于实际的自我与理想的自我之间的一种形式。由于期待的自我折射出个体改变"自我"的现实机会,对营销者来说它也许较理想的自我和现实的自我更有价值。

(三)自我的分化和统一

自我,既是观察的"我",又是被观察的"我"。这两个方面在一部分人那里是自觉的,在另一部分人那里是非自觉的。自觉意识到这一点的人能较好地协调两者关系,推动个性的逐渐成熟;而意识不到的人往往会片面地发展个性的某些方面,从而形成"主我"或"客我"的片面发展的心理倾向。

"主我"和"客我"的两极分化从总体上来说都是扭曲的不健全的自我。"主我"和"客我"

的片面发展同自我境界有一定的关系。生理自我和精神自我都带有"主我"倾向特点,而社会自我则带有"客我"倾向的特点。这三种自我境界都具有片面性,因为它们是认识主体和认识对象分裂的反映。生理自我和精神自我只承认自己是主体,不承认或忽视自己是对象、客体;而社会自我把自己看做对象、客体,又忽视自己同时是认识和活动的主体,应发挥人所特有的主体能动性。

"主我"和"客我"的统一取决于对自我的主体和客体认识上的统一,和谐自我的境界以对自我的主体和客体认识上的统一为前提。

二、身体、物质主义与自我概念

(一)身体与自我概念

每个人都会形成对自己身体及各构成器官的看法,这些看法亦构成自我概念的一部分。肖顿(Schouten)采用深度访谈形式访问了9位作过整容手术的消费者,以考察整容与消费者自我概念的关系。结果发现,消费者一般是因对自己身体的不满而做这类手术,手术后,他们的自尊得到了极大的改善。消费者做整容手术,多是发生在角色转换期间,如离婚或改变工作之后。整容使他们在社会交往过程中更加自信,从而极大地改变了他们对自身的看法。

在很多人看来,身体各个部分或不同器官的重要性是不同的。眼睛、头发、心脏、腿和生殖器被认为是形成自我感的核心部分,而肾、下巴、膝盖和鼻子相对而言则次要一些。有趣的是,有证据显示,女性较男性更强烈地将其身体视为自我身份的核心。身体的不同部分在消费者自我概念中占据不同的位置,本身具有重要的实践价值。

(二)物质主义与自我概念

如前所述,自我概念从某种意义上是由个体所拥有的东西,如汽车、住宅、收藏品等界定的。然而,不同的个体对这些世俗的拥有物的重视程度是存在差别的。有的人特别关注这些物质类产品,并将其视为追逐的目标,另一些人则可能相对忽视它们的价值。个体通过拥有世俗物品而追寻幸福、快乐的倾向被称为物质主义。怀有极端物质主义倾向的人将世俗拥有物置于生活中的中心位置,认为它们是满足感的最大来源。由于不同个体在物质主义倾向上存在显著差别,因此测量这种差别是很重要的。

客观地说,关于物质主义与自我概念之关系的研究尚处于起步阶段,但也取得了一些初步的成果。例如,研究发现,被视为具有高物质主义倾向的人表现出如下特点:他们不太愿意为移植目的捐献器官;他们对花大量的钱购买汽车和房子持赞许态度;他们较少可能希望在昂贵的餐馆用餐;他们更可能视圣诞节为购物时间;他们较少认为别人会欣赏自己的助人行为。

三、自我概念与产品的象征性

在很多情况下,消费者购买产品不仅是为了获得产品所提供的功能效用,而是要获得产品所代表的象征价值。购买"劳斯莱斯"、"宝马",对购买者来说,显然不是购买一种单纯的交通工具。一些学者认为,某些产品对拥有者而言具有特别丰富的含义,它们能够向别人传递关于自我的很重要的信息。贝尔克(Belk)用延伸自我(Extended Self)这一概念来说明这类产品与自我概念之间的关系。贝尔克认为,延伸自我由自我和拥有物两部分构成。换句话说,人们倾向于根据自己的拥有物来界定自己的身份。某些拥有物不仅是自我概念的外在显示,同时也是自我身份的有机组成部分。从某种意义上,消费者是什么样的人是由其使用的产品来界定的。如果丧失了某些关键拥有物,那么,消费者就成为了不同于现在的个体。

那么,哪些产品最有可能成为传递自我概念的符号或象征品呢?一般来说,成为象征品的产品应具有三个方面的特征。首先,应具有使用可见性。也就是说,它们的购买、使用和处置能够很容易被人看到。其次,应具有变动性。换句话说,由于资源的差异,某些消费者有能力购买,而另一些消费者则无力购买。如果每人都可拥有一辆"奔驰"车,那么这一产品的象征价值就丧失殆尽了。最后,应具有拟人化性质,能在某种程度上体现一般使用者的典型形象。像汽车、珠宝等产品均具有上述特征,因此,它们很自然地被人们作为传递自我概念的象征品。

四、运用自我概念为产品定位

试图获得我们理想的自我概念或保持我们实际的自我概念经常涉及产品、服务和传媒的购买与消费。自我概念的作用按其逻辑顺序排列,可以归纳为如下几个方面。

(1) 每个人都拥有自我概念。自我概念是通过与父母、同伴、老师和其他重要人物的相互作用形成的。

(2) 一个人的自我概念对个人而言是具有价值的。

(3) 因为自我概念被赋予价值和受到重视,人们试图努力保持和提高其自我概念。

(4) 某些产品作为社会象征或符号传递着关于拥有者或使用者的社会意义。

(5) 产品使用作为一种象征或符号包含和传递着对自己和他人有意义的事情,这反过来会对一个人的主观和社会自我概念产生影响。

(6) 由于上述原因,个体经常购买或者消费某些产品、服务或使用某些媒体以保持或提高他所追求的自我概念。

图 5-1 对自我概念及其对品牌形象的影响关系作了大致勾勒。该图和相关的讨论隐隐表明,消费者决定其实际的和追求的自我概念并使其购买的产品与之相一致,这是一个有意识的和深思熟虑的过程。

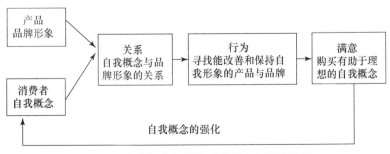

图 5-1　自我概念与品牌形象影响之间的关系

大多数情况下,这一过程是无意识的和未经认真权衡和考虑的。换言之,我们也许会喝减肥饮料,因为我们的自我概念里包含了对苗条身材的追求,但在作购买决策时我们不大可能如此进行思考。这意味着营销者应该努力塑造产品形象并使之与目标消费者的自我概念相一致。虽然每个人的自我概念是独一无二的,但不同个体之间也存在共同或重叠的部分。例如,许多人将自己视为环境保护主义者,那些以关心环境保护为诉求的公司和产品将更可能得到这类消费者的支持。

虽然大量事实表明,消费者倾向于购买那些与他们的自我概念相一致的品牌,然而他们被这类品牌所吸引的程度将随产品的象征意义和显著性而变化。另外,自我概念和产品形象的相互作用和影响还随具体情境而变动,某种具体情境可能提高或降低某个产品或店铺提升个人自我概念的程度。

某些产品对我们而言具有相当丰富的含义,或者被用来表明关于我们自己的某些特别重要的方面。贝尔克发展了延伸的自我理论来解释这种现象。延伸的自我由自我和拥有物两部分构成。也就是说,我们倾向于部分根据自己的拥有物来界定自我。因为,某些拥有物不仅是自我概念的外在显示,它们同时也构成自我概念的一个有机部分。从某种意义上说,我们就是我们所拥有的。如果丧失了那些关键性的拥有物,我们将成为不同的或另外的个体。

虽然关键拥有物可能是一些大件财产,如住宅或汽车,但也可以是那些有着特殊意义的小件物品,如旧棒球手套、影集或宠物。一种用于测量一件物品在多大程度上用于延伸自我的量表已经发展起来,它是李克特量表(见"延伸阅读")。在这一量表中,消费者被要求表达对一些陈述的同意程度。

了解不同的产品在群体人员的延伸自我中所起的作用,对于完整地理解这个群体是很关键的。它同样有助于市场营销者去开发那些能提高或强化消费者身份地位的产品。

情景三 消费者的生活方式

星巴克咖啡

星巴克咖啡店就是一个靠打造新型生活方式而大赚其利的典型例子。自1971年创立以来,它已成长为一个在世界各地拥有四千多家分店的连锁企业。1997年,星巴克每星期要接待500万顾客,而这些顾客一般每个月都要光顾18次。星巴克的咖啡与其他咖啡店出售的咖啡有什么不同吗?星巴克咖啡店内弥漫的高雅、亲切、欢快、舒适的氛围及其引领的生活方式远远超过其产品本身。在星巴克咖啡店里,一切都是那么和谐而有序,每一位光顾者都沉浸在舒心、自在的生活方式中。尽管星巴克咖啡的价格比其他咖啡店的咖啡贵出不止一倍,人们还是乐于到此。

问题:星巴克咖啡店成功的秘诀是什么?

一、消费者生活方式的含义

（一）生活方式的含义

关于生活方式的说法有很多。简言之，生活方式就是人如何生活。具体地说，它包括人们的衣、食、住、行、劳动工作、休息娱乐、社会交往、待人接物等物质生活和精神生活及体现其中的价值观、道德观、审美观。可以将其理解为在一定的历史时期与社会条件下，各个民族、阶级和社会群体的生活模式。

（二）生活方式的基本构成要素

生活方式是生活主体同一定的社会条件相互作用而形成的活动形式与行为特征的复杂有机体，基本要素分为生活活动条件、生活活动主体和生活活动形式三种。

1. 生活活动条件

在人类历史的每个时代，一定社会的生产方式都规定了该社会中生活方式的本质特征。在生产方式的统一结构中，生产力发展水平对生活方式不但具有最终的决定性影响，而且往往对某一生活方式的特定形式发生直接影响。当代科学技术的进步和生产力的迅猛发展，成为推动人类生活方式变革的巨大力量。而一定社会的生产关系以及由此而决定的社会制度，则规定着该社会占统治地位的生活方式的类型。

地理环境、文化传统、政治法律、思想意识、社会心理等多种因素也从不同方面影响着生活方式的具体特征。如居住在不同气候、不同地貌特征等地理环境中的居民，其生活方式就具有不同的风格、习性和特点；一个民族在长期发展中所形成的独特的文化背景，又使其生活方式呈现出丰富多彩的民族特色。对某一社会中不同的群体和个人来说，影响生活方式形成的因素有宏观社会环境，也有微观社会环境。人们的具体劳动条件、经济收入、消费水平、家庭结构、人际关系、教育程度、闲暇时间占有量、住宅和社会服务等条件的差别，使同一社会中不同的阶级、阶层、职业群体以及个人的生活方式形成明显的差异性。

2. 生活活动主体

生活方式的主体分个人、群体（从阶级、阶层、民族等大型群体到家庭等小型群体）、社会三个层面。任何个人、群体和全体社会成员的生活方式都是有意识的生活活动主体的活动方式。人的活动具有能动性、创造性的特点，在相同的社会条件下，不同的主体会形成全然不同的生活方式。在生活方式的主体结构中，一定的世界观、价值观和生活观对人们的生活活动起着根本性的调节作用，规定着一个人生活方式的选择方向；社会风气、时尚、传统、习惯等社会心理因素也对生活活动具有很强的导向作用，成为影响生活方式的深层力量。个人的心理与生理因素以特有的方式调节着人们的生活活动和行为特点。生活方式的主体在生活方式构成要素中具有核心地位。特别是在现代社会，个人的价值选择在生活方式形成中的规范和调节作用日益增强，现代人的生活方式具有明显的主体性。

3. 生活活动形式

生活活动条件和生活活动主体的相互作用，必然外显为一定的生活活动状态、模式及样式，使生活方式具有可见性和固定性。不同的职业特征、人口特征等主客观因素所形成的特有的生活模式，必然通过一定的典型的、稳定的生活活动形式表现出来。因此生活方式往往成为划分阶级、阶层和社会群体的一个重要标志。

（三）基本特征

生活方式作为内涵丰富的复杂概念，具有四组不同的特性。

1. 综合性和具体性

生活方式同生产方式存在范畴特性上的区别。生产方式是在社会形态的层面上表述生产力和生产关系的相互作用及运动规律，属于客体范畴，主要涉及物质生产领域。生活方式既可从社会形态的层面上表述为社会生活方式，也可从不同群体和个人的层面上表述为群体生活方式和个人生活方式。生活方式属于主体范畴，从满足主体自身需要的角度论，不仅涉及物质生产领域，也涉及物质生产活动以外人们的日常生活、政治生活、精神生活等更广阔的领域。它是个外延广阔、层面繁多的综合性概念。任何层面和领域的生活方式总是通过个人的具体活动形式、状态和行为特点加以表现的，因此生活方式具有具体性的特点。

2. 稳定性与变异性

生活方式属于文化现象。在一定的客观条件制约下的生活方式有着自身的独特发展规律，它的活动形式和行为特点具有相对的稳定性和历史的传承性。在人类历史上可以看到这样的现象：一个民族在数千年的发展中虽然相继更替了几种不同的社会经济形态，但该民族固有的生活方式特点却一直延续下来，成为该民族文化共同体的重要标志之一。生活方式的稳定性使它在发展中往往具有对新的、异体的生活方式的排斥倾向。但任何国家和民族的生活方式又必然随着制约它的社会条件的变化或迟或早地发生相应的变迁，这种变迁是整个社会变迁的重要组成部分。生活方式的社会变迁在一般情况下采取渐变的方式，在特定的社会变革时期则采取突变方式，并表现为某种超前性。

3. 社会形态属性和全人类性

在不同的社会形态中，生活方式总具有一定的社会性。一方面，在阶级社会中则具有阶级性。比如，在奴隶社会存在奴隶和奴隶主两大阶级的生活方式；在封建社会，存在农民和地主两大阶级的生活方式，等等。另一方面，生活方式又具有非社会形态的全人类性的特点。人的生活方式不仅具有满足社会需要的社会属性，而且具有满足人的生存需要和种群繁衍需要等自然属性的特点。在同一民族中，不同的阶级、阶层有着共同的语言、地域、经济生活、文化传统，在生活方式上必然形成各阶级、阶层共有的民族性；而各国之间的交往，又使人类的生活方式形成了共同的规范、准则，生产力和科学技术发展水平的接近，也促使各国、各民族在生活方式上形成越来越多的趋同性。这种超越社会制度的共同属性，使不同社会制度的国家之间在生活方式上的相互借鉴成为可能和必要。

4. 质的规定性和量的规定性

人们的生活活动，离不开一定数量的物质生活和精神生活条件及一定的产品和劳务消费水平，这些构成了生活方式在数量方面的规定性，一般可用生活水平指标衡量其发展水平。对某一社会中人们的生活方式特征的描述，也离不开对社会成员物质和精神财富的性质及其对满足主体需要的价值大小的测定，这表现为生活方式质的规定性，一般可用生活质量的某些指标加以衡量。把生活方式的数和质的方面的规定性统一起来，才能完整地把握某一生活方式的范畴属性。

二、生活方式的影响因素

如图 5-2 所示,生活方式就是指我们如何生活。它由我们过去的经历、固有的个性特征、现在的情境、家庭生活方式等决定。生活方式影响消费行为的所有方面。一个人的生活方式是其内在个性特征的一种函数,这些个性特征在一个人的社会成长过程中通过社会交往逐步形成。因此,生活方式同样受很多因素影响,这些因素有:文化、价值观、人口统计特征、亚文化、社会阶层、参照群体、家庭、动机、情感和个性。概言之,生活方式是指如何表现我们的自我概念。

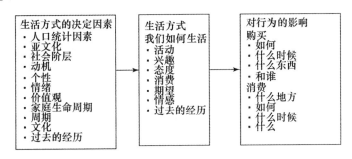

图 5-2 生活方式的影响因素及对购买消费行为的影响

个人与家庭都有生活方式。虽然家庭的生活方式部分是由家庭成员的个人生活方式所决定;反过来,个人生活方式也受家庭生活方式的影响。我们追求的生活方式影响我们的需求与欲望,同时影响我们的购买和使用行为。

生活方式与前面讨论的个性既有联系又有区别。一方面,生活方式很大程度上受个性的影响。一个具有保守、拘谨性格的消费者,其生活方式不大可能太多地包含诸如登山、跳伞、丛林探险之类的活动。另一方面,生活方式关心的是人们如何生活,如何花费,如何消磨时间等外显行为,而个性则侧重从内部来描述个体,它更多地反映个体思维、情感和知觉特征。可以说,两者是从不同的层面来刻画个体。区分个性和生活方式在营销上具有重要的意义。一些研究人员认为,在市场细分过程中过早以个性分割市场,会使目标市场过于狭窄。因此,他们建议,营销者应先根据生活方式细分市场,然后再分析每一细分市场内消费者在个性上的差异。如此,可使营销者识别出具有相似生活方式特征的大量消费者。

研究消费者的生活方式通常有两种途径。一种途径是研究人们一般的生活方式模式,另一种途径是将生活方式分析运用于具体的消费领域,如户外活动,或与企业所提供的产品、服务最为相关的方面。在现实生活中,消费者很少明确地意识到生活方式在其购买决策中所起的作用。例如,在购买登山鞋、野营帐篷等产品时,很少有消费者想到这是为了保持其生活方式。然而,追求户外活动和刺激生活方式的人可能不需多加考虑就购买了这些产品,因为这类产品所提供的利益与其活动和兴趣相吻合。再如,很少有消费者会这样想"我将在星巴克咖啡店买咖啡以保持我的生活方式"。然而,那些追求积极的和广结人缘的生活方式的人也许会因为其便捷和喜欢在星巴克咖啡店和别人交谈等原因而购买星巴克咖啡。所以,生活方式通常为购买提供了基本的动机和指南,虽然它往往是以间接和微妙的方式表现出来的。

5.3 练习案例

一项市场研究识别出五种与户外活动有关的消费者生活方式。下面对每一种生活方式进行简短的描述。

追求刺激与竞争型（16％）。这类消费者喜欢冒险，喜欢参加一些危险和具有竞争性的活动，另外他们也喜欢社交和健身。他们是团体和个人竞技运动项目的积极参加者。他们中一半以上的人属于某一体育俱乐部或运动队，平均年龄为32岁，2/3是男性单身者。

逃离型（32％）。这类消费者喜欢独处或独自体验自然。他们积极参与野营、钓鱼和赏鸟等活动。这些人并非孤身行事者，只不过将其社交圈子局限在家庭或密友当中。他们中一半以上的人利用户外活动来减轻压力，平均年龄为35岁，男女各半。

健康驱动型（10％）。这些人参与的户外活动严格局限于有益健康的项目，如步行、骑自行车和慢跑。多为上层经济水平，平均年龄为46岁，一半以上是女性。

关注健康的社交型（23％）。尽管对健康很关注，但他们相对来说不太好动。绝大多数只参加观赏活动，如观光、开车兜风、参观动物园等。平均年龄为49岁，2/3是女性。

缺乏压力和动力型（8％）。除非是为与家人在一起，这些人通常对户外娱乐不感兴趣，平均年龄为49岁，男女各半。

（资料来源：http://www.doc88.com/p-383777437949.html）

问题：这一研究对于"王子"（Prince）牌网球器材、"施温"（Schwinn）牌自行车和"旧城"（Old Town）牌小舟具有什么样的市场营销含义？

5.4 课后作业

1. 名词解释

个性　　自我概念　　生活方式

2. 简答题

(1) 分析如何运用个性预测消费者行为？

(2) 如何在营销策略中应用个性？

(3) 分析自我概念与消费者消费行为的关系？

(4) 简述生活方式的基本构成要素。

(5) 分析影响生活方式的因素有哪些，及其对消费行为的影响。

3. 案例分析

车市个性化营销案例分析

现代人对汽车的消费观念在不断转变，汽车市场也在不断细分，太过大众化的车型已经渐渐被车市淘汰，取而代之的是更具个性化、更吻合自己特质、可以张扬自己性格的车型。现在很多新车在设计上都会特别考虑到这一点。在国产车中，比较经典的可算奇瑞QQ的前脸设计和蒙迪欧的后尾灯造型了。很多人都有同感，奇瑞QQ的造型十分可爱，而其中最能体现这一特质的细节,无疑是其大大的"圆眼睛"和"嘴巴"组合。而蒙迪欧也凭着三角尾灯,使整车造型更加时尚和先锋,进一步突出了它刚劲的一面。这两款汽车风格迥异,但在外观个性化设计上,都是典型地和先锋地通过一些细节来表现,在市场销售中为自己增加了不少筹码。

问题:个性在车市中起的作用有多大?

5.5 延伸阅读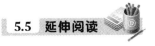

表 5-3 李克特量表

认知成分(用语意差别量表测量对具体属性的信念)					
"健怡"可乐					
口味浓烈	——————			口味温和	
价格低	——————			价格高	
无咖啡因	——————			咖啡因含量高	
口味独特	——————			无独特口味	
情感成分(用李克特量表测量对具体属性的感觉)					
	很同意	同意	既非同意也非不同意	不同意	很不同意
我喜欢"健怡"可乐的口味	—	—	—	—	—
"健怡"可乐太贵了	—	—	—	—	—
咖啡因对健康不利	—	—	—	—	—
我喜欢"健怡"可乐	—	—	—	—	—
行为成分(测量行动或行动意向)					
最近一次我买的软饮料是_____。 我通常喝_____软饮料。 下一次你买软饮料时,你买"健怡"可乐的可能性有多大?				☐ 肯定会买 ☐ 可能会买 ☐ 或许会买 ☐ 可能不会 ☐ 肯定不会买	

表 5-3 显示的是李克特量表。运用李克特量表时,需要找出目标市场关于品牌调研可能涉及的一系列属性和特征。这些属性的清单可以运用前述语意差别量表中所使用的类似方法获得(即小组访谈或深度会谈的方法)。在李克特量表中,品牌可能具有的各种属性被通过一系列陈述语句表现出来,这些语句陈述该品牌具有的某种特点或消费者对该品牌整体或某一方面持有的某种情感。例如"去'麦当劳'用餐使我很高兴"就是这种陈述句。消费者被要求对这些陈述表示同意或不同意,并表明同意或不同意的程度。如表 5-3 所示,5 个层次的同意量度通常就足够了,有时 6 个或 7 个层次的量度也被使用。

(资料来源:http://baike.baidu.com/view/1574087.htm)

5.6 参考文献

[1] 刘树,马英.营销心理学[M].北京:电子工业出版社,2011.
[2] 王长征.消费行为学[M].武汉:武汉大学出版社,2003.
[3] 符国群.消费者行为学[M].武汉:武汉大学出版社,2004.
[4] 周修亭,孙恒有.市场营销学[M].郑州:郑州大学出版社,2009.
[5] 单凤儒.营销心理学[M].北京:高等教育出版社,2005.

学习任务六

社会因素影响分析(一)

学习目标

知识目标： 通过本章的学习，掌握家庭购买周期及家庭购买决策，了解家庭变化的趋势及影响。掌握消费流行与消费习俗的概念、特点以及消费者行为的影响。掌握什么是模仿行为和从众行为，了解其对消费者行为的影响。

技能目标： 通过对影响消费者行为的社会因素的分析，培养学生根据所学的知识了解和分析案例的能力，以及发现、分析和解决实际问题的能力。

6.1 导入案例

多年以来，旅店业的服务不能使儿童感到满意，孩子们对许多高档的旅店和度假村感到失望。但是，最近一些大型旅游产业，包括美国一些著名的大旅店和度假胜地，开始将儿童作为一个重要市场来对待了。

美国家庭人口组成的重要变化是这些旅店和度假村改变营销战略的根本原因。从20世纪80年代开始，美国生育高峰一代陆续开始生儿育女。一位旅游产业专家说："生育高峰一代是最喜欢旅游的一代。虽然现在他们有了孩子，但是仍希望能带孩子一起去度假，希望能有时间参加属于成年人的娱乐活动。"因为生育高峰一代人生育孩子的时间较晚，并且大多数是双收入家庭，因此，许多家庭在旅游和度假上的支出相当高。1993年，这些家庭有20%的夜晚是在旅店里度过的，而1989年的比例为15.6%。1994年有5000万人和自己的孩子在外面度假，为旅店业带来了127亿美元的营业额，而旅店业的总营业额为690亿美元。

为了迎合这个市场的消费者，许多旅店和度假村想办法来满足小朋友的需求。即便是豪华酒店也增加了白天照顾孩子的项目，其中包括每晚房价200美元的旧金山四季酒店。

管理者已经意识到他们必须要让和父母一起来的这些小朋友们感到满意。"许多人喜欢住在高档豪华酒店,并且要把孩子带在身边",酒店的一位管理人员说。

为了适应这种趋势,保住自己的生意,这家大酒店推出了住户项目。现在,酒店成了一家人的安乐窝,酒店要询问孩子的姓名和年龄。当一家人出现在酒店里的时候,服务台的人也会向孩子表示欢迎,并赠送一份适合他们年龄的玩具或者图书。在住店的第一天婴儿会得到免费的尿布和婴儿食品。孩子们会有和父母在一起的、属于自己的房间,并且这种房间可以享受打折优惠。四季酒店会派人照顾孩子,带他们参观博物馆或者动物园,收费标准是每小时5美元。酒店提供夜宵,24小时供应食品。酒店还欢迎小朋友到豪华的餐厅就餐,那里身穿燕尾服的侍者早已接受过如何接待这些小朋友的培训了。

其他的酒店和度假村也为迎合这些孩子而推出了自己的项目。夏威夷所有的Sheraton酒店都增加了为4—12周岁儿童服务的项目。只要每天交纳10美元的费用,酒店就可以给儿童安排一系列活动,包括学打网球和学变魔术等。华盛顿的Hyatt度假村为周末晚会提供方便,孩子们可以钻进睡袋里在起居室过夜,而他们父母可以住在旁边的卧室里。曾经被冠以"美国商业胜地"的希尔顿大酒店也为商务旅行的家庭推出了周末促销活动。芝加哥的希尔顿大酒店将婴儿床位增加了3倍,在小房间里放了玩具熊,并且想出办法使父母们可以通过收费电视系统观看成人电影。

旅行社和度假的组织者们对市场的变化也作出了反应。以家庭为目标消费者的旅行社生意非常火爆。现在甚至有了一份月刊《和您的孩子一起旅游》,介绍家庭旅游市场的最新发展动态,并介绍为孩子增加的服务项目。20世纪80年代初期,只有1/12的旅店提供适合孩子的服务项目(迪斯尼这样适合家庭的主题公园除外)。10年过去了,现在夏威夷一个地方就有50家为整个家庭提供服务的旅店了。

那些曾经忽视儿童的公司也开始学习如何来迎合小朋友了。Club Med曾经是家独身者旅店,这家旅店价格固定,顾客可以在旅店设在世界各地的度假村观光。但是由于生育高峰一代年纪逐渐变大,开始结婚生子,旅店正面临顾客减少的危险。

因此,20世纪80年代中期以来,Club Med一改从前单身者乐园的形象,开始将注意力集中到家庭旅游市场。1987年,旅店接待了约8万名儿童(当然还有他们的父母),这个数字比上一年增长了10%。1988年,公司在佛罗里达开设了第一家"婴儿俱乐部",在开业的头一年就接待了1500名2周岁以下的孩子。现在该旅店一半以上的顾客是已婚者,许多人是和孩子一起住店的。到了20世纪90年代中期,Club Med已经开设了6个家庭村。旅店将继续增加适合家庭的新项目,包括一家为离异家庭建的旅店,在这家旅店里,孩子可以和父亲住一个星期,再和母亲住一个星期。

家庭旅游线路的营业额已经增长了28%。现在有两条主要为家庭开设的旅游线路。迪斯尼公司在1998年又新开了一条家庭旅游线路。

《家庭旅游指南》的作者相信,市场营销战略的这些新趋势仅仅是一个开始。美国有许多人在等待着自己的孩子来到这个世界上,他们有钱,并且已经习惯于某种旅游方式。如果旅店不想办法留住他们,他们就会住到其他旅店里去。预计20世纪90年代中后期,休闲旅游市场会高速发展起来,而商业旅游的发展速度将要慢一些。因此,我们希望有更多针对家庭旅游市场的营销战略出现。

(资料来源:http://media.gdou.com/flash_course/234801/content/xgal/xgal07.htm)

问题:

1. 对于如下三种类型的家庭来说,决定到哪里度假的过程会有什么差异?这三种家庭分别是:孩子年纪在七八岁以下的家庭,孩子年纪在9—14岁的家庭和孩子年纪在15—19岁的家庭。这些差别对于文中提到的旅店和度假村的营销战略有什么启示?

2. 思考一下旅店和度假村该如何利用家庭生命周期来找到潜在市场,并且制定出相应的市场营销战略。

6.2 学习档案

情景一 家庭分析

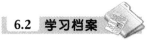

对北京地区的106个已经购买家用轿车家庭的调查表明,有54位受访者家庭的"提议购买"行为由20—34岁的男性完成,占样本总量的50.9%。另有25位受访者家庭的"提议购买"是由20岁以下的男性首先完成的,占已购车家庭数量的23.6%,前两者合计达74.5%。由此可见,青年男性在家庭购车中担任着一个非常重要的角色。另外,单身阶段与有年幼子女阶段的购车行为会有显著的不同。单身的青年时尚一族,追求的是轿车外观的前卫,价格的低廉和功率的强劲;而在结婚后,在有年幼的孩子的情况下,对轿车的购买欲望有很大的加强,并且是以价格适度和舒适宽敞为主要甄选指标。对于年龄较长的成功人士来说,购车时品牌的知名度可能就成为主要的考虑因素了。总之,随着收入的增加,社会地位和文化水平的提高,轿车的购买能力和更换频率是会有所提高的。

问题: 为什么不同家庭的购买决策不同?

一、家庭生命周期

(一)家庭生命周期的概念

家庭生命周期指的是一个家庭诞生、发展直至死亡的运动过程,它反映了家庭从形成到解体呈循环运动的变化规律。家庭随着家庭组织者的年龄增长,而表现出明显的阶段性,并随着家庭组织者的寿终而消亡。家庭生命周期概念最初是美国人类学学者格里克于1947年首先提出来的。消费者的家庭状况,因为年龄、婚姻状况、子女状况的不同,可以划分为不同的生命周期,在生命周期的不同阶段,消费者的行为呈现出不同的主流特性。

(二)家庭生命周期的阶段

一个典型的家庭生命周期可以划分为以下四个阶段:形成期、成长期、成熟期、衰退期,而每个阶段又可以从四个方面体现,时间段、收入、支出及状态。每个阶段的起始与结束通常以相应人口(丈夫或妻子)事件发生时的均值年龄或中值年龄来表示。家庭生命周期的各个阶段的时间长度等于结束与起始均值或中值之差。比如,某个社会时期,一批妇女的最后一个孩子离家时(即空巢阶段的开始)其平均年龄是 55 岁,她们的丈夫死亡时(即空巢阶段的结束)的平均年龄为 65,那么这批妇女的空巢阶段为 10 年。

(1) 家庭形成期(筑巢期)。本阶段起点是结婚,终点是生子,年龄在 25 岁至 35 岁之间。这个阶段的人事业处在成长期,个体收入较低,并且追求收入成长,家庭收入也在增加。支出体现在由于年轻,喜爱浪漫,会有些花销,正常的家计支出、礼尚往来,还有一部分人为了学业考虑深造,也是一笔不小的支出费用。如果结婚了要考虑生子的准备,还有如果买的房子有贷款,还有考虑房贷的月供。目前的状态是资金略有盈余,属于"月光族"及"卡奴"。

(2) 家庭成长期(满巢期)。本阶段起点是生子,终点是子女独立,年龄在 30 岁至 55 岁之间。目前正处于事业的成熟期,个体收入大幅增加,家庭财富得到累积,还有可能得到遗产继承。但支出也很多,如父母赡养费用、正常的家计支出、礼尚往来、子女教育费用,还要为自己的健康做出支出准备,有一定经济基础后还要考虑换房换车等。

(3) 家庭成熟期(离巢期)。本阶段具备起点是子女独立,终点是退休,年龄在 50 岁至 65 岁之间。这个阶段正是事业鼎盛期,个体收入达到顶峰,家庭财富有很大的累积。支出体现在父母赡养费用、家计正常的支出及礼尚往来,准备退休金,还有就是为子女考虑购房费用。目前状态是收大于支、生活压力减轻、理财需求强烈、风险评估结果不稳定。

(4) 家庭衰老期(空巢期)。本阶段起点是退休,终点是一方身故,年龄在 60 岁至 90 岁之间。正常的收入有退休金、赡养费、房租费用,还有一部分理财收入。支出体现在正常的家计支出,医疗健康支出加大,还有一部分休闲支出,如旅游等。

(三) 家庭生命周期对消费行为的影响

消费者的家庭状况因为年龄、婚姻状况、子女状况的不同可以划分为不同的生命周期。在生命周期的不同阶段,消费者的消费行为呈现出不同的主流特性。一个人在一生中购买的商品是不断变化的,消费者还根据家庭生命周期阶段来安排商品的消费。

(1) 家庭形成期,指从结婚到新生儿诞生时期。这一时期是家庭的主要消费期,经济收入增加而且生活稳定,家庭已经有一定的财力,消费观念超前,具有比较大的需求量和比较强的购买力,耐用消费品的购买量高于处于家庭生命周期其他阶段的消费者。

(2) 家庭成长期(A),指最小的孩子在 6 岁以下的家庭。处于这一阶段的消费者往往需要购买住房和大量的生活必需品,养儿压力大,常常感到购买力不足,对新产品感兴趣并且倾向于购买有广告的产品。

(3) 家庭成长期(B),指最小的孩子在 6 岁以上的家庭。处于这一阶段的消费者一般经济状况较好但消费慎重,已经形成比较稳定的购买习惯,极少受广告的影响,倾向于购买大规格包装的产品和促销产品。

(4) 家庭成熟期(A),指子女已经成年并且独立生活但是家长还在工作的家庭。处于这一阶段的消费者经济状况最好,可能购买娱乐品和奢侈品,对新产品不感兴趣,也很少受到广告的影响。

(5) 家庭成熟期(B),指子女独立生活、家长已经退休的家庭。处于这一阶段的消费者收入开始大幅度减少,消费更趋谨慎,倾向于购买有益健康的产品。

(6) 家庭衰退期,指独居时期。尚有收入但是经济状况不好,消费量减少,集中于生活必需品的消费,对医疗卫生的产品需求大,保姆、护工等服务类支出加大。

二、家庭购买决策

（一）家庭购买决策的概念

在日常生活中,家庭每天都要作出成千上万的购买决策。在这些购买决策中,有的极为重要,如购买何种汽车、搬家到何处以及去哪里度假,等等。另一些决策则普通得多,如决定午餐吃什么。

家庭购买决策是指由两个或两个以上的家庭成员直接或间接作出购买决定的过程。作为一种集体决策,家庭购买决策在很多方面不同于个人决策,例如在早餐麦片的购买活动中,成年人与儿童所考虑的产品特点是不同的,因而他们共同作出的购买决策将不同于他们各自单独作出的决策。

（二）家庭购买决策的类型

家庭购买决策有三种类型。

(1) 一人独自做主。

(2) 全家参与意见,一人做主。

(3) 全家共同决定。

（三）家庭购买决策的方式

家庭购买决策研究中的一个重要问题是,对于不同产品的购买,家庭决策是以什么方式作出的,谁在决策中发挥最大的影响力。戴维斯等人在比利时做的一个研究识别了家庭购买决策的四种方式。

(1) 妻子主导型。在决定购买什么的问题上,妻子起主导作用。

(2) 丈夫主导型。在决定购买什么的问题上,丈夫起主导作用。

(3) 自主型。对于不太重要的购买,可由丈夫或妻子独立作出决定。

(4) 联合型。丈夫和妻子共同作出购买决策。

该研究发现,人寿保险的购买通常属于丈夫主导型决策;度假、孩子上学、购买和装修住宅则多由夫妻共同作出决定;清洁用品、厨房用具和食品的购买基本上是妻子做主;饮料、花园用品等产品的购买一般是由夫妻各自自主作出决定。该研究还发现,越是进入购买决策的后期,家庭成员越倾向于联合作决定。换言之,家庭成员在具体产品购买上确有分工,某个家庭成员可能负责收集信息和进行评价、比较,而最终的选择则尽可能由大家一起作出。

戴维斯等人的研究是在20世纪70年代的欧洲做的,其结论不一定完全适合我国的情况,但它至少提示我们应当开展类似的研究。在从事这类研究时,所获信息的可信度和有效度是一个值得引起重视的问题。通常,丈夫有夸大其在家庭决策中的影响和参与作用的倾向,而妻子则更可能被低估影响力。一项研究发现,10%~50%的夫妇对于各自在家庭决策中的相对影响存在重大的分歧。

（四）家庭购买决策的影响因素

研究人员一直试图找出决定家庭人员相对影响力,从而影响家庭购买决策方式的因素。奎尔斯的研究识别了三种因素:家庭成员对家庭的财务贡献;决策对特定家庭成员的重要性;夫妻性别角色取向。

一般而言,对家庭的财务贡献越大,家庭成员在家庭购买决策中的发言权也越大。同样,某一决策对特定家庭成员越重要,他或她对该决策的影响就越大,原因是家庭内部亦存在交换过程:某位家庭成员可能愿意放弃在此领域的影响而换取在另一领域的更大影响力。性别角色取向,是指家庭成员多大程度上会按照传统的关于男、女性别角色行动。研究表明,较少受传统约束和更具现代性的家庭,在购买决策中会更多地采用联合决策的方式。除了上述因素,通常认为,影响家庭购买决策的因素还包括以下几个。

1. 亚文化

文化或亚文化中关于性别角色的态度,很大程度上决定着家庭决策是由男性主导还是女性主导。

例如,在我国不发达的农村地区,由于家庭中的封建思想和重男轻女意识比较严重,家庭多以男性为核心。男性比女性有更多的受教育机会,更高的收入水平,在家庭中的地位更高,对家庭购买决策的影响自然更大。在我国的大城市,如上海、北京,人们受传统家庭观念的影响相对要小,家庭成员的地位较为平等,因此家庭决策过程中就更可能出现自主型、联合型甚至妻子主导型决策方式。当然,文化并非一个地理的概念,即使生活在同一个城市,由于文化背景的不同,人们对于性别角色地位的认识也会有相当大的差别,由此导致男女在家庭决策中影响力的不同。

2. 专门化

随着时间的推移,夫妻双方在决策中会逐渐形成专门化角色分工。传统上,丈夫负责购买机械和技术方面的产品,例如,他们要负责评价和购买汽车、保险、维修工具等产品;妻子通常负责购买与抚养孩子和家庭清洁有关的产品,如孩子的食物与衣服,厨房和厕所用的清洁剂等。随着社会的发展,婚姻中的性别角色不再像传统家庭中那样鲜明,丈夫或妻子越来越多地从事以前被认为应由另一方承担的活动。虽然如此,家庭决策中的角色专门化仍然是不可避免的。从经济和效率角度来看,家庭成员在每件产品上都进行联合决策的成本太高,而专门由一个人负责对某些产品进行决策,效率会提高很多。

家庭中的角色分工与家庭发展所处的阶段密切相关。比起建立已久的家庭,年轻夫妻组成的家庭会更多地进行联合型决策。之后,随着孩子的出生和成长,家庭内部会形成较固定的角色分工。当然,随着时间的推移,这种分工也会发生相应的变化。

3. 决策的阶段

在家庭购买决策中,同样存在着不同的阶段。家庭成员在购买中的相对影响力,随购买决策阶段的不同而异。戴维斯等人在比利时的研究,识别出家庭决策的三个阶段,即问题认知阶段、信息搜集阶段和最后决策阶段。家庭决策越是进入后面的阶段,角色专门化通常变得越模糊。

4. 特征

家庭成员的个人特征对家庭购买决策方式亦有重要影响。诚如前面所指出的,夫妻双方的影响力很大程度上来自各自的经济实力,因此,拥有更多收入的一方,在家庭购买决策中更容易占据主导地位。

个人特征的另一个方面是受教育的程度,妻子所受教育程度越高,她所参与的重要决策也就越多。一项研究表明,在美国受过大学教育的已婚妇女中,有70%认为她们在选择汽车时,有着与丈夫同等的权力;而在只受过高中教育的妇女中,这一比例是56%;在学历不足高中的妇女中,这一比例就更低了,仅为35%。家庭成员的其他个人特征,如年龄、能力、知识等,也都会直接或间接影响其在购买决策中的作用。

5. 程度及产品特点

家庭成员对特定产品的关心程度或介入程度是不同的。例如,对CD唱片、游戏卡、玩具等产品的购买,孩子们可能特别关心,因此在购买这些产品时他们可能会发挥较大的影响;而对于父亲买什么牌子的剃须刀,母亲买什么牌子的厨房清洗剂,孩子可能不会特别关心,所以在这些产品的购买上他们的影响力就比较小。

家庭购买决策方式因产品的不同而异。当某个产品对整个家庭都很重要,且购买风险很高时,家庭成员倾向于进行联合型决策;当产品为个人使用,或其购买风险不大时,自主型决策居多。此外,一些情境因素也会影响购买决策的方式,如当购买产品的时间充裕时,联合型决策出现的可能性增大;而当时间压力较大时,丈夫或妻子主导型以及自主型决策就更为普遍了。

三、中国家庭的变化趋势

(一) 社会生产力整体水平的飞速提升

在改革开放之前,物质生产资料极其匮乏,家庭消费的重点仅是求温饱。改革开放以来,社会生产力水平得到突飞猛进的提高,我国居民的消费生活发生了根本性的变化,随着家庭收入的增加,人们的消费重点也发生了一定的转移。比如在吃的方面,人们由只求温饱,变为更多关注食品的质量与饮食的合理结构。总之,不仅要吃饱、吃好,还要吃出健康。而在穿的方面,曾经大家的衣服颜色和样式都差别不大,而到了生产力水平急速发展的今天,人们都坚信:人靠衣装。穿着不再是只为了避寒和遮体,而更讲究美观和舒适,还有人认为衣着是一个人身份和地位的象征。这一切都显示着,人们对于穿着的消费更多的集中于个性服饰和高档服饰。在用的方面,耐用品消费增长迅速,家用电器已全面进入城乡居民家庭。家庭用品的系列化、品牌化、高档化和服务的便捷性将越来越受到消费者重视。住的方面,在以前,几代同堂的家庭不在少数;如今这种现象虽然还存在,但是已经少之又少。当下住房的消费又上了一个新的台阶,有俗语云:"房价是丈母娘炒起来的。"现在很多人的观念是男士没房女方就不嫁,这在某种程度上促进了住房消费。也有研究显示,住房消费已经成了很多家庭的消费大头。

(二) 知识经济的建立、发展和完善

孩子的教育现在越来越被广大家庭所重视,穷人家的小孩不能上学的年代已经一去不复返了。有调查显示,一个家庭认真培养和教育一个小孩(至其18岁),至少要花费40万,其中教育费用占大部分。现在小孩的周末和假期大多都是在各类培训班里度过,足以见得现代家庭重视教育之程度以及教育费用之高。在这个知识经济年代,知识就是力量,科学就是生产力,谁拥有了知识,谁就能变得强大。今天,有很多公立学校之外的教育培训机构,因为有知识的需要,所以就有为学习知识而进行的消费。而且在今后很长一段时间内,这种消费将会持续很久。

(三) 社会保障制度的建立和完善

中国作为一个发展中国家,社会保障制度还不够完善,不能覆盖到所有的人。所以为了防止有朝一日自己或家人遇到祸事却不能享受到社会保障或是不能享受足额的社会保障,很多家庭都会存一部分钱以备不时之需。储蓄的钱多了,在收入既定的情况下,消费就少了。所以,建立与完善社会保障制度将会在很大程度上刺激消费。很多家庭会慢慢减少储蓄而转向消费。现在,医疗保险几乎覆盖了全国,而各种新保险品种也应运而生,所以,人们的后顾之忧少了,用来实时消费的钱就会大增。

(四) 独生子女家庭生命周期的演绎与交替

20世纪60年代出生的人,大多都有很多亲兄弟姐妹。那时很多家庭都不可能专心致志地培养一个小孩,因为有好几个小孩要吃、穿、用。所以,那个时期的家庭消费都是一些基础性生活消费,条件稍好的家庭会送孩子去上学,条件较差的家庭在教育上的支出则是一片空白。今时今日,在计划生育政策下,独生子女家庭越来越多,对于只有一个孩子的家庭,其消费模式较之以前就有很多不同了。独生子女家庭,在家庭组建初期,新婚夫妻就开始添置家里的硬件,做好一切准备迎接宝宝的到来。所以在新婚期他们的消费除了基本消费和一些娱乐消费外,还有为了孩子的到来而进行的消费。到了满巢期,父母开始围着孩子转,孩子的养育费用、教育发展费用是家庭很大的一部分开支。尤其在当今社会,很多父母都在攒钱给孩子买房。离巢期,即孩子结婚时,父母也要大手笔"出让"一笔费用用于孩子的结婚消费。孩子有了自己的家庭后,如果不把父母接来和自己住,原来的家庭就只剩"空巢老人"了,他们的消费就主要是医疗消费和安享晚年的消费。现在"空巢老人"已经成为了一个社会关注的问题,他们的儿女在其他地方忙自己的事业,很少回家探望父母。因此,这个阶段的老人是心理保健和精神服务的最大消费市场。在独生子女越来越多的今天,不论在新婚期、满巢期还是离巢期,家庭的消费重点都在孩子身上。新的家庭组建后,就又开始循环往复。

情景二 消费流行分析

> **小资料**
>
> 继HTC之后,iPhone4手机越来越流行。尽管它的价格不菲,可丝毫不能动摇慕名而来的消费者,研究小组经过简单的分析讨论,总结出iPhone4流行的以下五个原因。
>
> 一、外观时尚。
> 二、功能多样。
> 三、可随时随地网上聊天。
> 四、可看电子书和电子杂志。
> 五、明星也纷纷痴迷于它。
>
> **问题:** 你如何看待当今的iPhone热?

一、消费流行的概念与特点

（一）消费流行的概念

消费流行是在一定时期和范围内,大部分消费者呈现出的相似或相同的消费现象。具体表现为多数消费者对某种商品或时尚同时产生兴趣,而使该商品或时尚在短时间内成为众多消费者狂热追求的对象。此时,这种商品即成为流行商品,这种消费趋势也就成为消费流行。

（二）消费流行的特点

1. 骤发性

消费者对某种商品或劳务的需求往往会急剧膨胀,迅速增长。这是消费流行的主要标志。

2. 短暂性

消费流行具有来势猛、消失快的规律。故而常常表现为"昙花一现",其流行期或为三五个月,或为一二个月。同时,流行产品重复购买率低,多属一次性购买,从而也缩短了流行时间。

3. 周期性

消费流行尽管具有突发性、短暂性等特点,但同时,某种消费倾向自发端于市场到退潮于市场,有一个初发、发展、盛行、衰老、过时的过程,这个过程即为消费流行周期。

4. 循环性

人类消费的需求、兴趣、爱好和习惯,在历史发展的路程上常常出现一种回返特征。在消费市场上,一段时间里为人们所偏爱的某种商品,往往供不应求,十分紧俏。但是,只要消费"热"一过,这种曾风靡一时的"俏货",就会成为明日黄花无人问津。然而,过一段时间后,那些早已被人们遗忘了的东西,又可能重新在市场上出现和流行。

5. 地域性

消费流行会受地理位置和社会文化等因素的影响。在一定的地域内,人们形成了某种共同的信仰、消费习惯和行为规范,这是区别于其他地域的。因而甲商品在A地流行,在B地就不一定流行,甚至有可能被禁止使用。

6. 梯度性

消费流行受到地理位置、交通条件、文化层次、收入水平等多种因素的影响。消费流行总是从一地兴起,然后向周围扩散、渗透。于是在地区间、时间上形成流行梯度。这种梯度差会使得流行产品或劳务在不同的时空范围内处于流行周期的不同阶段。

7. 新奇性

从发展趋势来看,消费流行总是处于不断变化中。求新求美是消费者永恒的主题,也是社会进步和需求层次不断提高的反映,这势必引起消费者兴趣不断变化,流行品不断涌现。有人指出:"流行并不是自然形成的,而是有人利用消费流行的特点催发流行和时尚从而有意制造出来的。"因为流行的源头是新奇,有了新奇,市场就有了新的兴奋点,也就有了市场发展的动力。

8. 反传统性

反传统的东西另类、新颖,能给人不同的享受,满足人们对新事物的追求。消费流行受个性偏好、社会经济及个人经济发展程度、个人文化风俗及其周边习俗及生活方式、道德观念、周围消费潮流,以及产品流行程度、产品质量、使用价值、价格,性价比是否能被接受、推销方式及推销人员、厂家的销售策略(如打折、返券)等因素影响。

二、消费流行周期及营销对策

(一) 流行介绍期

流行介绍期是只有少数好奇心强的消费者对某种即将流行的商品产生需求的阶段。在此阶段,市场上对即将流行的该商品需求量很小。不过,销售量可望缓慢上升、持续扩大。在此阶段的企业对策应是:细心观察市场风云变化,分析影响该商品流行的各种因素,迅速作出该商品是否能够流行的预测。同时,进行试销。采取适当的促销手段,"催发"流行。有人说:"流行并不是自然形成的,而是有意制造出来的。"这话不无道理,"催发"某种流行现象是完全可能的。其方法有以下几种。一是充分发挥新闻的权威作用。每年的国际流行色预测、服装流行款式预测和流行商品预测等,无不是通过新闻媒介的宣传报道造成的流行感觉。二是进行综合性广告宣传。企业准备好强有力的广告信息,通过不同的形式,宣传一个或几个相类似的形象,并用相同语言,反复进行宣传,以使公众对之加深印象。

(二) 流行发展期

流行发展期表现为多数消费者对某种流行商品有所认识,开始产生大量需求。该商品成为流行品已露端倪,过去观望、等待的消费者已开始购买该种商品,因此需求量急剧增加,市场成为"卖方市场",出现供不应求的局面。这时企业采取的对策是:利用现有设备和人力规模,全力开拓市场,大量销售产品。需要指出的是:消费流行品与一般产品不同,它主要体现"时兴"的特点。因此,企业在设计、引进、购买新产品时,必须把重点放在适应消费者追求时兴、表现自我的心理特征上,注重消费者心理特征这一"软件"的开发,从产品的设计到产品的包装,处处突出一个"新"字,设计应该多样化、现代化,包装的大小、形状、构造、材料的选择要方便化并具有审美价值,使消费者一见便可产生购买行为。

(三) 流行盛行期

在这一阶段,市场上某种商品备受广大消费者青睐,广为流行,该种商品市场销售量达到高峰,预期价格回落,持观望态度的消费者极少。市场暂时出现供求平衡的态势。此时,生产、仿冒该流行品的厂家也在增多。企业采取的对策应是:一要加强广告宣传,提醒消费者注意辨别假冒伪劣产品;二要提高产品质量,增加花色品种,扩大市场;三要加强市场预测,全力进行新产品开发,做好转产的准备工作,以便在竞争中处于主动地位,在价格方面处于主动地位。当流行高潮过去之后,流行趋势大减,企业可继续降低价格,甚至采取大甩卖的形式处理过时的流行品,加速资金周转,并致力于新产品的开发工作。

(四) 流行衰退期

此时,某种流行商品已基本满足了市场需求,销量渐呈降势,出现供大于求的局面。此时市场演变为"买方市场",企业之间竞争激烈。企业在这一阶段应采取降价销售等策略,调整生产,抓紧时机处理剩余产品;试销新产品,适应新的市场需求,迎接新一轮消费潮流。

三、影响消费流行的因素

消费流行是人们在长期的消费过程中形成的具有一定倾向性的消费习惯。消费流行具有特定性、长期性、继承性、社会性等特征,一旦形成就不易变动。

影响消费流行的因素有以下几种。

(一) 生产力发展水平

产品的质量和生产数量与生产力的发展水平密不可分。如果某种商品的生产技术、生产能力达到较高的水平,可以大规模生产,并大量投入市场,那么,就会对消费流行的形成与发展起到积极的推动作用。反之,由于生产规模小,单位产品成本高、销价高,产品只能满足某一层次的需求,就难以形成大范围的流行,即对消费流行的形成与发展产生抑制作用。

(二) 社会文化因素

社会文化因素主要包括文化、消费习俗等因素。不同地域的消费者,由于民族、宗教、地理位置以及年龄、职业等亚文化不同,消费习俗不同,所以在购买行为上存在着很大差异。人们容易接受符合文化传统、文化氛围和消费习俗的商品。一些使人们消费习俗发生重大变化,与亚文化格格不入的商品,很难形成消费流行。一般来讲,商品本身的特点与亚文化、消费习俗等社会条件一致,消费流行就容易形成,并能顺利发展。反之,则难以形成流行。

(三) 宣传因素

消费流行的特点是时间短,变化快,参与人数多。这其中,信息传播的主要形式有产品传播、人际传播、广告传播、政治宣传、文化传播等。消费流行的兴衰、变化,一时一刻也离不开信息。一种新式样产品的兴起,不论是从外引进,还是就地起源,都需要信息传播。信息传播的渠道越畅通,越容易流行,影响也越大。近几年在我国流行的牛仔服、变形金刚等,都是从西方借鉴来的。电视的普及,更容易使人们沿着大众传播媒体传递的线索和信息,很快加入到消费流行的潮流中。

(四) 社会心理因素

社会心理因素主要是指模仿心理。上行下效,认同权威,补偿缺憾,寻求精神享乐,显示自身优越性,是广大消费者的共同心态。

情景三 消费习俗

> **小资料**
>
> 中国海尔空调商标上的"海尔兄弟"图案在法国受到欢迎,因为购买空调的多为女性,她们喜爱孩子。但中东地区却禁止该标志出现,因为这两个孩子没穿上衣。中东地区很保守,他们要求妇女和孩子包裹得很严实。
>
> **问题**:影响海尔在中东地区销售的根本原因是什么?

一、消费习俗的含义

消费习俗是指受共同的审美心理支配,一个地区或一个民族的消费者共同参加的人类群体消费行为。它是人们在长期的消费活动中沿袭而成的一种消费风俗习惯。在习俗消费活动中,人们具有特殊的消费模式。它主要包括人们的饮食、婚丧、节日、服饰、娱乐消遣等物质与精神产品的消费。

消费习俗具有群众性。一种消费习俗如果适合大多数人的心理和物质条件,那就会迅速在广大的范围里普及,成为大多数人的消费习俗。消费习俗一经形成便具有历史继承性及相对稳定性,就不易消失。消费习俗所引起的消费需求具有一定的周期性。这里所指的是消费心理和消费行为的统一,如人们对某一消费品,产生兴趣,于是购买;通过消费,感到满意;于是逐步形成习惯性的兴趣、购买和消费。反复的消费行为加强了对某种消费品的好感,而经常的好感、购买,必然促使某种消费行为成为习俗。所以,消费习俗就是基于习惯心理的经常性消费行为。

消费风气不是消费习俗。消费风气是以商品为中心,该商品生命周期完结,消费风气便结束。而消费习俗是以社会活动为中心,习俗一旦出现,就会在相当长的时期内不断重复出现。

二、消费习俗的特点

消费习俗是指一个地区或一个民族的约定俗成的消费习惯。它是社会风俗的重要组成部分。消费习俗具有某些共同特征。

(一)长期性

一种习俗的产生和形成,要经过若干年乃至更长时间,而形成了的消费习俗又将在长时期内对人们的消费行为发生潜移默化的影响。

(二)社会性

某种消费活动在社会成员的共同参与下,才能发展成为消费习俗。

(三)地域性

消费习俗通常带有浓厚的地域色彩,是特定地区的产物。

(四)非强制性

消费习俗的形成和流行,不是强制发生的,而是通过无形的社会约束力量发生作用。约定俗成的消费习俗以潜移默化的方式发生影响,使生活在其中的消费者自觉或不自觉地遵守这些习俗,并以此规范自己的消费行为。

三、消费习俗的分类

由于分类方法不同,亚文化有多种多样,因此,亚文化中的消费习俗也是多种多样的。

(一)民族亚文化中的消费习俗

一个社会文化中,不同民族可分为若干文化群。如中国有汉族、回族、藏族、蒙古族等亚文化群;美国有爱尔兰人、波多黎各人、波兰人、华人等亚文化群。民族亚文化可以影响消费行为,如东、西方民族的生活习惯、价值观念等就大相径庭。如美国人的价值观是个人中心论,他们强调个人的价值、个人的需要、个人的权力,他们努力改变客体以满足主体的需要,因此,在消费行为上喜欢标新立异,不考虑别人的评价。而中国人不习惯于成为社会中独特的一员,而习惯于调节自身以适应社会,消费行为上常常考虑社会习惯标准以及别人怎么看待自己、评价自己。我国拥有56个民族,各个民族都有自己的社会政治和经济发展历史,有自己的民俗民风和语言文字等,由此形成了各民族独具特色的消费行为。

(二)人种亚文化中的消费习俗

人种亚文化亦称种族亚文化。如白种人、黄种人、黑种人、红种人和棕种人。人种是同一起源并在体质形态上具有某些共同遗传特征的人群。由于各色人种有发色、肤色、眼色的不同,有体形、眼、鼻、唇等外形上的差异,这都会对消费行为产生影响。如不同人种对某些商品颜色的选择就不同,一般黑种人爱穿浅颜色的衣服,白种人爱穿花衣服,黄种人爱穿深色的衣服。

(三)地理亚文化中的消费习俗

自然环境是物质文化生活的必要条件之一。地处山区与平原、沿海与内地、热带与寒带的民族在生活方式上存在的差异,是显而易见的。如有的以大米为主食,有的以面粉为主食;有的爱吃辣,有的爱吃甜;有的吃羊肉抓饭,有的喝酥油奶茶。在埃及东部撒哈拉地区的人,洗澡不用水而是用细沙,甚至吃牲畜的内脏时也只用沙擦洗一下就食用。严重缺水的自然环境,造成了以沙代水的生活习俗。地理亚文化对人们的衣、食、住、行方面的习俗影响明显,使得生活在不同地理环境中的不同国家、地区和民族的消费习俗各有不同。

(四)宗教亚文化中的消费习俗

宗教是支配人们日常生活的外在力量在人们头脑中的反映。随着人类历史的发展,宗教在不同民族里又经历了极为不同和极为复杂的人格化,它是一种有始有终的社会历史现象。有着不同的宗教信仰和宗教感情的人们,就有不同的文化倾向和戒律,存在着不同的信仰性消费习俗和禁忌性消费习俗。比如,印度教中把牛看成是"圣牛",不能宰杀;伊斯兰教国家禁酒,忌食猪肉,不用猪制品;佛教教义中严禁宰杀生灵,主张吃素,菩萨是佛教中供奉的偶像,佛教徒们对其上供、烧香;此外还有避讳"13""14"的习俗,等等。凡此种种习俗,都与宗教的信仰与教规有关。

(五)职业亚文化中的消费习俗

由于人们在社会中所从事的作为主要生活来源的工作,其性质、劳动环境和要求的知识技能不同,形成了消费行为的差异。如购买上班的服装,演员选择的标准可能是新颖美观,突出个性;从事体力劳动的消费者,倾向于考虑结实耐穿、物美价廉;办公室工作人员则可能考虑大方庄重、舒适方便。

(六)节日亚文化中的消费习俗

不同民族都有自己的传统节日,节日能给人们带来强烈的社会心理认同,使人们产生欢乐感,从而吸引人们纷纷购买节日用品,以此来满足物质需要与精神需要。节日期间,人们的消费欲望强烈,本来平时不想买的商品也会买了。节日激发人们的交往活动,为了表达友谊和心意,人们走亲访友时往往互赠礼物,互祝喜庆,各得吉祥之意。儿童在节日里是最欢快的、最幸福的,父母与亲朋好友为了使孩子高高兴兴地过节,就要买些孩子爱吃的食物、爱穿的衣物和喜爱的玩具。在欧美,最重要的节日是圣诞节。虽法定12月25—26日两日放假,但实际上节日从12月中旬延续到次年1月中旬。节日期间人们除购买食品以外,还要购买大量生活用品。这个时期总是销售的旺季。圣诞节最受欢迎的食品有核桃、花生仁、各种干果、甜食、圣诞老人型糖果等;装饰品有彩蛋、木蛋、草制品、各种人物、花、鸟、兽等小工艺品,加上彩灯、圣诞蜡烛等。节日的各种商品必须赶在节前运到,一过了节,错过了销售时期,再好的东西也卖不出去了。针对不同民族的传统节日,工商企业应组织好节日商品供应,掌握商品主销地的地理环境、风俗习惯、生活方式、价值观念等主要因素,据此进行节日商品设计、生产和销售,更好地满足各民族的节日消费习俗。

四、消费习俗对消费者行为的影响

消费习俗对消费者的心理与行为有以下几个主要影响。

(1) 消费习俗促成了消费者购买心理的稳定性和购买行为的习惯性。

(2) 消费习俗强化了消费者的消费偏好。在特定地域消费习俗的长期影响下,消费者形成了对地方风俗的特殊偏好。这种偏好会直接影响消费者对商品的选择,并不断强化已有的消费习惯。

(3) 消费习俗使消费者心理与行为的变化趋缓。由于遵从消费习俗而产生的消费活动的习惯性和稳定性,将大大延缓消费者心理及行为的变化速度,并使之难以改变。这对于消费者适应新的消费环境和消费方式会起到阻碍作用。

情景四 从众与模仿行为

> **小资料**
>
> 羊群是一种很散乱的组织,平时在一起总是盲目地左冲右撞,但一旦有一只头羊动起来,其他的羊也会不假思索地一哄而上,全然不顾前面可能有狼或者不远处有更好的草。比如在一群羊前面横放一根木棍,如果第一只羊跳了过去,第二只、第三只也会跟着跳过去。这时,如果把那根棍子撤走,后面的羊走到这里,仍然像前面的羊一样向上跳一下,尽管拦路的棍子已经不在了。这就是所谓的"羊群效应"。
>
> 问题:"羊群效应"可以用来比喻人的一种什么消费心理?

一、从众行为

(一)从众行为的概念

从众行为是指个体在群体的压力下改变个人意见而与多数人取得一致认识的行为倾向。从众是在社会生活中普遍存在的一种社会心理和行为现象。在消费领域中表现为消费者自觉或不自觉地跟从大多数消费者的消费行为,以保持自身行为与多数人行为的一致性,从而避免个人心理上的矛盾和冲突。这种个人因群体影响而遵照多数人消费行为的方式,就是从众消费行为。

(二)从众行为产生的心理依据与原因

消费者之间相互暗示、模仿、循环反应的过程,就是心理学研究证实的求同心理过程。正是这种求同心理,构成了从众行为的心理基础。具体来说,从众行为的产生,是人们寻求社会认同感和安全感的结果。在社会生活中,人们通常有一种共同的心理倾向,即希望自己归属于某一较大群体,为大多数人所接受,以便得到群体的保护、帮助和支持。此外,对个人判断力缺乏信心,认为多数人的意见值得信赖,也是从众行为产生的另一重要原因。有些消费者由于缺乏自主性和判断力,在复杂的消费活动中犹豫不定,因而,从众便成为他们最为便捷、安全的选择。

(三)消费者从众行为的表现方式

消费者的从众行为多种多样,归纳起来有以下几种表现形式。

(1)从心理到行为的完全从众。当消费者对某种商品不了解时,由于群体的暗示或其认为多数人的行为能提供有效信息,从而产生从众行为。

(2)内心接受,行为不从众。指消费者对形成的消费潮流从心理上已完全接受,但在形式和行为上予以保留。

(3)内心拒绝,但行为上从众。这是一种权宜从众行为。某些消费者对商品抱有抵触心理,但又无力摆脱群体的压力而不得不采取从众行为。

(四)消费者从众行为的特点

从众行为尽管在表现形式上有所区别,但也具有某些共同特征。

(1)从众行为往往是被动接受的过程。许多消费者为寻求保护,避免因行为特殊引起的群体压力和心理不安而被迫选择从众。在从众过程中,消费者会产生复杂的心理感受,除安全感、被保护感等积极感受外,还会有无奈、被动等消极的心理体验。

(2)从众行为现象涉及的范围有限。消费者并不是所有的购买行为都表现为从众行为,一般出现从众消费行为的消费者,其自控能力都会比较差,往往在消费的时候容易受到周围人或环境的影响。

(3)从众消费行为发生的规模较大。从众现象通常从少数人的模仿、追随开始,继而扩展成为多数人的共同行为。多数人的共同行为出现后,又刺激和推动了在更大范围内,更多的消费者做出相同或相似的消费行为,从而形成更大规模的流行浪潮。因此,从众行为是消费流行的先导。

(五)影响消费者从众行为的因素

从众消费行为的发生和发展受到群体及个体等多方面因素的影响。

1. 群体因素

一般来说,群体的规模越大,群体内持相同意见的人数就越多,所产生的群体压力也越大,此时越容易产生从众行为。同时,群体的内聚力、一致性越强,群体领袖人物的权威性越高,影响力越大,从众行为就越容易发生。此外,个体在群体中的地位越低,越容易被影响,也就越容易采取从众行为。

2. 个体因素

一般来说,容易发生从众行为的消费者,大多对社会舆论和别人的意见十分敏感,缺乏自信,非常注意社会和别人对自己的评价。有研究资料表明,性别差异也对从众行为有所影响,从总的情况看,女性比男性更容易出现从众行为。

从众消费行为作为一种多数消费者共同采取的大规模消费行为,必然对宏观经济运行、社会消费状况产生重要影响。这种影响既有积极的一面,又有消极的一面。一方面,由于从众现象是通过多数人的行为来影响和改变个人的观念与行为的,因此,政府部门可以通过各种媒介宣传提倡正确的消费观念,鼓励引导健康的消费行为,使之成为大多数消费者共同遵从的行为规范。然后利用从众心理的影响,带动其他个别消费者,促进形成全社会健康文明的消费氛围。企业也可以利用从众心理,抓住时机进行宣传诱导,培育新的消费市场,引导新的消费观念和时尚的形成或改变,进而促进大规模购买行为的实现。另一方面,在特定条件下,从众行为也有可能导致盲目攀比、超前消费、抢购风潮等畸形消费现象的发生。

二、模仿行为

(一) 模仿概念

模仿是指以一定对象为榜样做出类似动作和行为的过程。消费活动中的模仿是指当消费者对他人的消费行为认可并羡慕、向往时,便会产生仿效和重复他人行为的倾向,从而形成消费模仿。在消费活动中,经常会有一些消费者(如名人、消费专家等)作出示范性的消费行为。这些特殊消费者的示范性行为会引起其他消费者的模仿,模仿者也因为能仿效他们的行为而感到愉快。

(二) 模仿消费行为的特点

在消费领域中,模仿是一种普遍存在的社会心理和行为现象。消费活动中的模仿行为,大致有以下特点。

(1) 模仿行为的发出者,即热衷于模仿的消费者,对消费活动大都有广泛的兴趣,喜欢追随消费时尚和潮流,经常被别人的生活方式所吸引,并力求按他人的方式改变自己的消费行为和消费习惯。他们大多对新事物反应敏感,接受能力强。

(2) 模仿是一种非强制性行为,即引起模仿的心理冲动不是通过社会或群体的命令强制发生的,而是消费者自愿将他人的行为视为榜样,并主动努力加以模仿。模仿的结果会给消费者带来愉悦、满足的心理体验。

(3) 模仿可以是消费者理性思考的行为表现,也可以是消费者感性驱使的行为结果。成熟度较高、消费意识明确的消费者,对模仿通常经过深思熟虑,认真选择;相反,观念模糊、缺乏明确目标的消费者,其模仿行为往往带有较大的盲目性。

(4) 模仿行为的发生范围广泛,形式多样。所有的消费者都可以模仿他人的行为,也都可以成为他人模仿的对象。而消费领域的一切活动,都可以成为模仿的内容。

(5) 模仿行为通常以个体或少数人的形式出现,因而一般规模较小。当模仿规模扩大发展成为多数人的共同行为时,就衍生为从众行为或消费流行了。

6.3 练习案例

身穿"背靠背"外套,脚踩"耐克"运动鞋,背着"阿迪达斯"双肩背包,戴着"斯沃琪"限量版手表,用着新款三星手机和MP3,骑着捷安特变速自行车……北京某普通中学高二学生对自己的这身行头颇为满意。

"入时"的装扮在这所学校里并不少见。手机、MP3、品牌服装……这些过去只在成人世界中出现的消费品如今正在中学校园中蔓延。

中学生普遍追求时尚,崇尚时髦,希望自己从头到脚尽显"气派"。调查显示:有48.6%的中学生表示喜欢自己购买服装;大多数学生表示自己注重服装的品牌,认为服装的品牌比较重要的学生占58.8%。

当被问及购买名牌服装和鞋子的原因时,中学生中认为品牌服装、鞋子质量比普通的好,穿着显得气派的占75.6%;而也有8.2%的学生是因为看到别人都买品牌产品,认为自己也不能掉价;13.5%的中学生感到不穿品牌产品会被人瞧不起;只有2.7%的学生回答是因为消费得起,所以购买品牌服装。

问题:1. 流行有何特征?
　　　2. 结合案例,如何看待中学生消费名牌产品的现象?

6.4 课后作业

1. 名词解释

家庭生命周期　消费流行　模仿　从众

2. 简答题

(1) 影响家庭决策方式的因素有哪些?
(2) 简述中国独生子女的消费行为差异。
(3) 剖析从众消费心理的产生根源,并回答青年应如何克服这种心理。

3. 案例分析

大学生从众行为的调查表

```
第1题:您的性别 _____
第2题:您入学的时间 _____
第3题:您攻读的专业类别 _____
第4题:您常用的E-mail地址 _____
第5题:您目前常住的城市 _____
第6题:您的家庭经济情况(月收入)_____
第7题:您的月消费额 _____
第8题:您的主要经济来源 _____
第9题:您购买商品时更注重的因素 _____
```

> 第10题：当您拿到一段时期的生活费时,您怎样安排 _____
> 第11题：走在大街上,您突然看到喜欢的东西,您会怎么办 _____
> 第12题：看到朋友买的东西自己也很喜欢,您会怎么办 _____
> 第13题：在消费过程中,您是否购买过促销产品 _____
> 第14题：当您听到同学谈论某某产品时,您会有什么反应 _____
> 第15题：大家商定一同购买一件纪念品时,您会怎么做 _____
> 第16题：当您看到一件您现在并不需要的物品时,您最终购买的原因可能是 _____
> 第17题：您是否认为在购买产品时,最重要的目的就是与众不同 _____
> 第18题：您是否不喜欢那些大众经常购买的产品 _____
> 第19题：去校外餐厅用餐时,在不是很了解的情况下您会怎样选择 _____
> 第20题：您是否曾经因为大家都不去上某一节课而逃课 _____
> 第21题：哪些人对你的决策影响最大 _____
> 第22题：如果您在交作业时发现自己的答案与大家的答案不一样而又没时间重新思考,您会改吗 _____
> 第23题：当您不想起床时,通常哪种因素会让您起床 _____
> 第24题：您是否有过因为别人而购买某一样东西的经历 _____

问题：1. 影响你的消费行为的因素有哪些？
　　　2. 你如何看待大学生从众行为？

6.5 延伸阅读

　　前段时间的最大热点话题,就是"抢盐"。在网上不断有网民发帖子说,很多人在家门口的超市排队买盐,或者干脆说方圆几里之内已经抢不到盐了。甚至有人报道说,有些人囤了一吨的盐。对,您没听错,不是一"顿"的盐,而是一"吨"的盐。中国的囤盐风一度泛滥到很多地方,从东南沿海蔓延到内陆,大有"全民囤盐"之势。这次抢盐风波,源于大伙的恐慌心理。我在新华网上看到一则视频新闻,就这种恐慌心理给出了两点解释："一是听说碘盐可防核辐射,想买两包以备不时之需；二是怕海水污染后,晒出来的盐质量没有现在好。"第一条恐慌原因从科学上站不住脚。首先碘盐防不了辐射,而且国内生产的盐大部分都是矿盐,只有小部分海盐,盐里也没那么多碘,吃盐多了反而容易得高血压。第二条恐慌原因更是杞人忧天。中国有足够的陆地盐湖资源,青海的察尔汗盐湖是中国最大的盐湖,也是世界上最著名的内陆盐湖之一,储藏着500亿吨以上的氯化钠,可供全世界的人食用1000年。

　　上述常识,最近的媒体报道上比比皆是。这些常识,相信大家也都懂。那么为什么大家还会囤盐呢？这里面涉及一个"从众心理"。当有足够的人做同样事情的时候,人们就会想："不应该这么做啊,为什么他们都这么做呢？难道是我想错了？算了,我也这么做吧。"当这一行为发展成为多数人的共同行为时，就衍生为从众行为或消费流行了。所谓"随大流"，正是如此。这种"从众心理"，可以用诺贝尔经济学奖得主托马斯·谢林的"关键多数理论"来解释："如果有足够多的其他人做某一件事情，我们就会加入这个多数，哪怕这种群体行为并不一定是正确的。"比如，红灯亮时，一堆行人在路口等着过马路。如果有一两个行人抢红灯，你会紧随其后过马路吗？基本不会。但是如果有一半以上的行人抢红灯，剩下来的行人通常就会加入前面的人群，虽然大家都知道闯红灯是不对的。"从众心理"也充分体现在囤盐的消费心理上。消费者是否购买一种商品，买多少分量，取决于很多因素，比如个人偏好、对未来情况的预期、个人收入、相关商品的价格，前面两项其实就是个人消费心理的主观判断。这种主观判断并不是固定不变的，常常受到各种外界的影响。

　　囤盐是市场理性人的从众行为。囤盐不是市场失败，也不是市场信息扭曲，而是"从众心理"改变了市场人的需求偏好。中国人对从众行为是非常熟悉的，姜昆、李文华的相声就曾讽刺过计划经济时代囤积副食品的现象。但从众现象再次重现，关键还是在于两点：一是囤盐的成本小，不像囤房风险那么大；二是害怕因小失大，即"万一现在不买，将来后悔了怎么办？"与此同时，政府也不需要介入囤盐这种市场行为，因为囤盐并不是市场的失败。政府可以随便改变市场的价格，但无法轻易消除人们的从众心理，甚至会出现"政府越是管制价格，消费者就越是恐慌，也就越想从众囤盐"的怪异情况。还是让已经囤盐的，或者还没囤盐的消费者自己选择吧。等恐慌心理过去后，那位家里囤一吨盐的朋友，总会处理用不掉的盐的，这就是市场的自我调节机制。由于从众心理是一种缺乏自信和主见的盲从和向压力屈服的心理状态，而不是自觉地有明确目的的对外界事物的反映，一味盲目地从众，会扼杀一个人的积极性和创造力。所以要尽可能克服这种心理。

（资料来源：http://www.eeo.com.cn/observer/shelun/2011/）

6.6 参考文献

[1] 杨树青. 消费者行为学[M]. 广州：中山大学出版社，2009.
[2] 江林. 消费者行为学[M]. 北京：首都经济贸易大学出版社，2002.
[3] 〔美〕迈克尔·R. 所罗门，卢泰宏，杨晓燕. 消费者行为学[M]. 北京：中国人民大学出版社，2009.
[4] 王曼. 现代营销心理学[M]. 北京：中国物资出版社，2002.

学习任务七

社会因素影响分析(二)

学习目标

知识目标：通过本章的学习，掌握社会阶层及消费者群体的含义和特征，了解社会阶层及消费者群体的分类。

技能目标：掌握不同社会阶层消费者行为的差异；掌握不同消费者群体消费者行为的差异。

7.1 导入案例

　　顶新集团的创业者是来自台湾地区的魏家四兄弟。顶新集团在大陆发展的第一步就是在北京生产"顶好清香油"。但由于缺乏对市场的了解，产品价格不为消费者所接受，生产的"顶好清香油"叫好不叫座，导致公司入不敷出。后来，顶新集团又在济南投资生产"康莱蛋酥卷"，还曾到内蒙古投资一个蓖麻油项目，但都以失败告终。

　　爱因斯坦曾说过："成功需要99%的努力和1%的灵感。"魏氏兄弟在创业道路中所需要的正是这1%的灵感，而不可思议的是，这1%的灵感竟然是在一次旅途中偶然诞生的。

　　魏应行一次出差旅行，因为不太习惯火车上的饮食，便带了两箱从台湾捎来的方便面，没想到这些在台湾非常普通的方便面引起了同车旅客极大的兴趣，大家都觉得这面好吃、方便，到后来甚至有人忍不住"偷"吃起来，两箱面很快一扫而空。

　　就是这次经历，魏应行发现了一个新的创业契机。于是，他冷静地分析了大陆的方便面市场，发现当时的方便面市场两极化：一边是国内厂家生产的廉价面，几毛钱一袋，但是质量差，面条一泡就糟，调味料就像是味精水；另一边是进口面，质量好，但是五六元一碗，一般消费者接受不了。如果有一种方便面,味美价廉,价格在一二元钱,一定很有市场。而且随着生活节奏的加快,人们对方便食品的需求量一定会越来越大。

看准了方便面市场,顶新集团又重新振作起来,他们劝说股东继续投资,然后一头扎进这个崭新的领域。他们首先考虑如何为产品命名。为此,他们下了一番工夫,给产品起名叫"康师傅"。"康"代表健康,念起来也很响亮;"师傅"是大陆最普遍的尊称,也是专业、好手艺的代名词。"康师傅"叫起来既上口,又亲切,再配上笑容可掬、憨厚可爱的"胖厨师"形象,是一个很具号召力的品牌。

确定了品牌名称,接下来就是开发适合大陆口味的面。公司调研部门经过上万次的口味测试和调查发现:大陆人口味偏重,而且比较偏爱牛肉口味,于是公司决定以"红烧牛肉面"作为进入市场的主打产品。在工艺上,公司从日本、德国进门口了最先进的生产设备,采用特选面粉,经蒸煮、淋汁、油作制成面饼,保证了面条够劲道,久泡不糟,再加上双包调料和细肉块调配出的美味汤汁,售价仅在两元左右,使得"好吃看得见"的"康师傅"方便面一亮相便征服了消费者。

"康师傅"一炮而红后,如果只考虑短期的盈利,而不为企业的长远发展注入心血,那么,它今天也许只是全国一千多家方便面厂中普通的一个。但"康师傅"成功之后,并没有止步不前,而是不断地学习和改善。从卖出第一碗面开始,"康师傅"就下决心要做中国的"面王"。当然,要做"面王"可不是自己说说就可以的,首先要让消费者接受和信赖,只有不断为消费者提供方便和满意,才有可能成为消费者心中的理想品牌。

"物超所值"是"康师傅"对消费者的一个不变的承诺,为了做到这一点就要不断前进。首先要保证产品质量。随着市场销量的不断上升和生产规模的不断扩大,各种原料的供应问题显得越来越突出,不是供货不及时,就是质量不合要求。在这种情况下,公司决定以合作经营方式吸引台湾专业制造商来大陆投资设厂。从1993年开始先后建成了纸箱厂、PSP碗厂、包膜厂、塑料叉厂等配套服务厂,完成了产业的垂直整合,既保证了产品质量的稳定,降低了成本,又为"康师傅"的进一步发展奠定了坚实的基础。

在保证产品质量的同时,"康师傅"还尽心竭力地做到让消费者满意。为了将最新鲜的产品及时送到消费者手中,同时也为了避免因长途运输造成的地区差价,顶新集团从1994年开始相继在广州、杭州、武汉、重庆、西安、沈阳、青岛等地设立生产基地,生产线也从一条增加到八十八条,并根据各地的口味差异,开发生产了二十余种不同口味的产品。为了让出门在外的消费者吃得方便,"康师傅"还首创在碗面上加放塑料叉,真正做到了随时随地提供方便。此项创举迅速成为潮流,使得所有生产方便碗面的厂家纷纷仿效,碗面配小叉成了一项不成文的标准。

如今,顶新集团在全国有十二大生产基地,八十八条生产线,年产方便面近四十亿包。"康师傅"方便面已得到广大消费者的支持和认可,"康师傅"品牌知名度已达到95%,"康师傅"方便面的市场占有率达到35%,当之无愧地成为中国方便面的领导品牌。

(资料来源:http://www.mie168.com/read.aspx)

问题:试分析康师傅成功的原因有哪些?

7.2 学习档案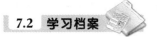

情景一　社会阶层与消费者行为

> **小资料**
>
> 如果两个人购买相同价格的汽车：一辆绅宝和一辆凯迪拉克，那么绅宝的主人可能是一位年轻的建筑师，而凯迪拉克的主人则可能是一家小型建筑公司的老板。这两位消费者通常不会经常光顾同一家餐厅，在同一家酒吧喝酒或吃同样的食物。他们不属于同一个社会阶层，因而他们的消费行为也带有各自明显的阶层标志。

一、社会阶层的含义

社会阶层(Social Class)是由具有相同或类似社会地位的社会成员组成的相对持久的群体。划分社会阶层的标准不仅包括经济标准(诸如收入和财产)，还包括声望、地位、流动性以及归属感。每一个体都会在社会中占据一定的位置，有的人占据非常显赫的位置，有的人则占据普通的或较低的位置。这种社会地位的差别，使社会成员被分成高低有序的层次或阶层。社会阶层是一种普遍存在的社会现象，不论是在发达国家还是发展中国家，不论是在社会主义国家还是资本主义国家，均存在不同的社会阶层。

产生社会阶层的最直接的原因是个体获取社会资源的能力和机会的差别。所谓社会资源，是指人们所能占有的经济利益、政治权力、职业声望、生活质量、知识技能以及各种能够发挥能力的机会和可能性，也就是能够帮助人们满足社会需求、获取社会利益的各种社会条件。导致社会阶层的终极原因是社会分工和财产的个人所有。社会分工，形成了不同的行业和职业，并且在同一行业和职业内形成领导和被领导、管理和被管理等错综复杂的关系。当这类关系与个人的所得、声望和权力联系起来时，就会在社会水平分化的基础上形成垂直分化，从而造成社会分层。

社会分层表现为人们在社会地位上存在差异。社会地位是人们在社会关系中的位置以及围绕这一位置所形成的权利义务关系。社会成员通过各种途径，如继承、社会化、就业、创造性活动等占据不同的社会地位。在奴隶社会和封建社会，社会地位主要靠世袭、继承和等级制的安排所决定。在现代社会，个体的社会地位更多地取决于社会化、职业、个人对社会的贡献大小等方面，但家庭和社会制度方面的因素对个体的社会地位仍具有重要影响。

在消费者行为学中讨论社会阶层，一方面是为了了解不同阶层的消费者在购买、消费、沟通、个人偏好等方面具有哪些独特性，另一方面是为了了解哪些行为基本上被排除在某一特定阶层的行为领域，哪些行为是各社会阶层成员所共有的。

二、社会阶层的特征

（一）社会阶层展示一定的社会地位

如前所述，一个人的社会阶层是和他的特定的社会地位相联系的。处于较高社会阶层的人，必定拥有较多的社会资源，是在社会生活中具有较高社会地位的人。他们通常会通过各种方式，展现其与社会其他成员相异的方面。社会学家凡勃仑所阐释的炫耀性消费，实际上反映的就是人们显示其较高社会地位的需要与动机。

由于决定社会地位的很多因素，如收入、财富，不一定是可见的，因此人们需要通过一定的符号将这些不可见的成分有形化。按照凡勃仑的说法，每一社会阶层都会有一些人试图通过炫耀性消费告诉别人自己是谁，处于哪一社会层次。研究发现，即使在今天，物质产品所蕴涵、传递的地位意识在很多文化中仍非常普遍。

传统上，人们通过购买珠宝、名牌服装、高档电器等奢侈品或从事打高尔夫球、滑雪等活动显示自己的财富和地位。今天，这一类显示地位的手段或符号仍然被很多人运用。然而应当注意的是，随着社会的变迁和主流价值观的变化，它们的表现方式、作用都在发生变化。一方面，随着收入水平的提高，很多过去只有上层社会才消费得起的产品、服务已经或正在开始进入大众消费领域，这些产品作为"地位符号"的基础开始动摇。另一方面，越来越多上层社会的消费者对通过消费显示其财富和地位感到厌倦。一项研究发现，虽然奢侈品的营销者试图造成一种印象，似乎只有百万富翁才购买这些产品，但实际购买它们的往往是那些"假百万富翁"，即年收入在4万～8万美元的家庭。真正的富翁具有"普通人"的消费习惯，他们将大多数奢侈品视为专为那些财务上并不特别成功的人开发的玩具。

（二）社会阶层的多维性

社会阶层并不是单纯由某一个变量，如收入或职业，所决定的，而是由包括这些变量在内的多个因素共同决定。正如后面所要看到的，决定社会阶层的因素既有经济层面的因素，也有政治和社会层面的因素。在众多的决定因素中，其中某些因素较另外一些因素起更大的作用。收入常被认为是决定个体处于何一社会阶层的重要变量，但很多情况下这可能具有误导性。比如在我国现阶段，出租车司机、城郊菜农的收入比一般的大学教师和工程师高，但从社会地位和所处的社会层级来看，后者显然高于前者。除了收入，职业和住所亦是决定社会阶层的重要变量。一些人甚至认为，职业是表明一个人所处社会阶层的最重要指标，原因是从事某些职业的人更受社会的尊重。

（三）社会阶层的层级性

从最低的地位到最高的地位，社会形成了一个地位连续体。不管愿意与否，社会中的每一成员，实际上都处于这一连续体的某一位置上。那些处于较高位置上的人被归入较高层级，反之则被归入较低层级，由此形成高低有序的社会层级结构。社会阶层的这种层级性在封闭的社会里表现得更为明显。

层级性使得消费者在社会交往中，要么将他人视为与自己同一层级的人，要么将他人视为是比自己层级更高或更低的人。这一点对营销者十分重要。如果消费者认为某种产品主要被同层级或更高层级的人消费，他购买该产品的可能性就会增加；反之如果消费者认为该产品主要被较低层级的人消费,那么他选择该产品的可能性就会减少。

（四）社会阶层对行为的限定性

大多数人在和自己处于类似水平和层级的人交往时会感到很自在,而在与自己处于不同层级的人交往时会感到拘谨甚至不安。因此,社会交往较多地发生在同一社会阶层之内,而不是不同阶层之间。同一阶层内社会成员间更多的互动,会强化共有的规范与价值观,从而使阶层内成员间的相互影响增强。而不同阶层之间较少互动,会限制产品、广告和其他营销信息在不同阶层人员间的流动,使得彼此的行为呈现更多的差异性。

（五）社会阶层的同质性

社会阶层的同质性是指同一阶层的社会成员在价值观和行为模式上具有共同点和相似性。这种同质性很大程度上是由他们共同的社会经济地位所决定的,同时也和他们彼此之间更频繁的互动有关。对营销者来说,同质性意味着处于同一社会阶层的消费者会订阅相同或类似的报纸、观看类似的电视节目、购买类似的产品、到类似的商店购物,这为企业根据社会阶层进行市场细分提供了依据和基础。

（六）社会阶层的动态性

社会阶层的动态性是指随着时间的推移,同一个体所处的社会阶层会发生变化。这种变化可能朝着两个方向进行：从原来所处的阶层跃升到更高的阶层,或从原来所处的阶层跌入较低的阶层。越是开放的社会,社会阶层的动态性表现得越明显；越是封闭的社会,社会成员从一个阶层进入另一个阶层的机会就越小。社会成员在不同阶层之间的流动,主要由两方面原因促成。一是个人的原因,如个人通过勤奋学习和努力工作,赢得社会的认可和尊重,从而获得更多的社会资源和实现从较低到较高社会阶层的迈进。二是社会条件的变化,如在我国"文化大革命"时期,知识分子被斥为"臭老九",社会地位很低,但改革开放以来,随着社会对知识的重视,知识分子的地位不断提高,从较低的社会阶层跃升到较高的社会阶层。

三、社会阶层的分类

一般来说,社会科学中常用"财富"、"权力"和"声望"来划分社会阶层。但进行消费行为分析时,常用"家庭经济收入"、"职业地位"、"受教育水平"来划分阶层。

目前,常用六分法来划分社会阶层,即上上阶层、次上阶层、中上阶层、中中阶层、低中阶层、低低阶层。所谓上上阶层,是指近年来暴富的亿万富翁,其消费能力十分可观,是高档商品的主要消费者。次上阶层是指一些规模较大的个体私营企业主以及那些在外企从事高层管理工作的人士,其消费能力很强。中上阶层是指在外企或私企工作的专业技术人员,以及一些中小规模的私营企业主(此阶层同中上阶层一样,消费能力也很强)。中中阶层是指国家公务员和事业单位的各类工作人员,其具有一定的消费能力。低中阶层是指国有企业和乡镇企业的在岗职工,以及有一定经济收入的农民,由于经济收入有限,消费能力也不高。低低阶层是指国有企业下岗且未就业的各类工人及尚未脱贫致富的农民,由于其经济收入十分低,所以,消费能力很低。

此外,研究者还常用以下这种方法将我国社会阶层划分为五个层次。由于近年来我国城市发展差距逐步扩大,不同城市家庭收入水平相差悬殊,以下五个层次的划分标准可能因地区而异。

(一) 富有阶层

该阶层的家庭为数较少,但因为拥有巨额财富,其消费能力十分可观,是高档消费品的主要消费者。

1. 阶层构成

这一阶层主要包括合资企业老板、民营企业家、知名演员、画家、体育明星、部分股份制企业负责人等。

2. 消费特点

价格心理和求实惠心理淡薄,求新求特心理突出,不再有大众消费的冲动和消费满足感,其消费心理倾向几乎已经移出"物质消费"领域,进入以下领域。

(1) 奢侈享受型消费。如高档别墅、跑车、时装等。

(2) 炫耀显示型消费。使用物品偏重名牌商品,运动选择高尔夫球等,旅游时住豪华星级饭店等。

(3) 投资储蓄型消费。如炒房地产、投资股票等。

(二) 富裕阶层

该阶层的家庭也为数不多,一般拥有高级汽车和高级住宅。因为经济收入相当丰厚,消费能力也很强。

1. 阶层构成

这一阶层主要包括个体企业主、律师、外资企业和合资企业的中方高级管理人员、高级专家等。

2. 消费特点

追求消费个性化是此阶层消费者的消费主题。前卫的消费观念,高档名牌的消费目标,使他们跻身于新潮消费的前列。

(1) 象征标志型消费。注重商品的名牌,以突出自己的身份和地位。

(2) 高雅舒适型消费。讲究吃得精细,穿得时尚,偏爱高品位商品。

(三) 小康家庭

该阶层的家庭数量相当多,一般具有较高的家庭收入。

1. 阶层构成

这一阶层主要包括公司的中高级员工、公务员、技术人员以及沿海地区富裕的农民等。

2. 消费特点

由于经济不再拮据,他们开始按照自己的心理倾向扩展消费领域,开始具有投资意识,将结余购买力投向教育、证券等方面。其消费侧重以下两类。

(1) 品牌型消费和个性化消费。看重生活质量,强调商品品质和独特风格,有较强的品牌意识和个性需要。

(2) 简便快捷型消费。偏爱科技含量高的商品,购物时也更多考虑方便、快捷。

(四) 温饱阶层

该阶层的家庭数量也相当庞大。

1. 阶层构成

这一阶层主要包括服务员、营业员、普通技术人员以及一些经济条件较好的农民。

2. 消费特点

谨慎地扩展消费项目,但由于经济并不宽裕而具有强烈的忧患意识,主要倾向于支持子女教育、储蓄等消费。其消费侧重以下三类。

（1）经济实惠型消费。比较注重对日常生活物品的消费。

（2）价格敏感型消费。对价格敏感,追求物美价廉,强调经久耐用,购物时精挑细选,货比三家。

（3）非品牌型消费。不盲目地追求时尚或名牌,对质量稳定的老字号商品有较强的忠诚感。

（五）贫困阶层

该阶层的家庭经济收入水平十分低,只能购买最基本的生活必需品。

求实、求廉是其主导性消费动机。其消费勉强度日型消费,主要购买日常生活必需品,关注廉价低档商品。

四、不同社会阶层消费者行为

（一）支出模式上的差异

不同社会阶层的消费者所选择和使用的产品是存在差异的。有的产品如股票、到国外度假更多地被上层消费者购买,而另外一些产品如廉价服装与葡萄酒则更多地被下层消费者购买。研究发现,特别富裕的中层美国人将其大部分支出用于购买摩托艇、野营器具、大马力割草机、雪橇、后院游泳池、临湖住宅、豪华汽车或跑车等产品上;而收入水平与之差不多的上层美国人则花更多的时间和金钱于私人俱乐部、孩子的独特教育、古董、字画和各种文化事件与活动上。

在住宅、服装和家具等能显示地位与身份的产品的购买上,不同阶层的消费者差别比较明显。例如,在美国,上层消费者的住宅区环境优雅,室内装修豪华,购买的家具及服装档次和品味都很高。中层消费者一般有很多存款,住宅也相当好,但他们中的很大一部分人对内部装修不是特别讲究,服装、家具不少但高档的不多。下层消费者住宅周围环境较差,在衣服与家具上投资较少。与人们的预料相反,下层消费者中的一些人员对生产食品、日常用品和某些耐用品的企业仍是颇有吸引力的。研究发现,这一阶层的很多家庭是大屏幕彩电、新款汽车、高档炊具的购买者。虽然这一阶层的收入比中等偏下阶层（劳动阶层）平均要低三分之一左右,但他们所拥有的汽车、彩电和基本家庭器具的价值比后者平均高20%。下层消费者的支出行为从某种意义上带有"补偿"性质。一方面,由于缺乏自信和对未来并不乐观,他们十分看重眼前的消费;另一方面,较低的教育水平使他们容易产生冲动性购买。

（二）休闲活动上的差异

社会阶层从很多方面影响个体的休闲活动。一个人所偏爱的休闲活动通常是同一阶层或临近阶层的其他个体经常从事的某类活动,他采用新的休闲活动往往也是受到同一阶层或较高阶层成员的影响。虽然在不同阶层之间,用于休闲的支出占家庭总支出的比重相差无几,但休闲活动的类型却差别颇大。

上层社会成员所从事的职业,一般很少需要身体活动,作为补偿,他们多会从事要求臂、腿快速移动的运动,如慢跑、游泳、打网球等。下层社会成员倾向于从事团队性体育活动,而上层社会成员多喜欢个人性或双人性活动。中层消费者是商业性休闲爱好者和诸如公共游泳池、公园、博物馆等公共设施的主要使用者,因为上层消费者一般自己已经拥有这一类设施,而低层消费者又没有兴趣或无经济能力来从事这类消费。

(三) 信息接收和处理模式上的差异

信息搜集的类型和数量也随社会阶层的不同而存在差异。处于最底层的消费者通常信息来源有限,对误导和欺骗性信息缺乏甄别力。出于补偿的目的,他们在购买决策过程中可能更多地依赖亲戚、朋友提供的信息。中层消费者比较多地从媒体上获得各种信息,而且会更主动地从事外部信息搜集。随着社会阶层的提高,消费者获得信息的渠道会日益增多。不仅如此,特定媒体和信息对不同阶层消费者的吸引力和影响力也有很大的不同。比如,越是高阶层的消费者,看电视的时间越少,因此电视媒体对他们的影响相对要小。相反,高层消费者订阅的报纸、杂志远比低层消费者多,所以,印刷媒体信息更容易到达高层消费者。

不同社会阶层的消费者所使用的语言也各具特色。美国心理学家艾里斯(Ellis)做的一系列实验表明,人们实际上可以在很大程度上根据一个人的语言判断他所处的社会阶层。一般而言,越是上层消费者,使用的语言越抽象;越是下层消费者,使用的语言越具体,而且更多地伴有俚语和街头用语。西方的很多高档车广告,因为主要面向上层社会,因此使用的语句稍长,语言较抽象,画面或材料充满想象力。相反,那些面向中、下层社会的汽车广告,则更多的是宣传其功能属性,强调图画而不是文字的运用,语言上更加通俗和大众化。

(四) 购物方式上的差异

人们的购物行为会因社会阶层而异。一般而言,人们会形成哪些商店适合哪些阶层消费者惠顾的看法,并倾向于到与自己社会地位相一致的商店购物。

研究表明,消费者所处社会阶层与他想象的某商店典型惠顾者的社会阶层相去越远,他光顾该商店的可能性就越小。同时,较高阶层的消费者较少光顾较低阶层消费者经常去的商店,但相对而言,较低阶层的消费者则较多地光顾较高阶层消费者经常去的商店。另一项研究发现,客观上属中层而自认为属上层的消费者,较实际为上层但自认为属中层的消费者更多地去专卖店和百货商店购物。与一直是劳动阶层的消费者相比,从更高层次跌落到劳动阶层的消费者会更多地去百货商店购物。同时,中层消费者较上层消费者更频繁地去折扣店购物。

上层消费者购物时比较自信,喜欢单独购物,他们虽然对服务有很高的要求,但对于销售人员过于热情的讲解、介绍反而感到不自在。通常,他们特别青睐那些购物环境优雅、品质和服务上乘的商店,而且乐于接受新的购物方式。中层消费者比较谨慎,对购物环境有较高的要求,但他们也经常在折扣店购物。对这一阶层的很多消费者,购物本身就是一种消遣。下层消费者由于受资源限制,对价格特别敏感,多在中、低档商店购物,而且喜欢成群结队逛商店。

总之,同一阶层的消费者在价值观、需求特点、消费动机等方面都具有相似性,而不同阶层的消费者消费行为具有较大的差异性。

情景二　消费者群体概述

> **小资料**
>
> "做生意要瞄准女人"这一犹太人经商的座右铭,已被许许多多的经商者所认识。他们认为,如果说消费者是企业的"上帝",那么女性消费者就是更为活跃的主角,她们至少左右了现实购买力的四分之三(包括女性、儿童以及家庭所需消费的大部分,甚至很多男性消费品的购买与否也基本取决于女性)。因此,充分了解女性消费心理特征,积极吸引并成功诱导女性消费,应当成为企业营销者的重点工作。

一、消费者群体的概念及特征

(一) 消费者群体的概念

群体或社会群体是指两人或两人以上通过一定的社会关系结合起来进行共同活动而产生相互作用的集体。群体规模可以比较大,如几十人组成的班级;也可以比较小,如经常一起逛街购物的两个好朋友。

具有某种共同特征的若干消费者组成的集合体就是消费者群体。凡是具有同一特征的消费者都会表现出相同或相近的消费心理行为,因为同一群体成员之间一般有比较经常的接触和互动,从而能够相互影响。

(二) 消费者群体的特征

(1) 成员需由一定的纽带联系起来。如以血缘为纽带组成的家庭,以业缘为纽带组成的职业群体。

(2) 成员之间具有共同目标和持续的相互交往。

(3) 成员具有共同的群体意识和规范。

二、消费者群体形成的原因

消费者群体的形成是消费者的内部因素和外部因素共同作用的结果。

(一) 消费者因其生理、心理特点的不同形成了不同的消费者群体

消费者之间在生理、心理特性方面存在诸多差异,这些差异促成了不同消费者群体的形成。例如,根据年龄的差异,形成了少年儿童消费者群体、青年消费者群体、中年消费者群体、老年消费者群体。根据性别的差异,形成了女性消费者群体、男性消费者群体。这种根据消费者自身生理及心理特点划分的不同消费者群体,在消费需求、消费心理、购买行为等方面有着不同程度的差异,而在群体内部的成员则有许多共同特点。

(二) 不同消费者群体的形成还受一系列外部因素的影响

这些外部因素包括生产力发展水平、文化背景、民族、宗教信仰、地理气候条件等,它们对于不同消费者群体的形成具有重要作用。例如,生产力的发展对于不同的消费者群体的

形成具有一定的催化作用。随着生产力的发展和生产社会化程度的提高,大规模共同劳动成为普遍现象,因而客观上要求劳动者之间进行细致的分工。分工的结果使得社会经济生活中的职业划分越来越细,如农民、工人、文教科研人员等。不同职业的劳动环境、工作性质、工作内容和能力素质不同,心理特点也有差异,这种差异必然会反映到消费习惯、购买行为上。久而久之,便形成了以职业划分的农民消费者群体、工人消费者群体、文教科研人员消费者群体等。又如按收入不同,消费者群体可划分为最低收入群体、低收入群体、中低收入群体、中等收入群体、中高收入群体、高收入群体等。此外,文化背景、民族、宗教信仰、地理气候条件等方面的差异,都可以使一个消费者群体区别于另一个消费者群体。

三、消费者群体的分类

在现实生活中,人们会发现许多消费者尽管在年龄、性别、职业、收入等方面具有相似的条件,但表现出来的购买行为并不相同。这种差别往往是由于心理因素的差异造成的,可以作为群体划分依据的心理因素是生活方式。

在依据生活方式划分消费者群体方面做得最为成功的是美国的 SRI 国际研究机构。SRI 在全美抽取了 2500 名消费者进行问卷调查,收集消费者心理特征的数据,建立了著名的数据库 VAS(Value Attitudes and Lifestyles),并且不断更新。VAS 将消费者分为八个群体(如图 7.1 所示)。

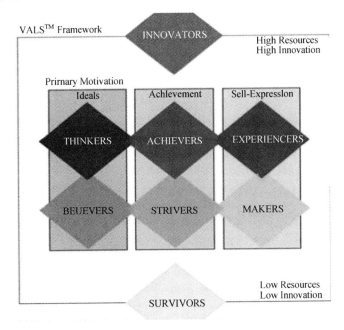

图 7.1 VAS 消费者群体分类

消费者的划分依靠两个维度。纵向代表资源,包含收入、教育、自信、健康、购买欲望、智商和能力等。横向代表以下三种类型的行为导向。

(一) 原则导向型

消费者行为主要受自己的世界观和价值观的指导。

（二）地位导向型

消费者行为主要受其他人的行为和意见的指导。

（三）行动导向型

消费者行为主要受消费者自身的消费经历和体验的指导。

由此,将消费者划分为以下几种类型。

（一）实现者(Innovators)

这类消费者拥有最为丰厚的收入,很高的地位,强烈的自尊,丰富的资源,这使得他们在大多数情况下可以随心所欲地消费。他们位于最高层,对于他们来说,个人形象非常重要,因为这显示了他们的品位、独立和个性。这一类消费群体喜欢挑选名贵和个性化的产品。

（二）尽职者(Thinkers)

这类消费群体在原则型消费群体中拥有最丰富的资源。他们受过良好的教育,成熟且有责任心。他们闲暇时间大多待在家里,却很关注时事,了解各种信息和社会变化。他们虽然收入颇丰,但却持有实用主义的消费观念。

（三）信任者(Believers)

在原则型消费群体中,这类消费群体拥有较少的资源。他们思想保守,消费行为易于预测。他们喜欢本国本地的品牌和产品。他们的生活围绕着家庭、社区和国家。他们拥有中等水平的收入。

（四）成就者(Achievers)

这类消费者在地位导向型消费者中拥有较多的资源。他们事业成功,家庭幸福。他们在政治上比较保守,尊重权威和地位。他们常会选择同伴评价很高的产品和服务。

（五）争取者(Strivers)

这类消费者在地位导向型消费者中拥有较少的资源。他们的价值观与成就者相似,但收入较低,地位较低。他们试图模仿自己尊重和喜爱的人的消费行为。

（六）实践者(Experiencers)

这类消费者在行动导向型消费者中拥有较多的资源。他们是最年轻的群体,平均年龄25岁。他们精力充沛,喜爱各类体育活动,积极从事各种社会活动。他们在服装、快餐、音乐以及其他一些年轻人所喜爱的产品上不惜钱财,尤其热衷于新颖的产品和服务。

（七）制造者(Makers)

这类消费者在行动导向型消费者中拥有较少的资源。他们讲究实际,只关注与自己息息相关的事务——家庭、工作和娱乐,而对其他一切毫无兴趣。作为消费者,他们更倾向于实用功能型的产品。

（八）谋生者(Survivors)

这类消费者的收入最低,他们生活在最底层,拥有最少的资源,为满足基本生活需要而奋斗。他们是年龄最大的群体,平均年龄为61岁。在能力范围内,他们忠诚于自己喜爱的品牌。

四、消费者群体对消费行为的影响

(一) 消费者群体为消费者提供可供选择的消费行为模式

社会生活是丰富多彩、变化多样的。处于不同群体中的人们，行为活动会有很大差别。例如，营业员在为顾客服务时，需要仪表整洁、服装得体、举止文雅，但不能打扮得过于时髦。而电影明星在表演时要符合剧中角色的要求，更换各种流行服装和发式。这些不同的消费行为通过各种形式传播给消费者，为其提供模仿的榜样。特别是对于缺乏消费经验与购买能力的人，他们经常不能确定哪种商品对他们更合适。在这种情况下，消费者对消费者群体的依赖性，超过了对商业环境的依赖性。

(二) 消费者群体引起消费者的仿效欲望

消费者群体引起消费者的仿效欲望，从而影响他们对商品购买与消费的态度模仿，这是一种最普遍的社会心理现象。但模仿要有对象，即我们通常所说的偶像。模仿的偶像越具有代表性、权威性，就越能激起人们的仿效欲望，模仿的行为也就越具有普遍性。而在消费者的购买活动中，消费者对商品的评价往往是相对的，当没有具体的模仿模式时，就不能充分肯定自己对商品的态度。但当某些消费者群体为其提供具体的模式，而消费者又非常欣赏时，那么强烈的仿效愿望就会被激起，从而形成对商品的肯定态度。

(三) 消费者群体促使行为趋于某种"一致化"

消费者对商品的认识、评价往往会受到消费者群体中其他人的影响。这是因为相关群体会形成一种团体压力，使团体内的个人自觉不自觉地符合团体规范。例如，当消费者在选购某种商品，但又不能确定自己选购这种商品是否合适时，如果群体内其他成员对此持肯定的态度，就会促使他坚定自己的购买行为。反之，如果群体内其他成员对此持否定的态度，就会促使他改变自己的购买行为。

五、不同收入消费者群体的消费行为

(一) 最低收入群体

这类群体是处于贫困线以下的人群，包括一部分最低收入者和没有劳动能力、没有固定收入来源的无业者和失业者。这类群体的成员还未解决温饱，生活极其困难。最低收入者面临的是最基本的生存问题，他们在衣、食、住方面的消费接近总消费支出的70%，因此他们非常重视生活消费品的价格。其中有许多贫困群体是依靠社会资助、社会保障勉强度日的。

(二) 低收入群体

这类群体一般具有劳动能力，但在投资和就业竞争中居于劣势，只能获得较低报酬，是就业群体中的贫困者。这类群体在生活基本需求的水平、质量和社会交往方面居于社会的下层，只是基本解决了温饱问题。由于收入水平很低，没有足够的购买能力，以维持基本生活消费为主，没有多余的钱用于储蓄。因此，一旦遇到疾病等意外支出及子女教育等生活以外的支出时，他们一般难以承受。值得一提的是，这类群体在教育、主要是子女教育方面的支出比例较高，仅低于中高收入和高收入群体，而高于其他收入群体，表明这类消费者比较重视子女教育。

（三）中低收入群体

这类群体的收入基本稳定，在满足日常消费之外略有节余，但是受近几年体制改革的影响，消费水平下降很快。这部分居民属温饱型向小康型过渡的消费群体，其基本的消费需求已经得到满足，正积聚资金向更高一层的消费提升。但住房、医疗、教育等各项改革的集中推进，使这些居民的预期支出增加，使他们有钱也不敢花。由于受未来收入与支出不良预期的影响，这一消费群体的即期消费很谨慎。

造成这种情况的原因有两个：一是居民对未来预期收入的增加缺乏信心；二是居民预计未来相关改革会引起预期支出增加。此外，传统消费仍在很大程度上对这一群体居民的消费行为起着支配作用。他们崇尚"收支相抵、略有结余"，忌讳"寅吃卯粮"，因而即期收入成为当前消费的最大限度。他们很少"负债"消费或"超前"消费，不愿意把明天的钱提前到今天来用。上述这些因素导致不少消费者的消费心理趋于保守、谨慎，也致使一部分购买力沉淀下来，以获得"未来安全"的需要。

（四）中等收入群体

这类群体大多为城市居民，少数为农村比较富裕的居民，主要由政府公务员、国有企业职工、一般的科教文卫人员、个体经营者及其家庭构成。中等收入群体恩格尔系数在40%左右，边际消费倾向居中，正处于从小康型向富裕型、从讲求消费数量向讲求消费质量转变的阶段，加上一定的储蓄积累，他们已构成当前最具购买能力的群体之一，而且消费开始呈现出多样化趋势，是继高收入、中高收入群体之后最为活跃和强有力的跟进力量。其消费结构开始加快变动、转型和升级，购买力指向以中档个人住宅、私人轿车为主，他们乐于接受新兴的生活和消费方式，被视为消费的中坚力量。

（五）中高收入群体

这类群体主要包括私营企业主和专业技术人员，是受高收入群体的消费示范效应影响最大的一类人群，也是较为活跃的一个群体，虽然收入不及高收入群体，但是这类群体中的大多数人对自身及家庭的未来状况比较有信心，因而在许多方面的消费都与高收入群体接近。值得一提的是，这类消费者非常注重名牌时装的消费，因此在他们的总支出中，衣着消费方面的支出所占的比例在各个收入群体中最高。同时，他们也注重文化娱乐消费和子女的教育，在这些方面的支出也较多。

（六）高收入群体

这类群体的储蓄和投资倾向仅次于最高收入群体，其生活需求已基本得到满足，但是他们对高档产品、服务和精神文化的需求更加强烈。调查显示，越来越多的高收入居民车、房齐全，注重追求精神消费和服务消费，教育、文化、通信、保健、住宅等成为他们的消费热点，追求时尚化与个性化的消费倾向日趋明显。在饮食方面，他们讲究营养和风味，着意吃"精"、吃"怪"；穿着上崇尚名牌，讲究款式、品质和个性；在日用品方面主要青睐一些科技含量高、时代感强的高档家电产品。除了满足物质生活的需求外，外出游览名胜古迹，出境领略异国风情，成为高收入群体节假日消费的重要内容。

（七）最高收入群体

这类群体的边际消费倾向很低，投资意识很强烈。最高收入者的基本生活需求已完全得到满足,衣食住行无忧,对现有的大众化消费已无太大兴趣,而是追求更高层次的精品化、个性化消费。

7.3 练习案例

孔子曰:"凡战者,以正合,以奇胜。"在商家节日促销的大战中这样的道理同样适用。在激烈的节日促销中,商家不但要整合各种有效的促销工具,更要知己知彼、未雨绸缪,做好通盘打算,进行促销策划和创意,以奇招出其不意制胜。

我国假日经济正逐步走向成熟,在一年中不到1/3的假日时间里创造了1/2的营业额。据统计,商家在双休日的营业额一般是平时的1~3倍,而在春节、"五一"、中秋、"十一"、元旦等重大节日生意更是红火。而在这热热闹闹的节日销售中,商家的促销无疑起到了巨大的作用。在促销中消费者得到实惠,商家得到大笔利润。

节日里,走进商场和超市你就会感觉到温馨优雅的购物环境、琳琅满目的物品、独具匠心的商品摆放、商品的打折销售、精美礼品的赠送、新产品的节日上市与推广、各商家层出不穷的促销活动,这一个个惊喜让消费者打心底里高兴。节日购物真是物超所值:同样的商品低于平时的价格,同样的价格可以买比平时更好的商品。在购物的同时又得到了休闲放松的时刻;在满足物质需求的基础上,消费者在商家所营造的喜气欢快的节日气氛中也得到了精神的满足。消费者此时此刻更能体会到"顾客是上帝"的感觉,由衷地感到"过节的感觉就是好"。

熙熙攘攘的购物人群,大包小包的购买物品,销售量的急增,销售收入的直线上升,商家是看在眼里喜在心里。节日中,平时疲软的市场出现了强力的反弹,甚至某些商品出现脱销的局面。虽然,各商家在节日促销中投入了大量的人力、物力、财力,但看到如此热闹火爆的购物场面,商家是累也快乐着,他们感叹道"过节的感觉真是爽"。

在消费者的慷慨购物和各商家积极促销的背后,我们来冷静思考一下,企业为什么在节日大搞促销呢?

一、从注意力经济的客观要求和反映来分析

举一个简单的例子:在我们平时看电视、听广播时,电视台和广播台并不向我们收费。电视台和广播台向我们提供了精彩的节目,难道这些节目都是免费的午餐吗? 其实,我们已经向电视台和广播台交了费用,那就是我们把"注意力"集中到电视和广播上的节目。电视台和广播台收集到了丰富的注意力资源,然后再把这些资源以广告的形式卖给需要注意力资源的各商家。此外,名人出书、明星做广告都是利用了名人的注意力资源,消费者很少关注书和广告的质量,只知道他们是名人。

所谓注意力,是指一个主题、一个事件、一段重要时间、一种行为、一些重大信息所引起的人们的关注程度。我们正进入注意力经济的时代,注意力经济将成为21世纪主流的商业模式。我们处在一个信息爆炸的时代,商品的信息已不再是稀缺资源,缺少的是我们的注意力。企业为了吸引消费者的注意力,绞尽脑汁各显其能,各种促销手段一个都不能少。而节日是一种文化传统,是多年积累形成的一种注意力。节日期间作促销正是注意力营销的体现,打"节日牌"搞促销不失为一条促销捷径。

二、从组织行为学的从众心理来分析

从众心理是指在一个组织或团队里多数人的意见往往会改变和左右少数持不同意见和观点的人，少数人会趋于一种无形的从众压力而改变自己的观点和行为，使群体意见趋向一致。在消费上也存在类似情况，我们叫做消费从众心理。节日里商家大张旗鼓的促销，会大大提高消费者对产品的兴趣，刺激消费者的购买欲望。一方面，节日本身所具有的喜庆再加上商家的各种促销所营造的浓厚的消费气氛，使消费者在客观上进入一种消费购物的外部从众环境；另一方面，在节日中消费者往往几个人一起购物，一个人的购买会诱导另一个人的购买。于是在促销的环境中，消费者往往会买下可买可不买的东西，甚至本来不需要的东西也想买、甚至买下了。口碑营销也是基于这样一个原理。

三、从消费者行为学和心理学来分析

消费者的购物受外部环境和情绪的影响，愉快优雅的环境和欢快的心情将大大提高人们的消费期望和购买指数。节日是人们放松、休闲、娱乐的时间，人们愿意从平时繁忙的工作和生活中解脱出来，购买一些产品和享受一些服务，即所谓的"花钱图痛快"。于是，节日促销就更具有针对性和实效性。商家抓住了消费者的心理，愿意在节日里搞促销和消费者同乐。

四、从消费者的消费周期规律来分析

一个人的购买欲望和购买值在一段时间内不是平均分布的，而是有高峰和低谷的。而节日期间正是消费的高峰。节日促销无疑是在火爆的消费场景上，再加一把火。商家选择节日促销是锦上添花，是高明之举。

五、从我国的消费文化来分析

我国的消费者有一个消费思维定势：平时攒钱，关键或者重要时刻集中花费，也就是消费中的预期消费。而节日正是这样一个关键和重要时刻。消费者普遍认为，节日间各商家一定要大搞促销，价格会更低、产品会更丰富，平时该买的商品应该等到节日再买。而商家也摸透了消费者的心理和消费文化，也在节日里极力作促销迎合消费者的心理。

节日是企业开展促销攻势、宣传企业形象的黄金时间。按照信息经济学原理：买卖双方的信息一般是不对称的，一般都是卖方比买方拥有更多的产品信息。而解决这一问题的主要方法就是信息披露，即商家通过产品展示、赠品发放、营业推广、广告宣传等促销方式发送信息。节日期间，恰好是商家进行产品宣传、信息发布的绝好时间，它会收到事半功倍的效果。因此，节日促销受到越来越多的商家的重视，他们甚至展开了激烈的促销战。

（资料来源：http://www.dianliang.com/brand/yingxiao/gean/201208/246609.html）

问题： 商家在节假日采用各种方式大搞促销活动是抓住了消费者怎样的消费心理？

7.4 课后作业

1. 名词解释

消费者群体　　社会阶层

2. 简答题

（1）简述消费者群体形成的原因。

（2）简述不同收入的消费者群体消费行为的不同。

（3）简述社会阶层的类型。

(4) 简述不同社会阶层消费行为的不同。

3. 分析题

你属于哪种社会阶层以及消费者群体？你的消费特点是怎样的？你的消费行为是否理性？以后应该如何改进？

4. 案例分析

今年，以 HTC 为代表的 Android 操作系统的智能手机非常流行，但价格相对于学生的消费水平而言有些偏高。然而这并未阻止学生购买该种手机的热情，有些同学甚至一人持有两部型号和大小略有不同的同品牌手机。

问题：面对这种趋势，你会有怎样的消费心理，并采取怎样的消费行为？

7.5 延伸阅读

中国社会科学院"当代中国社会结构变迁研究"课题组提出了以职业分类为基础，以组织资源、经济资源和文化资源的占有状况为标准来划分社会阶层的理论框架。

依据这一理论，我国可划分为以下几个阶层。

一、国家与社会管理者阶层

国家与社会管理者阶层指在党政、事业和社会团体机关单位中行使实际的行政管理职权的领导干部，他们是整个社会阶层结构中的主导性阶层，也是改革开放以来的较大获益者之一。

二、经理人员阶层

经理人员阶层指大中型企业中非业主身份的高中层管理人员。这一阶层的成员支配着大量的经济资源，均具备较高的学历和专业知识水平，也是社会主导阶层之一。

三、私营企业主阶层

私营企业主阶层指拥有一定数量的私人资本或固定资产并进行投资以获取利润的人，其成员最初来自乡村和城镇社会的较低阶层。私营企业主阶层在社会阶层结构中所占的比例约为 0.6%，地区间差距较大，私营经济在发达地区可达 3%，而在欠发达地区则在 0.3% 以下。

四、专业技术人员阶层

专业技术人员阶层指在各种经济成分的机构（包括国家机关、党群组织、全民事业单位、集体事业单位和各类非公有制经济企业）中专门从事各种专业性工作和科学技术工作的人员，他们是现代工业社会的中等阶层的主干群体。目前，专业技术人员在社会阶层结构中所占的比例约为5.1%,且在经济发展水平不同的地区差异很大。

五、办事人员阶层

办事人员阶层指协助部门负责人处理日常行政事务的专职办公人员,主要由党政机关中的中低层公务员、各种所有制企事业单位中基层管理人员和非专业性办事人员组成。在目前的社会阶层结构中所占的比例大约为4.8%,在城市中其比例为10%～15%,而在城乡合一的县(市)中,其比例在2%～6%。

六、个体工商户阶层

个体工商户阶层指拥有较少量私人资本(包括不动产)并投入生产、流通、服务业等经营活动或金融债券市场而且以此为生的人。比如小业主或个体工商户、自我雇用者或个体劳动者以及小股民、小股东、出租少量房屋者等。

七、商业服务业员工阶层

商业服务业员工阶层指在商业和服务行业中从事非专业性的、非体力的和体力的工作的人。由于中国目前商业服务还不发达,所以这一阶层人员的经济状况与产业工人类似。

八、产业工人阶层

产业工人阶层指在第二产业中从事体力、半体力劳动的生产工人、建筑业工人及相关人员。目前,整个产业工人阶层在社会阶层结构中所占的比例为22.6%左右,其中农民工占产业工人的30%左右。

九、农业劳动者阶层

农业劳动者阶层是目前中国规模最大的一个阶层,是指承包集体所有的耕地,以农(林、牧、渔)业为唯一或主要的职业,并以农(林、牧、渔)业为唯一收入来源或主要收入来源的农民,他们在整个社会阶层结构中所占的比例约为44%。

十、城乡无业、失业、半失业者阶层

城乡无业、失业、半失业者阶层是特殊历史过渡阶段的产物,是指无固定职业的劳动年龄人群(排除在校学生)。这一阶层目前在整个社会阶层结构中所占的比例约为31%,其中的许多成员处于贫困状态。目前,这一阶层的数量还在继续增加。

不同社会阶层与社会等级的关系如下图所示:

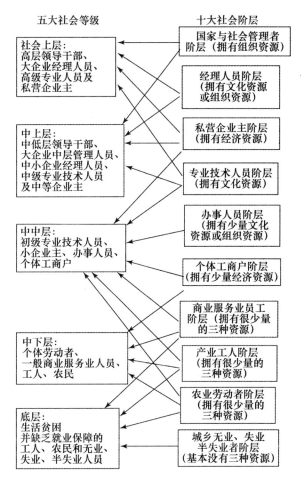

（资料来源：http://economy.enorth.com.cn/system/2001/12/15/000217967.shtml
　　　　　http://wenku.baidu.com/view/4d5787c689eb172ded63b77a.html）

问题：比较该理论框架中各阶层对于各项资源的占有情况，并分析各阶层的消费行为呈现出怎样的特点？

7.6 参考文献

[1] 田义江,戢运丽.消费心理学.北京：科学出版社,2005.
[2] 平建恒,王惠琴.消费者行为分析.北京：中国经济出版社,2008.
[3] 熊素芳.营销心理学.北京：北京理工大学出版社,2006.
[4] 赵红.消费心理学.重庆：重庆大学出版社,2006.

学习任务八

文化因素影响分析

学习目标

知识目标：通过本章的学习，了解文化和亚文化的概念和特征；掌握文化因素对消费者心理的影响；了解非文字语言的文化所包括的内容。

技能目标：利用本章所学知识分析亚文化消费者心理的影响。

8.1 导入案例

凯洛格公司的跨文化营销

按照美国的标准，巴西在早餐谷物类食品及其他早餐食品方面蕴藏着巨大的商机。因为巴西20岁以下人口所占比重高达40%以上。另外，巴西的人均收入较高，人们在早餐时享用方便快捷的谷物食品也有足够的资金支持。在评估这个市场时，凯洛格公司还注意到一个重要的因素——几乎没有任何直接的竞争。

没有竞争的原因是巴西人不习惯美国式的早餐，根本没有人愿意在早餐时吃麦片。因此，凯洛格公司及其广告代理商智威汤逊公司面临的主要营销任务就是如何改变巴西人现有的早餐文化，让他们开始在早餐时食用麦片。

在巴西曾经十分流行的一个电视连续剧叫"Novelas"，凯洛格决定在这个电视剧中间播放广告，广告画面是一个小男孩津津有味地吃着从包装袋里倒出来的麦片。在表示味道极佳的同时，该广告将产品定位于一种小吃而不是早餐的一部分。这一广告由于反应冷淡，很快被撤了下来。

对巴西文化的分析显示，巴西人家庭观念极强，而且大男子主义观念根深蒂固。所以，随后设计的广告,集中表现了父亲将麦片倒入碗中并加上牛奶的家庭早餐场面。这个广告成功了,麦片销售增加了,凯洛格占有了99.5%的市场份额,虽然销售总量还是不尽如人意,人均早餐麦片的食用量还是很少。

凯洛格公司已经习惯了这些,它善于利用不同地域的文化打开自己的销售市场,虽然一般都要经历很长的时间。它花了20年时间才在墨西哥培育了一个规模可观的市场,在日本和法国则用了6年时间。

(资料来源:王长征.消费者行为学[M].武汉:武汉大学出版社,2003.)

问题:1. 凯洛格公司最初策略失败的原因是什么?
　　　2. 该公司最终的成功源于什么?

8.2 学习档案

知道消费者行为会随着个人行为和周围环境的影响发生变化,其中有一个对消费者产生重大影响的因素就是文化。每个消费者都是在不同的文化环境中成长和生活的,其价值观念、生活方式、消费心理和消费行为必然受到文化影响,而文化对消费者行为的影响是间接且复杂的。既然文化对消费者行为有普遍的影响,文化的各个组成部分应理所当然地受到了人们的重视。

情景一　文化与消费者行为

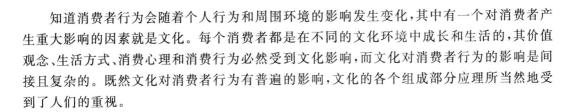

一家美国电器公司与一位日本客户签订了一份合同。美国公司的老总专程飞到东京,参加签字仪式。正式签字前,日本公司的总经理逐字逐句地审阅合同内容,审阅持续了很长一段时间。最后,美方公司老总按捺不住,提出了另外一项价格折让。虽然日方总经理感到意外,但他不露声色地接受了这一"惠赠"。之所以如此,是美方经理错误地认为,日本人试图重新开始谈判。而实际上,日方经理缓慢地审阅合同细节,只不过是在此场合表达他对合同的关切和显示自己的权威。

问题:美国公司为什么会给予日本客户"惠赠"?

一、文化的基本概念

关于"文化"的定义有许多,据统计,世界上从不同角度对文化所下的定义有一百六十多种。尽管定义很多,但结合我们接下来将学习的内容,文化的概念可表述如下:文化是人类社会从野蛮到文明经过努力奋斗所取得的成就,是人类知识、信仰、艺术、道德、法律、风俗习惯以及人类作为社会成员后天获得的其他一切能力和习惯的总合。

约翰逊还提出了文化所包括的基本要素,这个理论被大多数社会学家所接受,它包括以下几点。

1. 认识

认识指的是物质和社会世界的知识、科学、技术、代代祖传的实践知识、有关社会组织的概念以及社会运行的方式。

2. 信仰

和认识不一样,信仰不能用检验来证实或反驳。信仰和认识可以说是交织在一起的,要把两者分开不太容易,需要科学的分析方法。

3. 价值和规范

价值是对每个人应遵循的生活方式和应追求的目标的共同认识。显然,对价值的认识在不同社会之中有很大的区别。与自己的伙伴展开竞争在某些文化中是受到高度赞扬的,而在另一些文化中则要受到严厉的制裁。规范则可以从两个方面进行定义:第一,它指的是受到社会推崇的理想的行为模式;第二,规范是对大多数社会成员的行为的描述。

4. 符号

符号包括各种信号。信号指明事物的存在、发生或条件,包括很多内容,如钟声可以告诉人们饭准备好了或者比赛开始了。声音、图画等都可以作为信号。符号实质上是一种语言,代表一种概念,并且更便于交流。

5. 非规范的行为

非规范的行为指的是生活于某种文化中的个人,由于对该文化的不良反应而产生的非规范行为;个人的倾向与性格决定了这种行为。除非这种非规范行为严重到危及某些行为规范或社会习俗,否则社会将不会对之进行公开的惩罚。即使是一些怪僻的行为,只要它不逾越严格限定的界限,大多数人也会容忍其存在。

一般的理论还会认为文化有广义与狭义之分。广义的文化是指人类所创造的一切物质财富和精神财富的总和。从这个意义上说,我们可以把文化当成人类文明的同义词,包括了人们的吃、穿、用、住、行等全部生活方式的具体内容,并把这些内容看做是人类文明的具体体现。也正是在这个意义上,我们才看到消费与文化的直接同一性,即把消费也看做是文化的一个有机组成部分。狭义的文化是指经过人类精神活动所创造出来的成果,如哲学、宗教、科学、艺术、道德等。在消费者行为研究中,由于研究者主要关心文化对消费者行为的影响,所以我们将文化定义为经过一定社会学习获得的、用以指导消费者行为的信念、价值观和习惯的总和。

另外,关于文化这一概念,还有几个方面需要特别说明。首先,文化是一个综合的概念,它几乎包括了影响个体行为与思想过程的每一个事物。其次,文化是一种习得行为,它不包括遗传性或本能性行为与反应。由于人类绝大多数行为均是经由学习获得的而不是与生俱来的,所以,文化确实广泛影响着人们的行为。再次,现代社会极为复杂,文化很少对何为合适的行为进行详细描述。在大多数工业化社会,文化只是为大多数人提供行为和思想的边界,并不会定义什么是好什么是坏。最后,由于文化本身的性质,我们很少能意识到它对我们的影响。人们总是与同一文化下的其他人员一样行动、思考、感受,这样一种状态似乎是天经地义的。文化的影响如同我们呼吸的空气,无处不在,无时不有。除非其性质突然改变,否则,我们通常将其作为既定事实加以接受。设想一下,如果我们正在享受一份食物,如比萨饼。在美国,比萨饼上面可能是青椒;在日本,可能是鱿鱼;在英国,可能是金枪鱼和玉米;在危地马拉,可能是黑色的豆酱;在智利,可能是贻贝和蛤肉;到了巴哈马,可能变成了烤鸡肉;在澳大利亚,可能是鸡蛋;在印度,则可能是酱姜片。为什么会如此五花八门?对于其中的一些添加食物,你甚至会觉得恶心。然而,对于其他文化下的人们,比萨饼加上这样一些食品则是十分自然的,这就是文化。我们并没有意识到我们对比萨饼顶层所添加的食品以及我们对很多其他事物的偏好强烈地受到我们所在文化的影响。

二、文化对消费者行为的影响

文化对消费者行为有着巨大的影响,这是毋庸置疑的。文化包括许多因素,如文化价值、文化信念、文化规范等,而不同的因素会对消费者行为产生不同的影响。

(一) 文化价值观的影响

文化价值观是被社会大多数成员所信奉的并被他们认为应该是社会所普遍倡导的信念。它通过一定的社会规范来影响人们的行为,而社会规范规定在一定的社会情境下,哪些行为是可以接受的,哪些行为是不能接受的。要弄清行为上所体现的文化差异,首先应当了解不同文化背景下人们价值观的差异。具体来说,影响消费行为的文化价值可以被分为他人导向价值观、环境导向价值观、自我导向价值观。对消费者行为影响最深远的文化价值观都可归入其中的一种形式或类别。

1. 他人导向价值观

这一类价值观反映社会对于个体之间、个体与群体之间以及群体彼此之间应如何相处或建立何种关系的基本看法。这些看法对消费者行为产生巨大的影响,可分为以下几个方面来说明。

(1) 个人和集体

不同的社会文化在对待个人和集体的关系方面会有不同的价值取向。有的社会强调团队协作和团体行动,并且把成功的荣誉和奖励归于集体而不是个人;相反,有的社会强调的是个人成就和个人价值,荣誉和奖励常常被授予个人而不是集体。据研究,美国、英国、加拿大、荷兰等国的文化强调个人主义,而中国、韩国、日本和印度的文化则更多倾向于集体主义。因此,单纯运用个人物质奖励来激励日本、韩国和印度的销售人员,效果可能不如对美国的销售人员那样有效。同样,"要展现你自己"、"要与众不同"之类的主题在美国十分有效,但在日本则不然。当然,随着社会的进步,这种个人和集体的关系也会发生变化。一位专家曾对品牌在许多亚洲国家所起的作用作过如下描述:品牌作为符号,其作用已远远超越了产品的内在特征。买一块昂贵的手表或一个显示地位的品牌,实际上是购买了一张"俱乐部会员证",或者一种"我也和你一样"的标记。如果品牌是具有如此威力的标记,那么,人们对它格外忠诚也就不足为奇。然而,现在这些概括性描述的准确性较以往也发生了巨大变化,至少日本的情况是如此。有证据显示,日本人,特别是日本年轻人,越来越具有个性化和个人化倾向。

(2) 成人与小孩

在多大程度上核心家庭的活动集中于满足孩子而不是大人的需要?孩子是否和在多大程度上影响家庭购买决策?对于涉及儿童用品的购买决策,孩子又起何种作用?对孩子的态度的差别,可以通过不同国家或文化下的人对以下陈述的赞同比例予以反映——"没有孩子的家庭是不完整的"。赞同比例在不同国家差别较大,在法国、希腊、葡萄牙,这一比例大概是 70%;而在荷兰、挪威、瑞典、英国以及丹麦,这一比例不超过 30%。中国实行的计划生育政策使得很多家庭视孩子为中心,孩子格外受到家庭的重视,甚至被称为"小皇帝"。所以这些价值观就决定了针对孩子的消费行为往往都是成功的。如亨氏(Heinz)公司在中国成功地推出了一种婴儿米粉,虽然价格较为昂贵,但原产地在美国这一要素使该产品获得了很好的品质形象,因此这种即冲即饮的食品受到中国很多家庭的欢迎,这从一个侧面反映出中国家庭中孩子对于家庭购买决策的重要影响。

(3) 扩展家庭与核心家庭

无论在哪个国家,家庭都是一个社会的基本单位。然而,在不同的文化背景下,对家庭的界定以及家庭成员之间彼此的权利、义务存在很大差异。家庭一般分为配偶家庭、核心家庭和扩展家庭。扩展家庭是指老少三代同居的家庭,核心家庭是指一家三口的小家庭。不同家庭类型的消费行为是不一样的。扩展家庭的消费观念会相对传统,核心家庭的消费观念比较前卫,甚至有超前消费、月光族等现象存在。对于新型的消费产品,核心家庭接受起来相对容易,而扩展家庭接受起来要缓慢一些。虽然核心家庭越来越多,但是赡养父母等家庭观念在中国这样的国家还是作为传统美德被人称颂,所以我们在中国的广告里经常看到子女孝顺父母的情景,这也在一定程度上决定着消费方式在中国以扩展家庭为主;而在西方国家,消费行为上更多的是以核心家庭为主。

(4) 男性与女性

荣誉、很高的社会级别以及重要的社会角色是否主要赋予男性?女性的生活方式与命运是否从其出生之日起就能够被准确地加以预测?是由丈夫还是妻子或者由两者共同作出重要的家庭决策?这些问题在很多国家都存在。总体上,我们生活在一个男性占支配地位的社会,然而,这种支配程度,即使在相对具有同质性的西欧各个国家,也存在较大的差别。有的国家至今可能仍存在着严重的性别歧视,妇女在社会和家庭中没有重要地位。这些观点都可以通过表 8-1 得到印证。

表 8-1 对于"妇女应当有更大的自由从事她们想做的事"这一观点的赞同比例调查

国家	赞同比例(%)	国家	赞同比例(%)
澳大利亚	61	意大利	48
比利时	47	卢森堡	49
丹麦	58	荷兰	59
芬兰	63	挪威	49
法国	51	葡萄牙	38
德国	69	西班牙	57
英国	79	瑞典	60
希腊	52	瑞士	58
爱尔兰	78		

当然,目前在很多国家,妇女的角色和地位正在改变。这种改变,对于消费行为也有着非常重要的影响。如在日本,虽然女性地位发生变化的步伐稍慢,但日本女性婚后继续工作的人数比例日益上升,由此对节约时间的产品以及其他面向工作女性的产品的需求有所上升。

(5) 竞争与合作

不同的社会文化对于竞争与合作的态度会有所不同。成功是更多地靠超越别人还是靠与他人的合作获得？是否社会中的每一个成员都钦羡成功者？不同文化或社会在这些方面的差异可以从对比较广告的不同反应中得以体现。例如，在德国和西班牙，比较广告遭到禁止，中国也规定禁止做相互诽谤的广告，在这样的文化价值观下，如果是有比较意味的广告产品人们是不会去消费的。同样的，在日本那样的合作性文化环境下，比较广告被视为趣味低下。而在美国这类广告受到鼓励。但是这些并不是一成不变的价值观，如百事可乐公司在日本作了一项调查，发现年轻消费者对用一种直率而滑稽的方式嘲笑竞争对手持普遍赞同的态度。以此为基础，百事可乐做了一则电视广告，流行歌手哈默把市场领导者可口可乐描绘成一种使你昏昏欲睡的饮料，因为此广告百事可乐在日本的销售很快攀升了19个百分点。可见，对于竞争和合作的不同态度也对消费行为有着重要的影响。

2. 环境导向价值观

环境导向价值观反映的是一个社会关于该社会与其经济、技术以及自然等环境之间关系的看法。这些价值观对消费者行为也有着极其重要的影响，并最终影响着企业营销战略的选择及最终成败。这种价值观可分为以下几个方面来说明。

(1) 洁净程度

不同社会对于洁净的看法和重视程度不同。在重视洁净和环境保护的社会，人们会更加重视洁净产品，如在美国，卫生很受重视，超过99%的美国成年人使用除臭剂；而在欧洲国家人们使用除臭剂的比例相对要低很多。由于对于洁净的重视程度不同，除臭产品的消费情况在这些国家肯定是不同的。

(2) 成就与身份

一个社会的文化是否强调成就与身份的差异，将导致这个社会把经济、政治和社会机会平等或者不平等地分配给不同的个人或集团。个人的成就和身份与"权力距离"这一概念密切相关。"权力距离"是指人们是否将权力、权威、地位以及财富的不平等视为自然和内在现象，或在何种程度上接受这种不平等现象。在印度、巴西、法国、中国香港地区和日本，对"权力距离"的接受程度比较高；而在澳大利亚、丹麦、新西兰、瑞典和美国，对"权力距离"的接受程度则较低。高低不同的接受程度对于消费行为有着明显的影响。在一个重视身份地位的社会里，对功能不相上下的商品，人们往往以价格的高低、品牌声望的大小为主要的选择标准，而不注重功能和效用。在日本、中国香港地区、新加坡、菲律宾、马来西亚、印度尼西亚、泰国和大多数阿拉伯国家，消费者通常对那些有尊贵形象的著名品牌情有独钟。有一项调查发现，80%的英国人认为，著名品牌对其购买决定有中等程度或强烈的影响。而在德国的被访者中，这一比例还不到30%。这从一定程度上反映出对成功与身份的不同注重程度对于消费的影响程度也是不一样的。

(3) 传统与变化

社会文化不同，人们对于传统和变化的态度也不完全一样。有的社会会非常重视传统，认为传统的东西是祖宗遗留下来的习惯，任何人不应改变。拥有这样价值观的社会，会非常抵制新产品，人们倾向于消费传统产品。有的社会则比较容易接受新变化，允许人们打破传统。对于这样的社会，新产品的销售会相对较为容易，产品的改进和革新会非常容易被接受。

(4) 风险与安全

一个社会的文化是倾向于鼓励人们去冒险还是安定地生活,结果是有所不同的。有的社会鼓励人们去冒险,认为这样的人是英雄,受到社会的尊敬;而有的社会则倾向于逃避风险,选择安全的生活,会把从事冒险事业的人看做是十分愚蠢的。这方面价值观的区别对于企业家的培养和社会经济的发展具有重要影响。一个安于现状、对承担风险采取回避态度的社会是不可能培养足够多的企业家,从而取得经济的改变与增长的。新产品的导入、新的分销渠道、新的广告主题的形成以及其他营销创新都受这种勇于承担风险的价值观所支配。当然,这个因素也决定着人们是不是愿意承担风险去消费新的商品。

(5) 宿命论与乐天派

人们视困难和灾难为挑战并勇于战胜它,还是采取一种听天由命的态度,这在不同的社会文化中表现是不一样的。在加勒比海国家,困难和不可驾驭的问题通常被"没问题"或者"没关系"这样一种表达方式打发。而这句话的真正含义是:"确实存在问题,但我们无能为力,因此着急也没用。"而墨西哥人正相反,他们大多是宿命论者,面对困难时会选择回避。不同文化的人在作产品选择的时候态度也是不一样的。当墨西哥的消费者遭遇不满意的购买(包括商品或服务)时,通常不会采取正式的行动,也就是不会进行投诉;而乐天派的消费者则会通过各种方式来表达自己的不满。

(6) 自然界

自然或自然界是否被赋予一种正面价值,抑或它被视为被制服、被驯服的对象,这在不同社会文化当中也是不一样的。有些社会会将自然界视为被制服和被改进的对象。在这种观念下,动物要么被屠杀,要么被作为英雄或宠物,例如,狗在美国被视为宠物。而有些社会则强调自然界在人类社会生活中的重要作用,如中国强调"天人合一"。对自然的看法所存在的差异,主要通过消费者的购买决策、消费实践和回收努力等多个方面反映出来,从而影响着人们的消费行为。

3. 自我导向价值观

这些价值观反映的是社会各成员的理想生活目标及其实现途径,对消费者行为和对企业的市场营销有重要的影响。这种价值观可分为以下几个方面来说明。

(1) 好动与好静

不同的社会文化会导致人们对于各种活动持有不同的态度,并且会形成"好动"与"好静"的倾向。一项比较美国妇女与法国妇女关于社会活动的参与的研究发现,法国妇女一般会认为"同朋友一起在炉边闲聊消磨夜晚时间是我喜欢的方式";美国妇女则一般认为自己"喜欢有音乐和谈话的聚会"。这种社会活动上的差异会带来对产品消费的不同选择。

(2) 物质性与非物质性

在不同的社会文化中,人们对物质财富与精神财富的相对重视程度会存在差异。有的社会奉行极端的物质主义,认为"金钱万能";有的社会则更加强调非物质的内容,如在一些国家宗教地位至高无上,当物质利益与宗教发生冲突时,人们会选择宗教信仰。这些不同的价值观也影响着人们的消费,决定着人们是更倾向于物质消费还是精神消费。

(3) 工作与休闲

不同的社会在对待工作与休闲的问题上持有不同的观点和态度。有的文化中人们倾向于从工作中获得满足,当基本经济需要获得满足后,人们会继续勤奋工作,如在欧洲的很多地方,人们认为工作是充实的人生不可或缺的基本组成部分;有的文化中人们则在基本的经济需求满足之后倾向于更多地选择休闲,如在拉丁美洲的某些地方,工作被视为不可摆脱的累赘。正因为如此,在像瑞士那样崇尚休闲的国家,节省劳动的某些产品以及快餐食品不像在其他国家那样能够获得成功。

(4) 现在与未来

人们是为今天而活还是为明天而活,是更多地为今天着想还是更多地为明天打算,可以集中体现出一个社会在这方面的价值观。这类价值观对于消费者更多的选择储蓄还是选择消费甚至是超前消费有着重要的影响。

(5) 纵欲与节制

这一类价值观体现为人们在生活态度上是倾向于自我放纵、无节制,还是倾向于克服、节制欲望等。穆斯林文化在此类价值观上是非常保守的,伊斯兰国家的广告、包装和产品必须严格符合穆斯林标准。比如,"立拍得"快速冲洗照相机推出后迅速风靡阿拉伯世界,因为这种相机使得阿拉伯男子给其妻子和女儿照相后不用担心她们的芳容被冲洗店的陌生人瞥见。与之形成对照的是,巴西的广告里经常有一些裸露的场面。

(二) 文化信念

文化信念体系包括大部分社会成员所共有的知识、神话、宗教信仰、传说等有形认知,它决定着消费者以何种方式购买何种产品的具体行为。这里我们以宗教信仰为例解释文化信念对消费者行为的影响。

宗教信仰是人们对于世界的一种看法,不同宗教信仰的人具有不同的信念以及相应的行为方式,因此他们的消费行为由于受到宗教信仰的影响也会有所差异。尤其是当这个地区的消费者对宗教的信仰程度非常强烈时,这种影响就显得尤为重要。世界上宗教种类繁多,各种宗教对于教徒的婚丧、嫁娶、饮食和衣着等方面都有规定,宗教的规定对于教徒有着很大的约束力,具有相应宗教信仰的人是绝对不能触犯的。比如在消费商品的种类方面,一般虔诚的佛教徒是禁止食用肉类食品的,提倡素食,把消费动物性的食品看做是对神的不尊敬。又如,佛教提倡清心寡欲的生活,因此,其教徒不允许饮酒。在这方面,法国一家酿酒公司曾激怒泰国人。这家公司将佛像和寺庙的图案印在酒瓶标签上,泰国的留法学生在法国商店里发现了这种叫做"泰国鸡尾酒"的酒精饮料,便通知了泰国政府,并采取了行动阻止这种酒的进一步销售。

(三) 文化规范

文化规范是反应特定社会的文化价值、给社会成员规定什么应该做和什么不应该做的标准。这种规范不仅影响消费者对产品和品牌的选择,而且影响其购买方式、购买场所以及产品的使用方式等。根据行为的约束力和重要性,文化规范可分为风俗、社会习俗以及法律规范。风俗一般与传统习惯相关,是指支配人们的饮食、着装、礼仪等日常行为类型的规范。在中国,很多少数民族都有自己的风俗。社会习俗是社会道德价值的具体体现,如对父母的孝顺、对长辈的尊重等,这些社会习俗是"应该做"的积极规范。但是,有些社会习俗是"不应该做"的消极规范,如"近亲结婚",这种消极规范是社会禁忌。法律规范也是一种明确而正式化的规范。不同社会的法律规范不尽相同,这也决定了同种商品可能在某一个国家销售、被消费是合法的,而在其他国家就是违法的。

情景二 亚文化与消费者行为

> **小资料**
>
> E 时代是成长于网络电子媒体时代的社会群体,受数字媒体环境影响的全新一代。他们最大的特征是面对电子媒体轻松和从容的态度,他们关注的事情都跟网络有关,喜欢和崇拜的人物也不再是革命先烈,而是网络红人,如韩寒、艾薇儿等。他们遇到任何事情首先想到的是通过网络解决,他们的口号是"有问题找百度",他们的任何消费行为都和网络有关,这在很多年长的人看来是不可思议的。
>
> **问题**:E 时代人群有什么文化特征?

消费者行为不仅带有明显的社会文化特征,而且还带有所属的亚文化的特征。从消费者行为的角度来看,一旦人口增加,社会变得复杂时,就会产生无数亚集团,属于亚集团的消费者,具有该集团独特的生活方式。因此,一般认为,亚文化对其成员的影响比社会文化还要强。不同的亚文化代表着不同的生活模式,对同一产品可能持有不同的态度,这直接或间接地影响消费者的消费行为。

一、亚文化的含义

一个社会的文化通常可以分为两个层次:一个是社会全体成员共有的基本文化,即主文化;一个是社会中某些群体的独特价值观和行为模式,即亚文化(又被称为是次文化)。一个特定的亚文化群成员,往往拥有与同一个社会中其他成员不同的信仰、价值观和习惯。同时,他们也信守在整个社会中起主导作用的那部分文化信仰、价值观和行为模式。在一定程度上,我们可以认为,一国的人们常常属于同一文化群,但这同属一种文化的人们又可以根据不同的民族、籍贯、地区、种族、宗教、年龄、性别、职业和社会阶层等不同标准,划分为若干个不同的、较小的文化群,即亚文化群。在一个亚文化群中,人们有着某些方面的相似的特点,并据此区别于其他人。

二、亚文化的特点分析

就整体而言,各种亚文化具有某些共性,把握这些共性有助于了解不同亚文化对消费者的影响。通常我们可以从以下几个方面来分析亚文化的特点。

(一)亚文化具有独特性

一种亚文化越是要求一种独特的统一性,它的潜在影响力就越大。例如,拉丁美洲裔的美国人亚文化独具特色,就是因为他们中的许多成员保留了自己的语言作为文化认同的一种手段。

(二)亚文化具有同一性

一个拥有相同价值观的亚文化,更可能对其成员产生影响。例如,拉美人看上去是由墨西哥人、古巴人、波多黎各人组成的一个复杂的亚文化，可以把每一个人种都视为一种亚文化。然而从整体上看，强大的家族和宗教上的纽带、守旧、男性统治地位以及共同的语言使他们更认同一种亚文化。

(三) 亚文化具有排他性

有些时候，亚文化会寻求从社会中或被社会独立出来，也可能被社会所排斥。例如，非洲裔的美国人被白人占统治地位的社会排斥，所以在一些时候被拒绝给予受教育的机会。可以说，排他性可能会强化亚文化的影响，反过来，又鼓励了对亚文化的行为准则和价值观的维持。

亚文化特点分析的注意事项

亚文化一般不会与主文化发生抵触或对抗，但一旦与主文化相抵触或发生对抗，它就成为一种"反文化"，如黑社会文化。

由于时间和空间的转换，主文化和亚文化也可以发生相互转化。

由于社会成员一般都归属于不同的群体，亚文化对于消费者行为和消费者心理的影响更为直接和具体，甚至比主文化的影响力更强。

三、亚文化对于消费者行为的影响分析

亚文化包含多种类型，不同类型的亚文化对于消费者行为的影响是不一样的，具体可分为民族、宗教、地理、性别、年龄、种族等方面。

(一) 民族亚文化的影响

大部分国家是由不同的民族组成的，因此就存在着不同的民族亚文化，这些民族亚文化对于不同民族消费者的行为有着至关重要的影响。比如，我国是一个统一的多民族国家，除汉族外，还有回族、藏族、蒙古族、苗族等多个少数民族，其中人口超过百万的就有十多个。各个民族在宗教信仰、爱好和生活习惯等方面都有其独特之处，他们有着许多不同于汉族的特殊需要，如回族信奉伊斯兰教，蒙古族穿蒙袍、喝烈性酒等，同时这些民族还有不同的禁忌。另外，不同民族对于产品有不同的喜好，如丝绸锦缎是少数民族不可缺少的生活用品，在对这一产品的喜好方面，藏族人民喜欢绣有象征幸福美好的几何、福寿图案的金边绸、彩锦等，新疆各族人民喜欢条子花、迎春花和绣花段，而蒙古族人民喜欢花型好、颜色艳、价格适中的克利缎等。当然，民族亚文化除了对一个社会内部不同的小民族产生影响外，还在民族的消费行为上产生深远的影响，尤其可以通过生活习惯、价值观念等方面体现出来。美国人的价值观是个人中心论，他们强调个人的价值、个人的需要、个人的权力，他们努力改变客体以满足主体的需要，因此，在消费行为上喜欢标新立异，不考虑别人的评价。而中国人不习惯于成为社会中独特的一员，而习惯于调节自身以适应社会，消费行为上常常考虑社会习惯标准以及别人怎么看自己、评价自己，这也就决定了其在消费行为上习惯传统，不善于标新立异，甚至故意回避新鲜事物。

> **民族亚文化影响分析的注意事项**
>
> 　　民族亚文化和主文化并不是泾渭分明的,而是彼此交融的,不同民族亚文化相互交融最终形成一个社会的主文化。
>
> 　　因为民族亚文化对消费者行为有着重要的影响,所以企业应该在调查研究各地少数民族生活习俗的基础上,努力生产能够满足少数民族特殊需要和爱好的各种产品。针对少数民族内部,企业还应重点研究不同地区的特殊禁忌,以免弄巧成拙。

(二)宗教亚文化的影响

在人类几千年的文化长河中,不同种族、不同地区的人,为了追求更好的幸福生活,扬善弃恶,或者某一些人为达到在精神上制约他人的目的或其他种种原因,形成了不同的宗教信仰,并被一代代沿袭继承下来。宗教制约着教徒们的消费行为和消费内容以及可能带来的特殊的市场需求。纵观历史上各民族消费习惯的产生和发展,可以发现宗教是影响人们消费行为的重要因素之一。因为,人们的生存活动充满了对幸福、安全、喜庆的向往和追求,这种追求,在人们生产力低下、思想愚昧、对某些自然现象和社会现象还迷惑不解的早期阶段,必然带有盲目崇拜的宗教色彩。据统计,全世界信奉基督教的教徒有十多亿人,信奉伊斯兰教的教徒有八亿人。这些宗教的信仰者都有各自的生活方式和消费习惯,会有各自不同的消费行为。宗教除了影响人们的行为,也能影响人们的价值观。某些国家和地区的宗教组织对教徒的购买决策有着重大影响。对于一种新出现的产品,宗教组织有时候会限制和禁止教徒使用,认为该商品与该宗教信仰相冲突。相反,有的新产品出现会得到宗教组织的赞同和支持,宗教组织就会号召教徒使用和购买,起到一种特殊的推广作用。

> **宗教亚文化影响分析的注意事项**
>
> 　　宗教信仰一旦被后人沿袭继承下来,就逐渐形成一种模式,影响着人们的消费行为。世界上宗教种类繁多,比较大的有基督教、伊斯兰教和佛教。在中国,信仰佛教、伊斯兰教、道教的人较多,近些年来,信奉基督教的人也在增多。各种宗教都有自己鲜明而与众不同的消费特点,必然影响着宗教徒的消费行为。
>
> 　　宗教徒的消费行为还受到宗教的规矩和禁忌的影响,比如有一些宗教有典型的禁忌或者约束。另外,宗教的民族传统节日会成为宗教徒购买产品的旺季,例如,我国傣族的泼水节、白族和彝族的火把节,都是与宗教信仰有关的传统节日,人们会大量购买民族节日所需的特殊商品。

(三)地理亚文化的影响

地理位置的不同促使了地区亚文化带群的形成。地处山区与平原、沿海与内地、热带与寒带的人们在生活方式上存在的差异是显而易见的。自然地理环境不仅决定一个地区的产业和贸易发展格局,而且间接影响着一个地区消费者的生活方式、生产方式、购买力大小和消费结构,从而在不同地区形成不同的商业文化。比如,我国历来就有南甜、北咸、东辣、西酸的食品食用传统。最简单的方法是把我国分为南方和北方两大部分,北方人和南方人由于气候条件和地理条件以及传统消费文化的不同,在性格、审美观、生活方式和消费习惯上也不尽相同。从服饰上看,北方人多喜爱深色,而南方人多喜欢浅色。从地理环境对性格的影响上看,北方人多豪放,南方人多细腻。以洗脸毛巾为例,南方人和北方人的洗脸方式不同,对毛巾的要求也不一样,大多数北方人洗脸的时候是先将双手浸入水中,把脸抹湿,再抹上香皂,然后用手捧水把脸洗净,最后用毛巾把脸擦干;南方人则喜欢把毛巾放入水中浸湿,拧干之后擦脸。两种不同的洗脸方式,使南方人和北方人对毛巾的厚薄、柔软程度有不同的要求。对于世界各国及不同地区,不同的地理环境对消费者的行为也有着重要影响。埃及东部撒哈拉沙漠的人,洗澡不用水而是用细沙,甚至牲畜的内脏也只用沙擦洗一下就食用,因为严重缺水的自然环境,造成了以沙代水的生活习俗。地理亚文化对人们的衣、食、住、行方面的习俗影响明显,对生活在不同地理环境中的不同国家、地区和民族的消费习俗起决定作用。

(四)性别亚文化的影响

性别亚文化不仅是一种生理的现象,也是一种文化的现象,任何文化对不同性别都有着不同的规范要求,从某种意义上说,不同性别的人有着不同的亚文化。一般来说,女性消费者在消费行为中有以下几个特点:第一,利用直观,追求美感,相信直觉,容易冲动;第二,购买行为中往往含有情感因素,如对于某个品牌的喜欢使得某些女性只相信这个品牌的商品;第三,注重别人的评价。女性消费者在购买商品时可能更愿意征求别人的意见,先看别人的评价如何再决定是否购买该商品。而男性消费者更具有理性,购买商品时更加相信自己的判断,不过度关注别人的评价。这样的消费特点也可以说是性别亚文化对消费者行为的影响。

(五)年龄亚文化的影响

每个主要年龄组的人,实际上也构成了不同的亚文化群。不同年龄阶段的人,所从属的亚文化也是不一样的。尤其在现代社会,儿童、青年、壮年、中年、老年五个年龄阶段的消费者,对于商品的消费需求存在着生理上和心理上的差异,所需的产品和服务也各有不同的特点,也因此形成了人们所说的"代沟"。例如,儿童喜欢色泽艳丽的玩具和服装;青少年需要智力型学习用品及流行性商品,对流行趋势比较关注,喜欢穿着彰显个性的"另类"服装;中青年的服饰或者其他商品讲求实用性、大方;老年人则需要更多的营养保健品和方便、舒适的生活用品。这些不同年龄阶段的亚文化群拥有不同的消费习惯和消费行为。尤其是当前,世界上很多国家都进入老龄化社会,一些大中型城市都成为老龄城市,像我国的北京、上海等城市老年人比例逐年上升。这种现象表明老年人的消费市场在逐步扩大,老年人物品的需求会逐渐上升。此外,婴儿阶段的消费也会成为重点。现代社会,人们都注重婴儿阶段的消费,尤其是年轻的父母,对于婴儿商品非常热衷,消费大方,追求时尚和高档,为孩子购买各种新奇的商品、食品。这些不同年龄段亚文化的形成在影响着人们消费行为的同时,也为企业提供了有利的商机。

(六)种族亚文化的影响

种族亚文化也被称为人种亚文化,种族包括黄种人、白种人、黑种人、红种人和棕种人。不同种族的消费者在体型、肤色、发色等方面有着明显的差异,这些差异会对消费者产生某些特定的心理与行为影响。不同种族都有各自独特的文化传统、文化风格和态度,他们即使生活在同一个国家、同一个城市,也会有自己特殊的需求、爱好和购买习惯,如黑种人一般偏爱穿浅色的衣服,白种人爱穿花衣服,黄种人爱穿深色的衣服。以美国为例,就购买的产品品种来说,黑种人在衣服、个人服务和家具上的支出比例比白人平衡得多,白人在医疗服务、食物和交通上的花费更多;黑种人购买的相册数量是白种人的两倍,对橘子汁、大米、软饮料和速食土豆的消费量也要高很多。

种族亚文化影响分析的注意事项

不同种族的消费者因种族渊源不同,文化差异非常巨大,特别是不同国家的种族人口有较大不同,所以在消费习惯和消费行为上也表现出极大的差异。

黑种人具有与白种人不同的人口特征,他们在购买的产品和品牌、购买行为、支付的价格、选择的媒体等方面都有显著的不同。

(七)职业亚文化

因为人们从事的工作在性质、劳动环境和要求的知识技能等方面有所不同,而且不同职业的人受教育程度也有差别,这就决定了不同职业的人的消费行为、消费需求和偏好不尽相同。比如购买上班时穿着的服装,演员选择的标准可能是新颖美观、特色鲜明;从事体力劳动的消费者,倾向于选择结实耐穿、物美价廉的服装;办公室工作人员则可能侧重考虑大方庄重、舒适方便。可见,职业与购买行为存在着内在的因果关系,不同职业形成的亚文化对消费者的购买行为有着一定的影响。

情景三 影响非语言沟通的文化因素

> **小资料**
>
> 一家制造水上娱乐产品的公司在马来西亚蒙受了巨大损失,原因是公司产品的主导色彩是绿色,而绿色在马来西亚则与杂乱和疾病相联系。美国一家著名的高尔夫球制造商最初进入日本市场时遇到了麻烦,其错误在于把高尔夫球以 4 个一盒出售,而数字 4 在日本是死的象征。百事可乐将其在南亚的霸主地位拱手让给可口可乐,原因之一是它不适当地将其销售设备和冷藏箱的颜色由原来很庄重、豪华的蓝色改变为浅蓝色。浅蓝色在南亚是与死亡、奔丧相联系的。
>
> **问题**:上述几个案例反映了非语言沟通中的哪些因素对消费者行为的影响?

任何一个进入某种外国文化的人都能即刻感受到语言上的差异。在沟通过程中,即使是说同一种语言的人,如果文化背景不同,他们对幽默的理解,对于语言、文字的表达形式、节奏也会存在差别。虽然如此,只要小心谨慎,语言翻译一般还不致成为跨文化沟通中的主要障碍。而人们常常忽视或没有意识到的是,每一种文化都有其独特的非语言沟通系统,也就是说,存在与某种特定文化不可分割的非文字语言。

大多数人认为我们的非文字语言是天生的或与生俱来的而不是后天习得的。因此,当面对一种外来文化,我们会不自觉地将我们自身文化所具有的含义赋予到这种外来文化中的事物或事件上。同时,"外国人"也会用他自身文化中的"字典"来释义我们的非言语现象。这样就会出现引发误解、徒劳无益的销售拜访和广告,有时还会出现令双方长期困惑和不安的局面。下面将讨论我们视其为非文字语言的七个方面：时间、空间、象征、友谊、契约、事物、礼仪（如图 8-1 所示），它们的存在也会对消费者行为产生不同的影响。

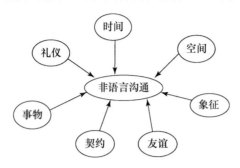

图 8-1　影响非语言沟通的因素

一、时间

不同文化下时间的含义主要在两个方面存在差异：一是时间观，即一种文化的整体时间取向；二是对特定情况下的时间使用所作的解释。

（一）时间观

大多数美国人、加拿大人、欧洲人（西班牙人除外）和澳大利亚人视时间为不可逃避的、固定的和线性的，认为时间是通向未来的路径，它被分成很多小段或小节，如小时、天、周等。时间如同有形物体，我们可以对它作出安排，可以浪费它也可以失去它。同时，我们认为一个人在某一特定时间只能做一件事情，我们有一种强烈的对现在和不久的将来的时间导向。对时间的上述看法被称为单向时间观。

另外一些文化中的人们具有不同的时间观。大多数拉美人、亚洲人倾向于将时间视为更连续的和更少受制于安排的。在他们看来同时介入多项活动是十分自然的。人与人之间的关系较日程安排处于更优先的地位，各种活动有其自身的运行节律而不是完全取决于事先规定的日程表。在这些文化下，人们有一种强烈的关于现在和过去的时间导向，基于这类看法形成的时间观被称为多向时间观。

持单向时间观的人和持多向时间观的人在思想和行为上存在很多差异，表 8-2 列出了其中的一些主要差异。

表 8-2　不同时间观的差异

单向时间观	多向时间观
在特定时间内只做一件事情	同时做多件事情
集中精力于手头的工作	易分心和易受干扰
对待截止日期和计划十分认真	将计划和截止日期置于次要地位
专心于工作和任务	专心于人和关系
严格遵循计划	经常改变计划
强调准时	准时性取决于与对方的关系
习惯于短期关系	偏爱长期关系

在单向和多向时间观的文化背景下，人们的不同行为决定着不同的消费方式和消费理念，那么营销活动在策划推销与谈判风格以及广告主题时均需针对不同时间观作出调整。带有截止日期的竞赛和销售在单向时间观文化下将较在多向时间观文化下更加有效。在多向时间观占支配地位的文化下，方便食品如果仅是从节省时间和方便的角度来定位，通常可能会失败，因为这一文化下节省时间不是人们思维过程中一个特别重要的部分，所以人们不会更多地消费这类方便食品。

（二）时间使用的含义

时间的具体使用在不同文化下具有不同的含义。在世界大多数地方，某项决策所需要的时间是与其重要性成正比的。美国人通常在开始讨论某项业务之前作好了充分准备并备有"现成答案"，这样在正式讨论该业务时反而小觑其重要性。但很多情况下，日本和中东的经理人员会被美国人坚持直接进入正题和快速成交的要求吓跑。而希腊管理人员会认为，美国人为商务会面限定时间的做法具有侮辱性。

除此之外，无论是在美国还是在日本，准时都被认为十分重要。准时是指按时赴约，不管是邀请者还是被邀请者均须准时。不同文化下对于合理等待时间的理解也是有差异的，我们可以从下面的描述中略见一斑：

"他稍早于约定的钟点到达（美国人的习惯），于是开始等待。约定的钟点到了，然后5分钟、10分钟、15分钟过去了。此时，他向秘书暗示部长也许不知道他正在外面的办公室里等待。20分钟、25分钟、30分钟、45分钟过去了，这在美国是侮辱性的时段。他按捺不住愤怒，告诉那位秘书，他已空等了足足45分钟，已经不能忍受这种待遇。"（资料来源：德尔 I. 霍金斯，罗格 J. 贝斯特，肯尼思 A. 科尼. 消费者行为学（原书第七版）[M]. 北京：机械工业出版社，2000）

这中间存在误解，而误解的主要原因在于，在上面描述的这个国家里，5分钟的延误无关宏旨，45分钟的等待也不是"等待量度"的末端，而只不过是稍长一点的等待而已。但在美国，等待60秒钟可能无关紧要，然而，5分钟的等待就会使人不安，如果是等待15分钟美国人就会提出抗议，上面的描述说明了这个问题。对时间具体运用的不同理解，也影响着消费行为，有的国家的人愿意排长队买东西，而有的国家的人则对此不屑一顾。

二、空间

人们如何使用空间以及赋予这种使用以何种意义，是构成非语言沟通的又一种重要形式。在美国大就是好，而且越大越好，公司办公室大小是按职位高低分配的：公司总裁的办公室最大，其次是副总，再次是更低一级的领导。美国人倾向于使工作空间适合一己之需并认为它是自己的领地。

空间的另一种运用形式是"个人空间"，即在不同的情境下他人离你多远或多近才使你感到比较自然。在美国，一般商务上的会面，以3～5英尺为宜。如果是纯私人之间的交谈，则可在18～30英寸。在北欧的一些国家，无论是商务交谈还是私人间的交谈，距离都会稍远一些。而在大多数拉丁美洲国家，距离要近得多。一位美国商务人员在拉丁美洲会晤他的当地同行时，可能会后退以保持他所习惯的谈话距离，拉丁美洲人则会随美国人的后移而步步跟进以保持他或她习惯的"个人距离"。"追逐"的结果极为滑稽，而双方可能均未意识到各自的行动及其原因。不仅如此,谈话各方会根据自身的文化感受赋予对方行动以意义。在上面的例子里,美国人会认为拉美人爱出风头、过于热心,而拉美人则认为美国人冷漠、势利、不好接近。对于空间的不同理解和做法同样也影响着消费行为。

三、象征

如果你看到一位身着粉红色衣服的小孩,你很可能认为这是一位小女孩;而如果是蓝色着装,你可能认为这是一位男孩。在美国这样的假定或推测十有八九不会错,但在其他很多国家如荷兰,情况并非如此。对颜色或其他符号所带有的象征含义缺乏了解将会导致不同程度的问题。

表 8-3 对不同文化下某些颜色、数字、符号的象征含义作了描述。尽管有些符号、标记在不同文化下含义各不相同,但也有很多标记可以跨越文化,在多个国家传递相同或类似的信息,如凯洛格公司的"托尼"(Tony)与"老虎"(Tiger)标记在美国、日本等很多国家均受欢迎。不同的数字、符号、颜色在不同国家的含义也影响着人们的消费行为,如在远东地区的国家人们很少选择白色服饰或者用品,而美国人则会在重要的场合如婚礼穿着白色的服饰。

表 8-3 颜色、数字和其他符号的含义

白色	在远东是奔丧或祭奠死人的标记,而在美国则比喻幸福、纯洁
紫色	在很多拉美国家,紫色与死亡相联系
蓝色	在荷兰有女性化含义;在瑞典和美国则有男性化和男子气概的意思
红色	在乍得、尼日利亚和德国,红色表示倒霉和不吉利;在丹麦、罗马尼亚、阿根廷,红色则是吉利的色彩;中国新娘穿红色服装;而在美国和法国,红色是男性化的色彩
黄花	在墨西哥是死亡的标记,而在法国则表示忠诚
百合花	在英国暗示死亡
7	在加纳、中国、新加坡是不吉利的数字;在摩洛哥、印度、捷克、尼加拉瓜和美国是吉祥的数字
三角符	在中国香港地区、韩国、中国台湾地区是不吉祥的符号,而在哥伦比亚则是幸运之符
猫头鹰	在美国是智慧的象征,在印度则是不祥之物

四、友谊

与友谊相随的权利和义务是非语言沟通的另一种形式。美国人较生活在其他文化下的人更容易结交朋友,同时也更容易放弃和终结友谊关系。很大程度上,这应归因于美国社会高度的流动性。每隔几年就要挪动工作和居住地的人,必须能在较短的时间里结识朋友,同时很自然地面对与朋友分手的现实。在世界很多其他地方,友谊的形成极为缓慢,也极为投入,因为这种友谊意味着深远而持续的义务。

对大多数亚洲和拉美人来说,良好的人际关系在长期协议的履行过程中至关重要。实际上,协议上的文字远不如人与人之间的相互信任重要。一旦建立起了相互信任关系,合作程度就提升了。协议双方之间的社会接触与联系远比技术规格和价格等细节更受重视。在很多国家,谈判的焦点或核心是了解谈判对手及幕后的人们。

在巴西等国家,人们不能指望司法系统解决彼此之间的冲突,他们只能依赖人际关系。

美国人重合同，日本人则讲关系。在一些国家，书面合同只是简单地满足法律的要求与规定。在很多人看来，情绪和个人关系远比冰冷的事实更重要。关键问题是："我能与这些人和他们所在的公司相处吗？以及我想将产品卖给他们或从他们那里购买产品吗？"而不是："我能从这笔交易中赚钱吗？"这种思维特别强调与之谈判的人的认真和诚意。日本人特别不愿意与他们认为傲慢或令人不快的人做生意。这说明日本人很难把情感与生意关系截然分开。

在墨西哥等国家，个人联系也极为重要。他们的目标是营造相互信赖的气氛，从事一些非正式的交谈，并最终使问题获得解决。因此，个人报告、预备会议、电话交谈以及社交活动也是必不可少的。

不同文化下对于友谊的不同理解也在一定程度上影响着消费行为，包括消费选择、消费方式等。如在中国，人们重视友谊，在消费方式上朋友的影响是很重要的，人们会经常听取朋友的意见而决定自己购买什么。

五、契约

美国人依赖其完备而富有效率的司法系统来确保商业义务得以履行，确保各种冲突得以解决。在其他很多国家，由于未建立起一套严密的系统，因此只能依靠友谊、亲缘关系、地方性道德规范，或者非正式的习惯来指导商业行为。在那些缺乏成文的且易于执行的商业法典的国家，很多人坚持只与朋友做生意。

一项商业契约何时算完成了呢？美国人认为双方的签字即是谈判的终结。然而在俄罗斯和希腊，契约的签订只不过是一系列严肃谈判的开始，这些谈判将要持续到项目完工才结束。此外，让阿拉伯人在合同上签字会冒犯他们，因为阿拉伯人认为文字协议是纯粹的束缚。

我们通常假定价格对所有的买主都是统一的而且价格高低与提供的服务密切相关。在购买某些产品、服务的时候，如乘坐出租车时，我们通常并不事先询问价格。但在很多拉美和中东国家，情况则不同，在这些国家销售前几乎所有价格都是可以商量的。如果购买某种产品或服务（如乘坐出租车）时，不事先谈好价格，客户就得按卖主的要求付款。这就是不同文化中对契约的不同理解对消费行为产生的影响。

六、事物

事物的文化内涵导致可以预测的购买行为方式。一位学者指出，在俄罗斯，先行富裕起来的人对昂贵的和显示身份的品牌需求十分旺盛。这位学者写道："他们也许不愿改变使用当地生产的牙膏的习惯，但他们却需要'李维'服装、'蒙特·布朗克'钢笔、'Moet Chandon'香槟，以此建立起自尊和显示其地位。"

不同文化赋予各种事物包括产品以不同的含义。如在商业活动和很多社会情境下，需要赠送礼品。用于送礼的物品在不同文化下差别很大。比如，刀剑在俄罗斯、中国台湾、德国不宜作为礼品送人。不同事物在文化下的含义，决定了人们是否要选择消费这样的事物。

七、礼仪

礼仪是指在社交场合沟通的行为方式。假设一位美国人正在准备一则商业广告,广告显示人们共进晚餐的情形。右手拿叉,左手放在桌子上,这对美国人来说是十分自然的。然而,在很多欧洲国家,有着良好教养的人总是左手拿叉,右手放在桌子上。同样,美国人喜欢轻拍小孩脑袋,但这在不少亚洲国家就不合适,因为头被认为是十分神圣的。

在一种文化下被认为粗鲁的和令人不快的行为,在另一种文化下则可能是十分盛行的。美国男子跷着二郎腿、露出鞋底的坐姿在一些东方文化下就可能引起反感。在这些文化下,脚底和鞋底不能显露于外。在不同的语言中,正常声调、语速、音高均存在很大差异。西方人常把亚洲人高声的和连珠炮似的说话视为愤怒和发泄情绪的信号,其实,这是对他们通常说话方式的误解。日本的社交礼仪也有突出的特点,如谈判人员在谈判过程中很少说"不",因为日本人认为这样直截了当不太礼貌。相反,他可能说"那很困难",实际上这就意味着"不"。日本人对一项请求总是以"是"作答,这里的"是"并不是说"是,我同意",而是"是的,我知道了你的请求"。美国人在谈话时,习惯于盯着对方的眼睛,对此很多日本人觉得不自在。消费者对礼仪及其重要性的看法对销售人员、广告文案设计人员的重要性是显而易见的,消费者只会消费那些他们认为符合礼仪习惯的商品。

8.3 练习案例

东方餐桌文化

中国餐桌文化的历史源远流长。古有"民以食为天"、"丰衣足食"之说,今有"人是铁,饭是钢,一顿不吃饿得慌"的俗语。人们把饮食文化作为生活的重要部分,常以饮食的好坏来衡量生活水平的高低,而盛大的节日也都与饮食相联系。由此可见,中国人对饮食的重视从古代一直延续至今。

中国作为东方礼仪之邦,重视宴席礼仪是数千年的传统。据有关史料记载,至少在周代,我国饮食礼仪就已初步形成,经过不断地发展变化,逐渐形成体系,并对西方餐桌文化产生了一定影响。

随着时代的变迁,饮食文化正向多元化发展。自清代以来,一些西餐礼仪被引进,中西餐餐桌文化的交流,使得餐饮礼仪愈加科学合理。

中国最早实行分餐制,到了北宋后期才进化到如今的合餐制。分餐制的历史远远长于合餐制。由于早期食物相对匮乏,"按人均分"是比较合理的分配原则,但无法满足人们口味、习惯的不同是分餐制的缺陷。随着生产力的进步,食物逐渐充足起来,种类越来越丰盛,分餐制显然不能适应食物多样化的发展,于是合餐制便逐渐取代了分餐制。合餐制是历史的进步,这不仅体现在其演进过程中,也体现在其对社会行为和文化的巨大影响上。合餐共食拉近了人们之间的关系,养成了对他人关心照顾的习惯以及我们民族谦让的美德,也使中国人变得温良和善,进而增加了家人的凝聚力和整个社会的和谐;培养了中国人的沟通能力,创造了沟通场所,增加了合作机会;满足了人们对食物多样性的需求,以及丰富的精神和情感需求；也养成了中国人好商量、好通融的性格。

"不学礼，无以立。"中国人自古崇尚礼仪，而中国最早的礼和最普及、最重要的礼，可以说就是食礼。中国宴会繁缛食礼的基础仪程和中央环节即是宴席上的座次之礼——"安席"。宴席上的贵客或主人应坐"上座"。我国古代一般"尚左尊东"、"面朝大门为尊"。然而由于器具、几案、餐桌椅形和时代、地域的不同，"上座"的标准也有所不同。两汉以前，"席南向并向，以西方为上"（《史记·项羽本纪》），既以朝东坐为上。而在坐北朝南的"堂"上，则是以南向为最尊，次为西向，再为东向。隋唐以后，开始了由床向垂足高座的起居方式的转变，方形、矩形餐桌均已齐备，座次利益也随之有了新的变化。清中叶后圆桌出现，一般取向阳或向门之位为首位。

现代较为流行的座次礼仪是在发展传统礼仪与参考国外礼仪的基础上发展而来的：借西方宴会上以右为尊的法则，第一主宾就座于主人右侧，第二主宾在主人左侧或第一主宾右侧。

我们的祖先也曾与现代人一样，使用刀叉而非筷子。刀叉要同时使用左右手，因此人与人之间要保持相称的距离。同时刀叉只适于近距离的传输，大概也就限于从胸前的盘子到嘴之间。假如按合餐制的要求，这个距离至少要延长到嘴到桌子中心的距离，也就是说至少要比桌子的半径更长。显然，刀叉承担不了这个距离的传输功能，而筷子出现后，合餐就方便多了。我们大概可以这样理解，西方人至今仍旧使用刀叉进食，与他们保持分餐制是互为因果的。

中国人不仅十分尊重吃的艺术及礼仪，甚至会敬拜由"火神"衍生而来的"灶君"，人们认为"灶君"能保佑厨房避开火灾及各种不幸事件的发生。每年农历12月24日，各家都预备一顿美味佳肴祀奉"灶君"，包括一只完整的鸡、烧猪、多样蔬菜、饭等，以多谢"灶君"对他们过去一年的保佑。而许多节日亦与饮食息息相关，如春节吃年夜饭、元宵节吃元宵、端午节吃粽子、中秋节吃月饼，等等。凡此种种，都表达了人们对美好、团圆生活的向往与追求。

中国人认为饮食与个人命运几乎是息息相关的，用饭时犯了禁忌，便会惹来衰运。例如吃鱼，当吃完了一面鱼身，不要用筷子把整条鱼翻到另一面，人们认为若翻鱼时弄破鱼身，便意味着渔船会翻沉，这是由于香港在开埠初期是一个渔港，渔民很关注船只的安全航行。此外，中国人从不会端上七碟菜肴用饭，因为葬礼后的"解慰酒"需有七碟菜肴；不可将筷子垂直拔出饭碗的中心，因这样有点像在拜祭祖先；用饭后不可说"我吃完了"，这好像在说自己已死去，不会再有机会吃饭，而应该说"我吃饱了"；吃饭时避免筷子触碰饭碗发出声音，这不单是不礼貌，亦意味着"无饭吃"；要培养吃光碗中饭的习惯，一粒饭也不可剩余在饭碗，否则将来的太太或丈夫会是"痘皮脸"，亦是不尊重辛苦耕种的农民。这些饮食习俗流传至今，成为了中国人的饮食礼仪。

西方餐桌文化

东方的美食众多，西方的饮食文化同样博大精深，源远流长。但东西方的餐桌礼仪却是大相径庭，不同的餐桌礼仪也彰显出东西方文化上的迥异与不同。东西方的风土人情。我们暂且就以东西方请客吃饭的话题说起，以局部观整体。（西方以意大利和加拿大为例，东方则以中国为例）

就从客人进门开始说起。意大利人举办聚会，主人都要早早地在门口迎接，客人也一般会带来酒、甜食或一些纪念品,这在中国也是一样的。但意大利接受礼品后,礼貌的做法是当面拆开礼品并加以赞美,而这在中国是相当不礼貌的一种做法。中国主人收到礼品后应先放置在一处,待客人回去后再拆封。

单是餐桌的选择,东西方就有不同。在中国,圆形餐桌受欢迎,因为可以坐更多人,而且大家可以面对面坐,以右为尊,主人坐在右首并面对正门而坐。而在意大利,宴请宾客则喜用长桌,一家之主的身份因而比在圆桌上好辨认。此外,在意大利安排座位也比较随意,依客人喜好而定。

上菜方面东西方有最大的不同。在中国,是在桌上摆满所有的菜,让客人随意夹取。而意大利实行分餐制,并且是按沙拉、开胃菜、副菜、主菜、甜食、咖啡或茶一道道依据很严格的顺序上菜。通常在意大利宴请少量宾客时一般只有三道菜,桌上放有面包,可以自取,而这与在中国满桌的美味珍馐是完全不同的。东西方在饮咖啡与茶上也有一些不同。在中国比较随意,由主人给客人一杯杯斟茶,没有用小碟。而在意大利,饮茶与咖啡时只端杯子,将小碟留在台上,喝完后,一定要把杯子放回小碟上。

在席间,中国的主人往往很热情,敦促客人大吃大喝,并频频给客人夹菜、劝酒。在意大利,主人一般不管这些,而是只与客人聊天,旨在创造一种自由安闲、宽松从容的氛围。

加拿大是一个移民国家,拥有丰富多彩的饮食文化。其中,"三不"饮食文化别有一番情趣。对中国人来讲,不论是在家里还是在酒店宴请朋友,一般都离不开烟酒,否则就有怠慢之嫌。然而,在加拿大请客吃饭则都不设烟酒,饮酒者只能在领有酒牌的地方或住宅内喝酒,在这些地方以外饮酒都是违法的。由此可见,加拿大人十分重视健康,甚至将禁烟禁酒的规则搬到了餐桌。而在中国则没有这样的特别礼仪。

你听说过加拿大的"冷餐宴会"吗?那是因为菜肴烧得比较早,时间一长,也就成了凉菜。加拿大人喜欢吃冷食,而中国人则有所不同,热菜是中国饮食文化的一大特征。

加拿大人宴请客人是不安排桌席的。通常是客人们手拿一次性使用的塑料餐盒和叉子,自己动手随意选取自己喜爱吃的菜肴,然后自找地方用餐。客人们可以无拘无束,如果没吃饱,还可以去取食,食毕要将一次性餐具放到装废物的大塑料袋中。而中国人爱热闹,大多一堆人围成一桌进餐,而且讲究位次,通常有主次尊卑之别。在中国的宴席中,必须要所有人都到齐了,才能开始进餐。中国人用筷子最有讲究了,如和人交谈时,要暂时放下筷子,不能一边说话,一边像指挥似地挥舞筷子,也不能把筷子竖插在食物上面,这样不吉利。

(资料来源:http://www.doc88.com/p-804248427829.html)

8.4 课后作业

1. 简述文化、亚文化、他人导向价值观、自我导向价值观、环境导向价值观的概念。
2. 与消费者行为有关的文化价值观主要有哪些?举例说明这些文化价值观对消费者行为的影响。
3. 亚文化有什么样的特点?
4. 亚文化的种类有什么?举例说明不同种类的亚文化对消费者行为的影响。
5. 试论非语言沟通因素包括的内容以及他们各自对消费者行为的影响。
6. 简述他人导向价值观包括的内容以及对消费者行为的影响。

7. 简述环境导向价值观包括的内容以及对消费者行为的影响。
8. 简述自我导向价值观包括的内容以及对消费者行为的影响。

8.5　延伸阅读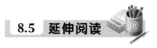

几种典型的亚文化研究

1. 垮掉的一代

垮掉的一代(Beat Generation)是第二次世界大战之后，出现于美国的一种松散结合的年轻诗人和作家的集合体。这一名称最早是由作家杰克·克鲁亚克于1948年前后提出的。在英语中，形容词"Beat"一词有"疲惫"或"潦倒"之意。

之所以将这样一群潦倒的作家、学生以及吸毒者当做"一代"，是因为这个人群对"二战"之后美国后现代主义文化的形成具有举足轻重的作用。在西方文学领域，"垮掉的一代"文学被视为后现代主义文学的一个重要分支，也是美国文学史上的重要流派之一。

"垮掉的一代"的成员多是玩世不恭的浪荡公子，他们笃信自由主义理念。他们的文学创作理念往往是自发的，有时甚至非常混乱。"垮掉的一代"的作家们创作的作品通常广受争议，原因是这些作品通常不遵守传统创作的常规，结构和形式上也往往杂乱无章，语言粗糙甚至粗鄙。

"垮掉的一代"对后世的西方文化产生了深远的影响，被文化研究学者们看做是第一支真正意义上的后现代"亚文化"。

2. 青年亚文化

青年亚文化代表的是处于边缘地位的青少年群体的利益，他们对成年人的社会秩序往往采取一种颠覆的态度，所以，青年亚文化最突出的特点就是它的边缘性、颠覆性和批判性。问题在于这种处于破坏、颠覆状态的亚文化容易使涉世未深的青少年产生错觉，从而将全部媒体上的青年亚文化当做主流文化来接受，把亚文化宣扬的价值观念当做主流的、健康的价值观念来吸收。其实，青年文化研究的历史可以追溯到20世纪六七十年代，英国伯明翰大学的学者集中撰写了一部叫《仪式抵抗》的著作，对英国工人阶级青少年的亚文化给予了广泛的关注。研究者认为，青少年中流行的亚文化构成了对体现中产阶级价值观的英国主流文化的反抗，在当时的社会情境下，阶级的对立也表现在文化领域，平民阶层的青少年因无法进入主流文化而自创了一种时尚文化，这一文化富有反抗的象征意味。例如，光头仔的行为表面上是在追求一种粗野彪悍的形象或风格，但在其背后却隐藏着一种意识形态企图。

青年亚文化在当代的变化，突出地表现为那种"披头士列侬式"、"充满愤怒"的抗争意识弱化了，即反叛阶级、种族、性别主流文化的意识弱化了，取而代之的是以狂欢化的文化消费来抵制成年人文化。

3. 单身亚文化

单身亚文化正通过单身俱乐部这样的组织形式向主流文化扩散，单身者群体的思维方式和行为方式——例如两性交往的开放性等——直接或间接地影响了主流社会。主流社会在针对单身亚文化模式的同时，也将这种变化悄悄地融入了自己的主流渠道。

计划经济时代，每个人都被作为一种劳动力资源分配给单位，每个个体都在依附自己的那个工作单位,人与工作单位的关系常常是终身制的,流动的难度非常大。

在一个没有流动的社会,一个人除了在他所属的那个单位消耗掉他所有的才华和激情之外,还极有可能忍受长期的、无穷无尽的、低能的管理者和鄙俗的同事的折磨,这种折磨的产生可能是因为说错了一句话、表示了一点不同的意见,甚至可能是哪一天穿错了一件衣服、打错了一条领带。但是,你无法逃避,因为你不能辞职,不能将自己流动出去,你也无处可去。在这种情形下,一个人,如果试图避免受到上述折磨,就必须时刻谨慎,他的言行就必须完全符合领导、同事的心意,以至于有的时候看起来,他活着的目的似乎就是为了博得那些人的好感。

随着市场经济的建立,人们开始可以自由地选择职业。人们可以到自己喜欢的地方去,社会也采取了比较宽松的人才管理办法。人们可以根据自己的能力和知识,以及社会的需要去寻找自己认为合适的东西。原有的体制松懈了,人身依附随之解体,社会已经有了一个比较宽裕的人才流通的余地。这也是主流文化逐渐变得宽容的由来。多元结构开阔了个人人生的选择空间,也开阔了主流文化的心胸和视野。工作单位和个人之间的关系由主宰和被主宰的关系进化为双向选择的关系,这种取向是双方的,他们各自遵循各自的利益原则,工作单位和个人之间的地位变成了一种在利益原则上的平等关系,是各自的取与予的需要,不存在恩赐和给予的问题。

这种平等的关系下,个人的尊严和自由才可能获得尊重,个人才有可能生活在一个相对宽松的小环境中,只要他工作努力,就能够得到报酬、获得承认,且只有他工作的一面才属于公司或者单位管辖,他的个人生活和个人喜好只要与他的工作不产生纠葛,工作单位一律无权过问、无权指责。

主流社会和主流文化是大的空间和大的生存环境,单位和部门是小的空间和小的生存环境。对于个人,这两个环境同等重要。在懂得尊重公民人身自由的现代环境中,单身者自然有权利过自己的生活。当然,中国的现代化的进程还只是一个开始,新旧思想交替、交叉,现代化思维已经启动,但是旧作坊思维、家族意识、独裁观念、小农意识却还没有消失,个性自由已经在一定程度上被人们重视,但是还远没有到被主流文化全盘保护的程度。眼前,人们所获得的松弛只是旧的思想体制破裂的结果,而不是新的思想体制建立的结果——关于这一点我们应该有所认识。

4. 企业亚文化

企业文化包括了一组对立统一的基本生存样态:企业主文化与企业亚文化。它们可能同步生成,也可能不同步生成。各类具体的企业文化都是在特定的文化背景下和适宜的文化气候下才能形成。

从文化主体对企业文化的选择和倾向性上看,非决策层行为主体容易选择、接受、奉行和建设企业亚文化(尤其当企业决策层充当不开明的角色,与非决策层形成明显的文化隔阂、冲突时),因而,企业亚文化可能是非当权者文化,是下级或下属文化,是民间文化,是富有反抗性的文化。当然,在决策层中所形成的官官相护,以及企业所出现的"任人唯亲"现象,从概念归属上看也属于企业亚文化的范畴。

从文化主体层次阶段来看,企业亚文化是企业总体主文化的次级文化。这是由于组织分层设立各种机构,各层次机构均具有其特定的业务、职责、权限,各层次机构人员的组成情况也不同,故会出现有着其特定的文化内涵与表现形式的次级文化,但在总体上保持与企业主文化一致的前提下,并不妨碍企业文化的贯彻与落实。例如,部门文化、子系统文化、车间班组文化等都属于次级文化。

从文化主体的组织性质来看,企业亚文化又可以称做企业总体文化的非正式组织文化,所谓的非正式组织文化就是非制度性群体文化。就一个社会而言,所谓非制度性群体,指的是一种不符合社会规范文化的群体。这种小群体一般都不是按照社会合法文化规范组织起来的,它的形成主要是为了追求一种思想感情的满足。由于大规模群体、制度性群体的目标主要是非个人性的,通常会限制个人需求和情感上的满足。因此,为了弥补这种不足,为了寻求更多的个人满足,以及在上下级之间或同级朋友之间产生互动,建立起友情,非制度群体便应运而生,并且滋生出一种同类的文化意识。这种非正式组织文化有的产生了一定的组织形式,如俱乐部文化、派别文化、"沙龙"文化、"哥儿们"文化等,有的甚至并没有特定的组织形式,只是一些志趣相投的人不约而同地走在一起,而形成的相同的文化形式。

5. 同性恋亚文化

同性恋是一种独特的文化现象,作为一种亚文化,有它独特的游离于主流文化的特征。同性恋者作为一个亚文化群体,具有独特的行为规范和方式,因此,世界各国的社会学者都很喜欢这个题目,对它作过大量的研究。

同性恋现象一直是全世界范围内存在广泛争论的现象,各种文化都曾斥责和反对过这种行为。西方社会也一度因为艾滋病,而对同性恋产生过恐慌。但随着社会的进步,人们已经开始慢慢接受了这些人,使他们有了更多的空间,也衍生出了自己的文化。

(资料来源:汪彤彤. 消费者行为分析[M]. 上海:复旦大学出版社,2008.)

8.6 参考文献

[1] 〔美〕迈克尔·R. 所罗门. 消费者行为学(第8版—中国版)[M]. 杨晓燕,译. 北京:中国人民大学出版社,2009.

[2] 梁青山. 消费者行为学[M]. 北京:化学工业出版社,2009.

[3] 〔法〕夏代尔,〔印〕拉祖著. 消费者行为学:概念、应用和案例[M]. 李屹松,译. 北京:中国财政经济出版社,2007.

[4] 〔美〕格雷厄姆. 消费者行为学——案例与练习(第2版)[M]. 北京:中国人民大学出版社,2011.

[5] 钟旭东. 消费者行为学——原理与应用[M]. 北京:中国铁道出版社,2011.

[6] 朱姝. 消费者行为学[M]. 上海:华东理工大学出版社,2009.

[7] 安格斯·迪顿等. 经济学与消费者行为[M]. 北京:中国人民大学出版社,2005.

[8] 符国群. 消费者行为学(第二版)[M]. 北京:高等教育出版社,2010.

[9] 潘煜. 影响中国消费者行为的三大因素:传统价值观、生活方式、顾客感知价值[M]. 上海:三联书店,2009.

[10] 周延风. 文化价值观对消费者行为影响的实际应用[J]. 当代经济,2002(12).

[11] 王雅琴. 浅析中国传统文化对消费者行为的影响[J]. 中国商界(下半月),2009(9).

学习任务九

营销策略影响分析

学习目标

知识目标：通过本章的学习,掌握商品策略、价格策略、渠道策略、广告策略对消费者行为的影响,了解网络策略对消费者行为的影响。

技能目标：能够利用营销策略对消费者购买行为影响的知识,分析实际生活中商家采用的各种促销策略。

9.1 导入案例

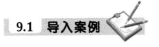

SONY 为什么会成为世界驰名商标?

日本索尼公司董事长盛田昭夫有句名言:"商标就是企业的生命,必然排除万难捍卫之。"早期的索尼公司叫做"东京通讯工业公司",其改名的过程引人深思。

1. 改名缘由。20 世纪 50 年代中期,日本东京通讯公司生产的磁带录音机开始打入欧美市场。由于日语读起来拗口,欧美商人难以记住该公司的名字,盛田昭夫和他的智囊团决定给公司起个朗朗上口、易读易记的新名。他们苦苦思索,什么样的名称才能满足这个通向胜利的要求呢?

2. "索尼"的诞生。当时,"SONNY"一词在欧美国家十分流行,是"SONNY BOY"的简称,意为"可爱的小家伙"。这引起了盛田昭夫的注意,他认为这一含义正是东京通讯工业公司的象征。美中不足的是,这个词的发音正好与日本的"损"字相同,令人忌讳。他们灵机一动,在原词的 5 个字母中去掉一个"N",成为"SONY",于是一个价值无法衡量的商标诞生了。

3. 完善索尼。索尼公司最初设计的索尼商标是在四方形图案里写着"SONY"。使用一段时间后发现,这种商标的广告效果并不十分令人满意。于是公司毅然删去四方形图案,只用"SONY"4个字母作为商标,并一直沿用到现在。

4. 保护"索尼"。索尼品牌在市场叫响后,被日本一家食品公司侵权盗用,将公司命名为"索尼食品公司",并将商品牌子改为"索尼巧克力"。索尼公司为了挽回公司声誉,进一步树立公司形象和商品形象,打了为时四年的商标官司,终于胜诉。目前,索尼公司已在世界一百七十多个国家和地区进行了商标登记,以保护索尼商标。

问题:1. 索尼公司商标的成功运用了哪些营销策略?
　　　2. 索尼公司"商标四部曲"给了你什么启发?

9.2 学习档案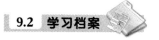

情景一　商品策略分析

> **小资料**
>
> 在一项研究中,研究者观察了120位消费者在三家连锁超市购买洗衣粉的行为。观察结果表明,72%的消费者只看了一种品牌包装的洗衣粉,11%的消费者看了两种以上品牌或包装的洗衣粉;83%的消费者只拿起了一种洗衣粉,4%的消费者拿起了两种以上的洗衣粉。显然,大多数消费者几乎没有在不同品牌或同一品牌不同包装的洗衣粉产品之间进行比较。
>
> 问题:试用消费习惯对消费者心理的影响来解释这一调查结果。

一、商品的心理功能

商品是市场营销活动的物质基础,也是消费者行为的客体。从心理和行为的角度来看,商品主要具有两类功能:一类是由商品本身的物理性质所决定的基本功能,包括实用功能、方便功能、舒适功能、安全功能、耐用功能等;另一类是由消费者对商品的认知和理解所形成的心理功能,这类功能主要取决于消费者对商品的认知和理解以及社会风俗的影响,是商品在消费者身上产生的心理精神效用。这些心理功能主要包括以下几点。

1. 象征功能

象征功能是指商品本身的象征意义符合消费者的需要,能为消费者带来满足。商品通过其象征意义,能对消费者的消费心理发挥作用。商品的象征意义主要有时代象征、地位象征、职业象征、年龄象征、性格象征等。

商品的象征意义可以从商品的价格、商品的风格、商品的外观、商品的色彩等方面得以表现。例如,在商品价格上,购买价格昂贵、款式豪华的名牌商品,可能被看做是经济富有、社会地位较好的象征。在商品风格上,购买线条、形体、色彩独特的商品,可能被看做是富于创新和具有较高的艺术鉴赏能力的象征;购买新潮时髦的商品,可能被看做是青春型消费者的象征。在商品外观上,购买外观细腻精致的商品,可能被看做是为人处世方式细致的象征;购买结构简单、造型粗犷的商品,可能被看做是具有男性气概的象征。在商品色彩上,红色可能被看做是喜庆的象征,白色可能被看做是素洁典雅的象征。

除了上述对商品本身的客观特性所赋予的象征意义外,还有一些人为的因素赋予了商品的象征意义。例如,一些地区的消费者认为带有"8"字的商品象征着发财、好运、吉祥,带有"6"字的商品象征着顺利如意,吃发菜象征发财,吃生菜象征生财,吃鱼象征"年年有余"等。这类人为赋予的象征意义虽然带有严重的主观性,但在现实的消费行为中却被经常使用。

2. 审美功能

商品的审美功能是指商品本身为消费者创造了美的感受。消费者对商品的审美心理是围绕着商品的色彩、造型、装饰、包装、品牌名称等进行的,并通过商业美化产生的刺激、理解和反应过程。消费者在审美心理上,总是期望得到某种满足,例如,追求新颖性、趋时性、特色性、美观性等,从而在审美感受中有了兴趣、爱好和渴望。

在消费活动中,商品的审美功能对消费者的消费行为的影响至关重要。商品的差异,可引起不同的审美感受。与一般日常感受相比,审美感受具有自己的特点,这也影响着消费者的消费行为。其特点有以下几点。第一,审美感受带有明显的感情色彩。例如,乐器音质的柔和动听、家庭装饰的优雅温馨、服装的新颖典雅等,容易激发人们的身心愉悦,因而这几类商品备受消费者的欢迎。第二,审美感受带有强烈的主观选择性。由于消费者的兴趣、爱好、愿望不同,消费者对商品的审美感受存在比较明显的差异。审美感受的差异导致消费者的主观选择性比较明显。第三,审美感受的信息反馈作用比较明显。消费者在消费行动中,能够将自己过去积累的信息知识、经验很快反馈到审美对象中,影响其消费行为。

二、商品命名、商标、包装分析

在购买过程中,消费者首先感知的是商品的名称、商标和包装。根据消费者的心理特征采取适当的名称、商标和包装策略,将对消费者的购买行为产生较强的刺激作用。

(一) 商品命名与消费者行为

1. 商品命名的心理要求

商品的命名就是选定恰当的语言文字,概括地反映商品的形状、用途、性能等特点。在现实生活中,消费者在未接触到商品之前往往通过商品名称来判断商品的性质、用途和品质,所以一个好的名称可以提前赢得消费者的注意。另外,一个简单明了、引人注目、富于感染力的名称,不仅可以使消费者了解商品,还会给消费者带来美的享受,从而刺激消费者的购买欲望。

为使商品名称对消费者产生积极的影响,商品名称应符合以下要求。

(1) 名实相符。商品的名称要与商品的实体特征相适应,使消费者能够通过商品名称迅速了解商品的基本效用和主要特征。即使消费者没有看到商品本身,也能顾名思义,初步感知商品。例如,用"热得快"命名电加热器,可使人一望而知该产品可以在短时间内迅速加热。

(2) 便于记忆。一个易读易记、言简意赅的名称会减轻记忆难度,缩短消费者的记忆过程。为此,商品名称应该力求简洁,高度概括商品的实体特征,便于消费者记忆。商品使用的名称一般以3~5个字为宜,例如,"21金维他"、"玉兰油"、"健力宝"等,字数过长不便记忆。此外,商品命名还应考虑商品的使用范围和相关消费者的知识水平。大众化商品的名称应通俗易懂,尽量避免冷僻、复杂、拗口、费解的字句以及使用范围很小的方言土语,也不宜采用过于专业化的名称。

(3) 引人注意。这是商品命名最主要的目的,也是最重要的要求。好的商品名称应能在众多同类商品名称中脱颖而出,迅速引起消费者的注意。例如"金利来"、"小护士"、"狗不理"、"万利达"等。

(4) 激发联想。商品命名的一项潜在功能是通过文字和发音使消费者产生美好的联想,从而引发其良好的心理感受,激发购买欲望。例如,可口可乐公司的"SPRITE"饮料,其中文译名为"雪碧",使中国消费者联想到皑皑的白雪、清凉的碧水,从而产生晶莹剔透、冰凉解渴的感觉,在炎炎夏日更能激发消费者的购买欲望。

(5) 避免禁忌。不同国家、地区和民族因社会文化传统的差异而有着不同的消费习惯、偏好和禁忌。随着经济全球化时代的到来,国家、地区、民族之间的经济交往更加频繁,这就要求商品命名必须充分考虑各国、各地区、各民族的社会文化传统,避免禁忌,以使商品适应国际化的需要。例如,我国名牌商品"黑妹"牙膏不能翻译成英文"Black Sister",因为西方人认为"黑色"是一种种族歧视,而"姐妹"一般是指尼姑。另外,我国一种出口电池被命名为"白象",如果直接翻译成英文"White Elephant"是不合适的,因为英文的"White Elephant",意思是沉重的负担和无用的东西。

2. 商品命名的心理策略

(1) 以商品的主要效用命名。商品名称能够直接表明商品的主要性能与用途,使消费者迅速了解商品的功效,迎合了消费者追求实用性的心理,易于取得消费者对商品的信任。例如,"气滞胃痛冲剂",一看便知是治疗胃病的药物;"金鱼洗涤灵",是洗涤餐具或水果的洗涤剂;还有"玉兰油防晒霜"、"美加净护手霜"等,均可直接从名称上了解商品的用途和功效。这种开门见山的命名方法迎合了消费者追求商品实用价值的心理。

(2) 以商品的主要成分命名。以商品的主要成分命名可使消费者从名称上直接了解商品的原料构成,以便根据自己的实际情况选择商品。例如,"螺旋藻麦片"可以看出麦片中加入了螺旋藻;"人参蜂王浆"主要成分是名贵的人参以及蜂王浆。这些商品名称或强调货真价实,或突出原料名贵,都起到了吸引消费者的作用。

(3) 以商品的外形命名。以商品的外形命名,一方面可以突出商品的特征,引起消费者的注意;另一方面可以使抽象的商品形象化,还有助于提高消费者对名称的记忆力,促进商品的销售。例如,满天星、猫耳朵、蝙蝠衫等。

(4) 以商品的制作工艺或制造过程命名。这种命名方法可以使消费者了解该种商品生产的复杂性,从而增强对商品质量的信赖。例如,"二锅头"只取第二次放入锡锅里的凉水冷却流出的酒,口味最为香醇,故称为"二锅头"。这种"掐头、去尾、取中段"的特色工艺,使得该酒的品质以"甘润醇厚、绵甜爽净、回味悠长"闻名全国,享誉世界。

(5) 以商品的产地命名。以产地命名主要是由于此类商品具有悠久的历史,产地名称可以突出该商品的地方风情,使其独具魅力。例如,金华火腿、北京烤鸭、云南白药、烟台苹果等。

(6)以人名命名。以人名命名是将历史名人、传说人物或商品的发明人、制作人与商品联系起来命名,使消费者睹物思人,引起丰富的联想、追忆和敬慕之情,并且体现商品的历史悠久、用料考究、工艺精良,从而激发消费者的美好联想和惠顾动机。例如,张小泉剪刀、东坡肘子、"拿破仑"蛋糕等。

(7)以外来词命名。这种策略在进口商品的命名中较为常见。用外来语命名主要是满足消费者求新、求奇、求异的心理,还可以克服消费者对商品的陌生感,缩短商品与消费者之间的心理距离。例如,沙发、可口可乐。

(8)以吉祥物或美好事物命名。有些商品为迎合人们图吉利、盼发财的心理,起名为"百合"被、"熊猫"电视机、"吉利"汽车等。

(9)以色彩命名。这种方法适用于食品类商品。如"黑巧克力"是可可含量比较高的巧克力,黑色突出了纯度;"白玉豆腐"突出了豆腐形态的白嫩细腻;"白加黑感冒片"则突出了白片与黑片的不同效果。

(二)商标设计与消费者行为

商标是商品的标志。它是商品生产者或经营者为使本企业的商品与其他商品相区别而采取的一种标记,一般是由文字、字母、图形、数码、线条、颜色及其组合构成。

商标设计是商标发挥心理功能的基础。在实践中,商标的设计可以采用文字、符号、图形及其组合等多种表现形式和手法,灵活运用。然而,好的商标设计又必须考虑到商品的特色和消费者的心理,不能随心所欲。因此,在商标设计中,应考虑以下要求。

(1)个性鲜明、富于特色。人们往往对特别的东西记忆深刻,因此,商标的设计应力求有别于其他同类商品的商标。例如,"小天鹅"洗衣机以一只美丽的小天鹅作为商标,使人们联想到美丽洁白的天鹅在明净的水面上畅游,从而产生洁净清爽的心理感觉。

(2)造型优美、文字简洁。现代消费者不仅要求商标具有明确的标识作用,而且追求商标的美学价值。此外,人们对简单而符合审美情趣的图形文字往往记忆深刻。所以在设计商标时,语言应简洁鲜明,图案应优美大方,以满足消费者的审美要求。

(3)具有时代气息、反映社会的潮流趋向。商标作为商品的标识与人们的生活息息相关,商标如果能结合特定的历史时期,反映时代的气息,甚至被赋予一定的社会意义,就能够激起消费者的购买热情,博得消费者的青睐。

(4)与商品本身的性质与特点相协调。商标既是对所要传达的商品信息的提炼和精确表达,是商品的代名词,又要起到提示和强化的作用。这就要求商标能准确地体现所代表商品的性质,突出商品本身的特色。

(5)遵从法律规定,顺应不同国家、民族、宗教、地域消费者的心理习惯。各个国家的商标法都明文规定了不允许注册为商标的事物。另外,由于不同的国家、民族、宗教、地域的消费者有着不同的心理特征,从而产生很多特殊的偏好和禁忌。在设计商标时应充分考虑这些因素。

(三)商品包装与消费者行为

在现代市场营销中,商品包装被冠以"无声的推销员"的美名,对企业销售发挥着越来越大的影响。商品包装对消费者行为也有着巨大的影响,甚至可以左右消费者对商品的认识与感受。因此,应充分认识包装对消费者的影响。

1. 包装的心理功能

在现代市场营销中,包装已经超越了其最初的一般使用功能,更多地表现为心理功能。其心理功能可以概括为以下几个方面。

(1) 识别功能。目前,市场上同类商品的同质化程度越来越高,质量、性能的接近使得包装和装潢成为商品差异性的重要组成部分。一个设计精良、独具特色、富于审美情趣的包装能使商品在众多的同类中脱颖而出,给消费者留下深刻印象。同时,包装上准确详尽的文字说明,可以向消费者全面展示商品的产地、成分、重量、特色等重要信息。

(2) 便利功能。良好的包装不仅能使商品别具一格,还可以有效地保护商品,有利于商品的长期储存,延长商品的使用寿命。包装的便利性还体现在可以提高包装的开启和携带的方便程度。总之,根据实际需要,设计合理、便利的商品包装,能使消费者产生安全感和便利感,方便消费者购买、携带、储存和消费。

(3) 美化功能。俗话说"好马配好鞍"、"三分人才,七分打扮"。可见,外部形象对体现事物的内部性质会起到相当重要的作用。具有艺术性、审美性的包装,会使商品锦上添花,使消费者赏心悦目,从而有效地推动消费者的购买。

(4) 增值功能。设计成功的包装融艺术性、知识性、趣味性和时代性于一体。高雅华贵的商品外观可以大大提高商品的档次,能让消费者在拥有商品的同时感到自己的身份地位有所提高,并使其自我表现的心理得到满足。例如,江苏扬州玩具厂出口的玩具熊猫,美观精致,但最初采用纸盒包装,简陋粗装,每只售价仅为 0.88 美元。后来改进了包装,盒面采用透明材料,印有熊猫形象,并在熊猫玩具颈上套了金属挂牌,每只售价提高到 6.28 美元。仅此一项,每年多为国家创利 17.7 万美元。一个成功的包装能够把艺术性、知识性、趣味性、情感性等融为一体,使得商品外观高雅华贵并且满足了人们的各种美好愿望,从而提高了商品档次,既能激发消费者各种社会性心理需求,同时也能使商品增值。

(5) 联想功能。好的包装应该使消费者产生美好联想。例如,同仁堂这类中国百年知名品牌,多使用仿古的包装形式,从而使人们联想到了老字号商店良好的声誉和突出的品质。

2. 包装对消费者心理的作用过程

(1) 唤起注意。包装的首要功能就是通过给予消费者刺激,引起消费者的无意注意。包装是消费刺激的重要表现形式,不同包装物给予消费者的刺激强度有明显差异。为了使商品包装引起消费者的无意注意,需要不断提高包装传递的刺激强度。

(2) 引起兴趣。包装除了要引起消费者的无意注意外,更重要的是要引起消费者对商品的兴趣,从而产生有意注意。消费者的年龄、性格、职业、文化、经济状况不同,对包装的兴趣也会有所不同。这就要求包装设计者要研究消费者的兴趣偏好,要使包装不仅与商品的风格一致,还要符合消费者的审美标准。

(3) 激发欲望。激发欲望其实就是刺激消费需求。消费者产生购买动机后,其购买行动的最终实现还要取决于对刺激物的感受。包装是使商品的味道、性能、使用方法等特性在潜在消费者中形成好感的最佳手段。

(4) 导致购买。导致购买是包装对消费者心理作用的最终目的。别具一格的包装往往会使消费者爱不释手,可以促使其产生试用的意念,一旦消费者对商品形成深刻印象,就有可能导致购买行为的发生。

3. 包装设计中的心理要求

(1) 色彩协调搭配。消费者接触商品时,首先进入视线的就是色彩。一般来说,在保证商品质量良好的前提下,消费者会首先对商品的色彩作出喜爱或厌恶的判断,然后对自己喜爱的色彩的商品产生购买欲望,最终实现购买。

(2) 符合商品的性能。许多商品由于物理、化学性质不同,其存在状态和保存方法也不同,所以要根据商品的形态和性能设计商品的包装。例如,易燃、易爆、剧毒的液体商品,包装不仅要封闭、安全,还应在包装上作出明显的特性标记。

(3) 突出商品特征。由于商品的包装形式越来越多样化,而且多数消费者经常通过包装来推测商品的真正品质,因此在设计包装时,必须突出商品的特征。"开窗"式包装、系列式包装、异常式包装是三类较好的包装形式。开窗式包装往往能满足那些急于了解商品"真面目"的消费者的好奇心理,也容易引起注意。系列式包装,是指企业对其生产的各种品质相近的商品,采用同种包装材料以及形态、图案、色彩相似的包装。异常式包装是指反其道为之或与同类商品的传统包装形式差异很大的包装。

(4) 方便消费者。商品的包装要为消费者观察、挑选、购买、携带和使用提供方便。商品包装最重要的是站在消费者的立场。包装不但要有利于消费者的日常生活,而且要有利于激励消费者连续的购买行为。"开窗式"、"透明式"、"半透明式"包装会给消费者直观、鲜明、真实的体验,故在食品包装中多被使用。而将相关的商品组合放在一起进行包装,也能给消费者带来方便。

(5) 具有时代气息。具有时代气息是指在材料选用、工艺制作、款式造型、图案装潢、色彩调配等方面,都要充分利用现代科学技术,给消费者以新颖独特、简洁明快、技术先进、性能优良的美好印象。另外,包装还要符合和体现时代发展的最新潮流。

(6) 具有针对性。消费者由于收入水平、生活方式、消费习惯及购买目的不同,消费要求也有所不同。因此,包装的设计还应强调对特定消费者的针对性。

三、商品品牌策略

品牌是一种名称、术语、标记、符号或图案,或是它们的相互组合,主要用以识别某个生产者或某群生产者的商品或服务,并使之与竞争对手的商品和服务相区别。品牌主要包括名称和标记两部分,前者"名称"即是可读的文字,如家用电器中的"海尔"、"长虹",粮油行业中的"京粮"等;后者"标记"即是可识别的符号、图案和独特的字体、色彩等。

1. 品牌的功能

对消费者来说,品牌应具有以下几个主要功能。

(1) 商品识别功能。对于消费者来说,品牌能直接、概括地反映或描述商品的产地、形状、用途、成分和性质等,便于消费者认知和区别这一商品。品牌作为消费者的一种知觉线索,是商品质量、声望、用途和价值的反映。消费者对常用的品牌寄予信任,会促使企业保持、维护和提高商品质量和商品信誉。

(2) 消费者权益保护功能。品牌商标一经注册认证,就受到法律的保护,而经过商标注册后的商品到消费者手中,如果遇有质量等方面的问题,消费者可以依法追究该商品经营者的责任,以保护消费者的合法权益。

(3) 品牌增值功能。品牌可能是无形资产。某一品牌商品如果因其质量、外观、功能、知名度、美誉度等得到消费者的认可,该品牌商品即拥有了等同于无形资产的价值。品牌资产不仅能够为消费者带来收益,还能够给企业带来效益。

2. 消费者的品牌精神诉求

随着科技的进步和生活水平的提高,人们的消费需求已经从低级的生理、安全需求上升为受到尊重、自我实现等高层次需求。消费者购买商品时,不再单纯是为取得商品的使用价值,更重要的是为获得心理和精神上的满足。而这种精神层面的高层次需要是通过品牌消费来实现的。

(1) 品牌的象征意义。品牌的象征意义是指在消费者心目中,品牌所代表的与特定形象、身份、品位相联系的意义和内涵。在这里,品牌不再是一种符号、图形,而是一种精神、意义的载体。品牌可以体现消费者的文化水平、生活方式、消费习惯、社会地位、名望声誉等。在一定意义上,品牌象征是品牌赋予消费者的一种自我表达手段。例如,我们看到一个戴"欧米茄"手表的人,立即能对其身份有一个大概判断:专业、高级、技术性、严谨等。实际上这就是"欧米茄"的象征作用,消费者在选择"欧米茄"这个品牌的时候实际上就是为了得到"专业、高级、技术性、严谨"这样的标签,以区别于其他人。

(2) 品牌的情感意义。品牌的情感意义是指在消费者的心目中,与品牌相联系的审美性、情感性文化意蕴。它巧妙地构建了一种生活格调,一种文化氛围和一种精神世界,引导人们通过移情作用,在商品的消费中找到自我,得到慰藉,获得情感上的寄托和心理共鸣。可口可乐公司经过长期的研究得出结论:"名牌的背后是文化。"因而刻意锻造品牌的文化内涵,使可口可乐成为美国精神的象征。正如一位美国的报纸编辑所说:"可口可乐代表着美国的全部精华,喝一瓶可口可乐就等于把美国精神灌注体内,其瓶中装的是美国人的梦。"

3. 品牌的心理作用过程

(1) 品牌认知。品牌的认知过程是指品牌被消费者注意和接受的过程。品牌的认知过程是品牌发挥作用的心理基础。消费者一旦形成对某个品牌的认知,就能从品牌中实现自我形象、社会象征、情感等方面的需要。如果这些需要获得充分满足,品牌就有可能与消费者形成一种长期的依存关系。消费者的品牌认知是通过企业的品牌定位和品牌个性化实现的,后者是消费者形成品牌认知的基础。

(2) 品牌情感—品牌忠诚。消费者形成品牌认知后,会进一步对品牌产生情感。情感对消费者的品牌忠诚度具有重要影响。由品牌情感转化为品牌忠诚的关键是激发消费者的情感意识。

4. 品牌在消费者的购买决策过程的作用

(1) 品牌在寻找解决方案时的作用。消费者在寻找解决方案时,首先要广泛收集商品信息。这种收集工作可以通过很多渠道来进行,如从个人的记忆和经验中、从他人或群体的行为方式中、从各种媒体的宣传中等。品牌的象征意义以及品牌独具的个性,使人们更容易记住品牌所代表的商品特点。而群体中人们惯常使用和喜爱的品牌,也会不断将商品的信息提示给购买者。此外,人们对特定品牌的情感也会使该品牌从大量的信息中脱颖而出,赢得消费者的注意。例如,人们在购买电脑的时候,最先想到的不同种类、款式、价格的品牌可能有联想、方正、IBM 等。

(2) 品牌在评价比较方案中的作用。在评价比较各种备选方案时，人们总是根据自身的价值观和偏好来进行决策。品牌的个性就是最强有力的决策标准。有的人可能喜欢物美价廉的商品，有的人可能喜欢高新科技的创新成果，有的人则更加关注有哪些类型的消费者曾经购买过这些商品。

(3) 品牌在购后评价中的作用。为了证实自己的方案最优，所得效用最大，消费者往往在购买结束后进行购后评价。这种评价可以由消费者自己进行，也可以通过征求亲友和同事的意见，或是观察社会反映来获得。品牌文化所带来的社会影响和消费者对品牌的情感，将会给商品带来更多的附加价值，从而使消费者得到更多的效用。品牌在购后评价中起到了强化的作用。

5. 品牌定位和品牌个性

(1) 品牌定位

品牌定位是指企业在市场定位和商品定位的基础上，对特定的品牌在文化取向及个性差异上的商业性决策，它是建立一个与目标市场有关的品牌形象的过程和结果。换言之，即指为某个特定品牌确定一个适当的市场位置，使商品在消费者的心中占领一席之地。

在品牌定位中，真正起主导作用的是消费者。企业进行品牌定位的最终目的，是使消费者形成品牌认同。为此，品牌定位必须符合特定目标消费者的自我定位，品牌个性选择必须符合目标消费者的个性特征。品牌定位可以从以下几个方面进行。

① 了解目标消费者的特征。通过目标消费者所处的社会环境和所属消费群体来分析其个性心理和消费行为习惯，了解目标消费者的需要、愿望和利益要求。例如，在手机市场上，摩托罗拉宣传的是其"小、薄、轻"的特点，而诺基亚则宣传它的"无辐射"特点；在汽车市场上，沃尔沃强调它的"安全与耐用"，菲亚特强调它的"精力充沛"，奔驰宣传"高贵、王者、显赫、至尊"，绅宝强调它的"飞行科技"，宝马则津津乐道它的"驾驶乐趣"。

② 通过信息沟通传达品牌信息。企业应利用广告宣传、面对面促销等多种信息沟通渠道和方式，将品牌定位传达给自己的目标消费者。这种定位提示要保证信息表达准确无误，更要确保消费者在对信息进行理解时，不会产生曲解和歧义。

③ 利用情感的因素。现实中情感因素对消费者心理具有重要影响。20世纪30年代，迪比尔(Debeer)公司重新启发了人们对钻石的新看法：钻石不再是贵族的舶来品，而是普通的美国人的爱情和责任的象征。瑞典富豪公司则暗示消费者：只有一种安全驾车的方法——驾驶富豪轿车。

(2) 品牌个性

品牌个性是指特定品牌拥有的一系列鲜明特色，即品牌所呈现出的人格品质。它是品牌识别度的重要组成部分，可以使没有生命的商品或服务人性化。品牌个性能带来强大而独特的品牌联想，从而丰富品牌的内涵。

品牌个性就像人的个性一样，它是通过品牌传播赋予品牌的一种心理特征，是品牌形象的内核，它是特定品牌使用者个性的内化，是其关系利益人心中的情感附加值和特定的生活价值观。品牌个性具有独特性和整体性，它创造了品牌的形象识别。例如，"海尔"使消费者立即联想到活泼可爱的海尔兄弟。又如，"爱立信"品牌一直使用广告语"一切尽在掌握"，从而唤起消费者接受生活挑战，把握机遇，开拓进取等联想，这些联想正好迎合了消费者渴望成功的心愿，足以引起购买动机。

情景二　价格策略分析

> **小资料**
>
> 沃尔玛一直注重价格竞争,长期奉行薄利多销的经营方针。其名言是:"一件商品,成本是8角,如果定价1元,可销售数量却是定价1.2元的3倍,虽然在一件商品上所赚不多,但卖多了,就有利可图。"因此,沃尔玛提出了一个响亮的口号:"我们销售的商品总是最低的价格。"为实现这一承诺,沃尔玛想尽一切办法,从进货渠道、分销方式以及营销费用、行政开支等各方面节省资金,把利润让给顾客。
>
> **问题**:试用价格制定的心理依据分析沃尔玛的低价策略。

商品的价格直接影响到消费者的购买及企业的利润水平,正如营销大师菲利普·科特勒所言,"在营销组合中,价格是唯一能产生收益的因素"。价格也是营销组合中最灵活的因素,其变化异常迅速。

从经济学的角度看,商品价格是商品价值的货币表现,而市场营销学中价格则是指建立在消费者心理基础之上的各种商品价值的货币表现形式。其构成包括四方面:一是生产成本;二是利润;三是税金;四是流通费用。生产成本相当于生产过程中物质耗费的支出和劳动报酬;利润和税金相当于生产过程中形成的盈利;流通费用则是流通过程中的物化劳动和活劳动,包括流通过程中的运输、保管、包装等费用和不形成价值的纯粹的流通费用。

一、价格的心理功能

在影响消费者心理与行为的各种因素中,价格是最具刺激性和敏感性的因素之一。一种商品的价格制定得是否合理,将直接影响消费者对该商品的认可程度和购买行为。商品价格的差异和变动,会直接引起消费者需求和购买行为的变化。例如,一般情况下,同一商品的价格与消费需求之间存在着此消彼长的反向变动关系——价格上涨,消费者需求量减少;价格下降,需求量增加。但在现实生活中又会发生"买涨不买落"的现象,原因在于消费者的价格心理作用:价格高昂,消费者会将商品视为高品质和高社会地位的象征;价格低廉,消费者则会认为产品品质低下或属于低档商品。

消费者在选购商品时,通常把价格与商品的各种要素,如质量、性能、品牌、包装等综合起来加以评价比较,在此基础上决定购买与否。然而就对消费者的影响而言,价格又有着与其他商品要素不同的心理功能。具体表现在以下方面。

1. 衡量商品品质和内在价值

理论上,消费者在选购商品时应以商品的价值为尺度来判断是否购买。然而,人们常常可以看到,有些内在质量相似的商品,由于包装不同,价格相差较多时,消费者却宁愿购买价格高的商品;而对于一些处理品、清仓品,降价幅度越大,消费者的心理疑虑越重,越加不愿问津。类似现象的产生,是由于价格的心理机制在起作用。消费者往往会认为,商品价格高,则意味着商品的质量好、价值大;商品价格低,则说明商品的质量差、价值小。所谓"一分钱,一分货"

"好货不便宜,便宜没好货",便是消费者在现实生活中通常奉行的价格心理准则。

2. 自我意识比拟

商品的价格不仅表现着商品的价值,而且在某些消费者的自我意识中还具有反映自身社会地位及经济地位高低的社会象征意义。这就是说,消费者在购买商品的过程中,可能通过联想与想象等心理活动,把商品价格的高低同个人的品位、偏好、社会阶层、生活方式等联系起来,有意或无意地进行价格比拟,让价格的高低来反映自身的社会经济地位和个性特征,以满足个人的某种社会心理需要。例如,男西服的价格越高,表示着装者的社会地位越高。所以在市场上,工薪阶层消费者购买的大都为800元以下的中低档西服;高档西服市场上工艺精良、创意前卫、定位超前的新生品牌,如杉杉旗下的法涵诗品牌,雅戈尔旗下的马克西姆品牌等,定价都在2000元以上,则为白领阶层的消费者青睐,因为高价格可以满足他们炫耀和肯定自我等社会性心理需要;而范思哲、圣罗兰等世界顶级名牌西服,则以数千元甚至数万元的高价格,成为公司总裁等成功人士的选择。价格的自我意识比拟主要有以下几种形式。

(1) 社会经济地位比拟。有些消费者只到高档、大型百货店或专卖店购买"名、特、优、新"商品,以显示自己的社会地位和经济地位。有些消费者则是大众商店、低档摊位的常客,专门购买折价、过季降价、清仓处理的廉价商品。假使这两类人的行为发生了错位,则第一种消费者会为去低档次的场所购物而感到不安,认为有损自己的社会形象;而第二种消费者去高档次购物场所购物,则会产生局促不安、自卑压抑的感觉。

(2) 文化修养比拟。有的消费者尽管对书法字画缺乏鉴赏能力,却要花费大笔支出购买名人字画挂在家中,希望通过昂贵的名人字画来显示自己具有很高的文化修养,从而得到心理上的慰藉。还有一些消费者本身并不怎么喜欢看书,却要购置大量精装豪华的书籍装满书架,以显示自己的博学及高品位。

(3) 生活情趣比拟。有些消费者既缺乏音乐素养,又没有特殊兴趣,却购置钢琴或高档音响设备,或者实地去欣赏体验自己听不懂的高雅音乐会,以期得到别人给予"生活情趣高雅"的评价,获得心理上的平衡。

(4) 观念新潮比拟。一些消费者怕别人说自己落伍,跟不上潮流,即使不会使用电脑,也要花一大笔钱购置一台最先进的电脑作为摆设,希望能够以此获得"与时代发展同步"的心理安慰。

3. 调节消费需求

(1) 价格对消费需求弹性的影响。价格对消费需求量的影响和调节能力的大小受商品需求弹性的制约。一般的奢侈品、高档消费品(如金银首饰)以及家庭耐用消费品等商品的需求弹性较大,企业对这类商品应采取降价的方法来扩大销售,但必须注意要以不减少利润为度。对于单位需求弹性的商品,如化妆品、娱乐品等,企业的价格调整政策,应视实际情况而定。如果降低价格,则可增加销售量,从而促进生产扩大,增加企业盈润;如果提高价格,虽然销售量减少,但不会减少销售总额,还可以由此减少商品销售成本,达到增加利润的目的。对于缺乏需求弹性的生活日用品,企业可采用适当提价的手段以扩大销售总额。但必须注意的是,企业对该类商品提价的幅度不宜过大,应以消费者在心理上和经济上能够承受为前提。对于完全无弹性需求的生活必需品——糖、食盐等商品,企业的价格调整应当谨慎,可在国家政策允许的范围内,或按照国家规定适度提高价格,以增加效益。

(2) 非规则调节。在商品价格和商品需求量之间还存在着"非常规性函数关系",即"吉芬效应"。19世纪,英国经济学家吉芬对爱尔兰土豆销售情况进行观察统计时发现:当土豆价格上升时,消费者对土豆的需求量就上升;当土豆的价格下降时,消费者对土豆的需求量也随之下降,二者成同向变化关系。"吉芬效应"对应的商品即为"吉芬商品"。这种商品在我国普遍存在,如钻石、珠宝、项链等装饰品,价格越昂贵,佩戴者越可以显示其社会地位和身份,需求量也就越大;若价格十分低廉,就失去了商品的炫耀作用,需求量反而会缩小。古玩、字画、文物、邮票等价格越高,越珍贵,表明其收藏价值越高,对它们的需求量就越大。"吉芬商品"的显著特征就是出现"追涨杀跌"的现象。

二、消费者的价格心理表现与价格判断

1. 消费者的价格心理表现

价格心理是指消费者在购买过程中对价格刺激的各种心理反应及其表现。它是由消费者自身的个性心理和对价格的知觉判断共同构成的。消费者的价格心理不仅受到客观因素的影响,也受到消费者自身的知识、经验、兴趣爱好、性格等个体因素的影响。消费者的价格心理主要表现在以下方面。

(1) 习惯性心理

由于消费者重复购买某些商品及对价格的反复感知,形成了对某些商品价格的习惯性心理。消费者往往从习惯价格中去联想和对比消费品价格的高低和涨跌。

在消费者心目中,对多数商品的价格有一个心理上限和心理下限。如果某一商品的价格在消费者认定合理的范围内,他们就会乐于接受;超出了这一范围,则难以接受。消费者的价格习惯心理一旦形成,往往要维持一段时间,在短期内难以轻易改变。而当商品价格必须变动时,消费者的心理会经历一个打破原有习惯、由不适应到适应的心理接受过程。

(2) 敏感性心理

消费者对价格的敏感性就是价格意识,它是指消费者对商品价格变动的反应程度。由于商品价格直接关系消费者的切身利益,所以消费者对价格变动具有极强的敏感性。消费者对价格变动的敏感心理,既有一定的客观标准,又有经过多年购买实践形成的一种心理价格尺度,因而具有一定的主观随意性。这两方面的影响,有时一致,有时不一致,甚至相互对立。对那些与消费者日常生活密切相关的商品的价格,特别是需求弹性系数较小的商品的价格,消费者的敏感性较高,如食品、蔬菜、肉蛋等,这类商品的价格略有提高,消费者马上会作出强烈反应;而一些高档消费品,如彩电、钢琴、家具等,即使价格比原有水平高出几十元、上百元,人们也不大计较。

(3) 倾向性心理

倾向性心理是指消费者在购买的过程中,对商品价格选择所表现出的倾向。商品的不同价格,标志着商品的不同价值、品质和档次。由于所处社会地位、经济收入、文化水平、个性特点的差异,不同类型的消费者在购买商品时会表现出不同的价格倾向。

消费者对于耐用商品的购买倾向一般表现为:追求档次高,质量优,不计价格高低,甚至以高价为佳。消费者对于大多数日用小商品、普通食品等的购买倾向一般表现为:重实用、求低价,不过多追求高档次,对质量要求适中。消费者对奢侈品的消费一般也是趋于高档、优质,追求时尚。在不同组织形式的消费者购买中,集团购买者一般倾向于高档、高质、

高价,以显示该群体集团的经济实力。而个人或家庭消费者购买多表现出求实、较为关注价格高低的节俭心态。

(4) 感受性心理

感受性心理是指消费者对商品价格及其变动的感知的强弱程度。消费者对商品价格的高与低、昂贵与便宜的认识,不完全基于某种商品价格是否超过或低于他们认定的价格尺度,他们还根据与同类商品的价格进行比较,以及与购货现场的不同种类商品的价格进行比较来认识。这种受到背景刺激因素的影响而产生的消费者对于价格在感受上的差异,就形成了消费者对价格高低的不同感受性。在实际销售中,如果把同一类商品中的高价商品与低价商品放在一起出售,有时能产生比较好的经营效果。因为求廉者通过对比可以感到自己所买的商品确实便宜,而求高、求名者则认为买高价货有利于显示自己的身份和地位。

2. 消费者的价格判断

消费者的价格判断既受其心理制约,也受到某些客观因素,如销售场地、环境、商品等因素的影响,价格判断同时具有主观性和客观性的特点。

(1) 消费者判断价格的途径

① 与市场上同类商品的价格进行比较。这是最简单、最明了,并且被普遍使用的一种判断商品价格高低的方法。消费者眼见为实,直接权衡价格高低,立即就能决定是否购买。

② 与同一市场中的不同商品价格进行比较。

③ 通过商品自身的外观、品牌、产地、包装、使用特点、使用说明等商品特性进行比较。

④ 通过消费者自身的感受体验来判断。消费者在服务商品上多采用这种判断方法,消费者无法通过观察服务本身来判断它的价格,而只能通过接受服务过程中自身的心理体验来衡量它的价格。当然这些体验还来自于服务设施、服务设备、服务人员、场所布局等传达的服务特色及优点的有形展示。

(2) 影响价格判断的因素

① 消费者的经济收入。例如,同样一款价格为3000元的手机,月薪6000元的消费者和月薪1000元的消费者对价格的感受和判断可能完全不同。

② 消费者的价格心理。习惯心理、敏感心理、倾向心理、感受心理都会影响消费者在购买商品时的价格判断。例如,电价由原来的0.35元/度上升到0.38元/度,虽然只是上涨了3分钱,但是消费者会认为太贵了,因为它高于消费者的习惯价格,在短期内会使消费者产生抵触心理。

③ 生产和出售地点。同类商品的生产工艺可能完全相同,但由于产地不同,消费者对价格的判断也不尽相同。这其中存在"原产地效应"。消费者一般认为原产地生产的优质商品所定的高价是合理的。另外,同样的商品以同样的价格分别在精品店和超市出售,消费者往往感到后者的价格过高。因为消费者通常对超市商品价格的判断标准较低,而对精品店的判断标准较高。

④ 商品的类别。同一种商品因不同的用途,可划入不同的商品类别。消费者对不同类别的商品评价标准不同,因而对商品价格的感受也不一样。例如,一块石英手表,既可用来看时间,也可用做装饰品。那么,前一种用途的石英手表属于日用品,后一种则属于时尚装饰用品。那么,100元钱一块的石英手表,作为前者来说太贵,作为后者来说,消费者则可接受。

⑤ 消费者对商品需求的紧迫程度。当消费者急需某种商品而又无替代品时,价格即使

高些,消费者也会感到易于可接受。例如,消费者若要立即领取冲洗的照片,冲洗店会收加急费,价格上一般比平常冲洗贵出20%以上。但是即使如此,对于那些急等照片的消费者来说,仍然可以接受。

⑥ 购买的时间。在一些特定时间内购买某些商品,价格可能高,也可能低。对于季节性的商品,消费者往往会认为打折是应该的,在秋天购买夏天的服装,只有低价才可接受。而另一种情况是,对于具有节日意义的情感性、象征性商品,消费者即使要承受比平时高许多的价格也可接受。例如,情人节购买鲜花的年轻人,大多并不在乎红玫瑰的价格,售价15元1枝的红玫瑰可能比平时6元1枝的红玫瑰卖得还快。

三、价格制定的心理依据

制定合理的商品价格,是争取消费者的重要前提。在商品定价时,企业通常要考虑三个基本因素:生产成本、市场需求和同业竞争。但仅以这三个因素为依据是不够的。一种商品价格的制定,只有经过消费者的认可和接受,才可称为成功的定价。因此,企业制定商品价格必须以消费者为对象,探求、研究消费者的价格心理,发现制定价格的心理依据,以便制定出令企业满意、让消费者接受的最佳价格。

1. "求新"、"猎奇"的撇脂定价法

撇脂定价法借喻在鲜牛奶中撇取奶油,先取其精华,后取其一般,即在新产品进入市场的初期,利用消费者的"求新"、"猎奇"心理,高价投放商品,其目的在于从市场上"撇取油脂"——赚取丰厚的利润,以期迅速收回成本。当竞争者纷纷出现时,"奶油"早已被撇走,企业可根据市场销售状况逐渐调低价格,此时企业只是赚得少一些罢了。这种策略的好处是企业能尽快收回成本、研究开发费用和投资;企业能迅速获得大量利润,利润可用来改良商品,当竞争者进入市场时,还可以支持其他各种竞争性活动;高价可以提高新产品身价,塑造其优质商品的形象;扩大了价格调整的回旋余地,提高了价格的适应能力,有助于增强企业的盈利能力。其不足是在一定程度上有损消费者的利益;在新产品尚未被消费者认识之前,不利于开拓市场;如果商品容易被模仿、复制或缺乏专利保护的话,还会因利润过高迅速吸引其他竞争者的进入,加剧竞争,最终迫使企业降价。

采用这种方法,市场销售量和市场占有率可能无法相应提高。除非有绝对优势的商品迎合目标市场的需要,才能在快速赚取利润的同时,提升市场占有率。以下几种情况适宜采取撇脂定价法:当企业的商品缺乏价格弹性时,高价造成需求或销售量减少的幅度很小;企业重视利润胜过销售量,希望保持较高的单位利润率;商品或服务处在导入期,企业希望通过高价策略多获得利润;对于商品生命周期过短、周转慢、销售与储运成本较高的特殊商品、耐用品,商品价格也可定高些,以保证盈利。

2. "求实"、"求廉"的渗透定价法

渗透定价法即在新产品进入市场初期,迎合消费者的"求实"、"求廉"心理,低价投放新产品,给消费者以物美价廉、经济实惠的感觉,从而刺激消费者的购买欲望。待商品打开销路、占领市场后,再逐步提高价格。其目的在于渗透新市场,立即提高市场销售量与市场占有率,快速而有效地占据市场空间。此种定价策略以高市场占有率为主要目标,利润反而退为次要目标。其优点有:能迅速将新产品打入市场,让无法支付高价的消费者成为实际购买者,使现有消费者增加使用量,提高市场占有率;物美价廉的商品有利于企业树立良好形象;低价薄利信号不易诱发竞争,低价可阻止实力不足的竞争者进入市场。这种扩大市场的定价政策,使企业可在竞争压力最小的情况下,长期占领市场。其不足有:投资回收期较长,且价格变动余地小,难以应付在短期内骤然出现的竞争或需求的较大变化;逐步提高价格,会使消费者产生抵触心理,不忠诚的消费者会去寻找替代商品。以下几种情况适宜采取渗透定价法:对于价格弹性大的商品,低价会促进销售,虽然单位利润低,但销售量的增加仍会提高利润总额;企业以之作为先发制人的竞争策略,有助于夺取市场占有率;在成熟的市场上竞争,往往要采取这种策略,以便和竞争者保持均势;如果大多数竞争者都降低了价格,尤其当消费者对商品价格很敏感,并且企业的主要竞争对手提供了本企业无法提供的附加价值时,需要降低商品价格;对于购买率高、周转快的商品,如日常生活用品,适合采用薄利多销这一占领市场的定价策略。

3. 尾数定价法

这种方法是指保留价格尾数,采用零头标价,如9.98元,而非10元。实践证明,在一定程度上,消费者更乐于接受尾数价格。他们认为整数是一个大概的价格,不十分准确,而尾数价格会给人以精确感和可信任感。此外,尾数可使消费者感到价格停留在较低一级的档次,从而减轻心理抗拒感。尾数定价法应用十分广泛。在美国,5美元以下的商品,习惯以9为尾数;5美元以上的商品,习惯以95为尾数。日本的家用电器,习惯以50、80、90为尾数。我国的许多商品,常以8、88、98、99为尾数。尾数99不仅可满足消费者的求廉心理,而且迎合了消费者追求"天长地久"的传统心理,可增加商品对消费者的吸引力;而尾数88则适应了人们对"财运大发"的企盼,从而引起消费者的共鸣。尾数定价可以使消费者产生商品很便宜的心理错觉。如200元一双的鞋与198元一双的鞋相比,虽然前者只高出2元钱,但对价格敏感的消费者来说,二者其实是两个不同价格级别的商品。此外,尾数定价法可使消费者相信企业制定的价格是科学的、合理的、有根据的,给消费者一种数字传送吉祥的感觉,使消费者在心理上得到一定的满足。尾数定价法并非在任何情况下都适用。例如,对高档商品,消费者更乐意接受整数价格。

4. "求高"、"求方便"的整数定价法

整数定价法,又称方便价格定价法,与尾数定价法相反。整数定价法采用逢零凑整的方法,制定整数价格,适用于某些价格特别高或特别低的商品。对于某些款式新颖、风格独特、价格较高的新产品,采取整数定价,如将价值998元的商品定价为1000元,就可能赋予商品以高贵的形象;而对于某些价值小的日用小商品,如将价值0.19元的商品定价为0.20元,会给消费者提供更多方便。

5. "求名"的声望定价法

一些商家会利用消费者的"求名"心理,制定高价策略。一些在市场上久负盛誉的名牌商品,可以以高价销售。高价一方面与名牌商品的优良性能、上乘品质相协调;另一方面与商品的形象相匹配。多数消费者购买名牌商品不仅看重其一流的质量,更看重名牌所蕴涵的社会象征意义。在一定意义上,高价格是名牌效应的重要组成部分,消费者经常借高价显示自己的社会地位。

6. 习惯定价法

习惯定价法即按照消费者的习惯心理制定价格。消费者在长期的购买实践中,对某些经常购买的商品,如日用品等,在心目中已形成了习惯性的价格标准,不符合其标准的价格则易引起疑虑,从而影响购买。此时,维持习惯价格不变是明智有益的策略。

7. 觉察价值定价法

觉察价值定价法以消费者对商品价值的感受及理解程度作为定价依据。消费者在购买商品时,总会在同类商品之间进行比较,选购那些既能满足消费需要又符合其支付标准的商品。企业应该突出商品的差异性特征,综合运用市场营销组合中的非价格因素来影响消费者,使他们在头脑中形成一种觉察价值观念,然后据此来定价。例如,超市里出售的健力宝,每罐2.50元;在星级饭店,它的价格会成倍地上涨,消费者却能够接受,这是因为消费者受周围环境的影响而产生了对商品价值的判断错觉。这种定价方法的关键在于正确判断消费者的觉察价值,如果商品价格大大高于其觉察价值,消费者会感到难以接受;相反,如果商品价格远远低于觉察价值,也会影响商品的形象。

8. 分级定价法

把不同品牌、规格及型号的同一类商品划分为若干个等级,对每个等级的商品制定一种价格,而不是一物一价。这种方法简化了购买过程,便于消费者挑选,不足之处在于等级间的价格差不好把握。如果差价过小,消费者会怀疑分级的可信度;如果差价过大,一部分期望中间价格的消费者会感到不满意。

9. 折让价格

这种方法是指在特定条件下,为了鼓励消费者及早付清货款,刺激大量购买或淡季购买,企业以低于原定价格的优惠价格销售给消费者。条件不同,折让价格的形式也不同,主要有下面几种:① 数量折让价格,即根据消费者一次或累计购买的商品数量或金额给予折扣,例如,"满100(元)送20(元)"、"买二赠一"等;② 季节折让价格,即为了鼓励消费者在淡季购买季节性商品而给予的价格优惠,例如,空调、电扇、羽绒服、皮衣等季节性商品,在换季时,商家进行折价销售;③ 新产品推广折让价格,即为了打开新产品的销路,鼓励消费者积极购买新产品而制定的优惠价格,例如,新产品上市之初,市场正式价格为158元,而推广价格为78元。

10. 处理价格

在商品流通过程中,企业由于经营不善、决策失误、国家法规限制或者技术方向发生转变等原因,会出现商品滞销压库和商品品质下降的现象。对于这种情况,必须采取处理价格策略。为了制定合理的处理价格,需要考虑消费者对廉价处理商品的心理反应,以期达到降价的目的。处理商品时,降价幅度要适宜。幅度太小,不足以吸引消费者;幅度太大,容易让人产生疑虑。价格要保持相对稳定,切忌连续波动。如果连续降价,消费者会产生等待进一步降价的心理预期而推迟购买。总之,处理价格的确定既要实事求是,又要注意消费者的心理要求,切实把握好降价的幅度和时机。

四、调整价格的心理策略与技巧

价格调整可分为两种情况,一种是降低价格,另一种是提高价格。但不论怎样变动,调整价格总会使消费者的利益受到影响。当然,对于不同的商品,消费者对其价格变动的反应可能是敏感的,也可能是不敏感的,这种反应主要是通过需求的价格弹性表现出来。需求弹性系数可以表明消费者对价格变动的反应程度。另外,由于市场信息的非对称性,消费者对企业调整价格的动机、目的的理解程度不同,也会作出不同的心理和行为反应。通常情况下,消费者无法直接了解企业调整价格的真实原因,因此对价格调整的理解不易深入、准确,在心理和行为反应上难免出现偏差。

1. 调低商品价格

调低商品价格通常对消费者有利,本应激发消费者的购买欲望,扩大购买数量。但实际上,消费者往往会做出相反的反应,往往会"持币待购"。究其原因主要有以下几点。

(1) 消费者通常会持有"一分钱一分货"、"便宜没好货,好货不便宜"的固有观念,认为价格低就意味着质量差,不愿购买低质量的商品。

(2) 有些消费者自认为层次较高,不愿购买低档货,降低自己的身份。

(3) 消费者预测该企业可能有新产品即将问世,所以降价抛售;并且认为原有商品很快就会过时,不再适合未来发展趋势。

(4) 商品价格已经下降,可能还会进一步下降,所以耐心等待新一轮的降价的来临。

2. 调高商品价格

调高价格通常对消费者来说是不利的,应该会抑制消费者的购买欲望,减少实际购买数量。但实际上,消费者同样会做出与之相反的各种反应。

(1) "一分钱一分货",价格上涨说明该商品具有某些特殊的使用价值,或具有更优越的性能,好东西应抢先购买。

(2) 商品已经涨价,可能还会进一步上涨,应尽快抢购。

(3) 商品涨价,说明它是热销货,有流行的趋势,应尽早购买。

(4) 商品还在涨价,可能是限量发行,有升值的潜力,不如囤积起来,待价而沽。

(5) 商品在涨价,可能是出现了断货,为避免急用而预先购买。

情景三 渠道策略分析

> **小资料**
>
> 杭州娃哈哈集团有限公司是目前中国最大的食品饮料生产企业。娃哈哈的产品并没有很高的技术含量,其市场业绩的取得和它对渠道的有效管理密不可分。娃哈哈在全国 31 个省市选择了一千多家能控制一方的经销商,组成了几乎覆盖中国每一个乡镇的联合销售体系,形成了强大的销售网络。凭借其"蛛网"般的渠道网络,娃哈哈的含乳饮料、瓶装水、茶饮料销售到了全国的各个角落。
>
> **问题**:试评价娃哈哈的销售渠道策略。

分销渠道是指货物和劳务从生产者向消费者转移时,取得这种货物和劳务的所有权或帮助其转移所有权的所有企业和个人。它主要包括中间商、代理中间商以及处于渠道起点和终点的生产者和消费者。

在商品经济中,商品必须通过交换发生价值形式的运动,使商品从一个所有者转移到另一个所有者,直至转移到消费者手中,这被称为商流。同时,伴随着商流,还有商品实体的空间移动,这被称为物流。商流和物流相结合,使商品从生产者到达消费者,便是分销渠道或分配途径。

一、影响渠道选择的因素

1. 购买数量的多少

购买数量多的商品,多采用直接销售,如生产资料;购买数量小的商品,除通过自设门市部出售外,多采用间接销售,如日用消费品。但上述划分也不是绝对的,如戴尔公司的"电脑直销神话",既可以通过电话和互联网上直接销售,也可以在全球最大的零售卖场沃尔玛中销售。

2. 消费者的分布

某些商品的消费地区比较集中,适合直接销售;反之,则适合间接销售。工业品销售中,本地用户联系方便,因而适合直接销售;外地用户较为分散,通过间接销售较为合适。

3. 潜在消费者的数量

若消费者的潜在需求多,市场范围大,需要中间商提供服务来满足消费者的需求,适合选择间接分销渠道,如各种各样的家电商品、日化商品等;若消费者的潜在需求少,市场范围小,生产企业可选择直接销售,如各种各样的专用生产机械、大型水电发电机组等。

4. 消费者的购买习惯

有些消费者习惯于到企业去购买商品,有些消费者则喜欢在商店购买商品。所以,同样的商品企业既可采用直接渠道,也可采用间接渠道来满足不同消费者的需求,如联想的电脑,既可以在"联想1+1"专卖店买到,也可以在国美等综合家电商场买到。

二、终端销售点的选择原理

终端销售点是指商品离开流通领域,进入消费领域的发生地。对于消费品而言,它是零售地点;对于生产资料而言,它是送货站。终端销售点是企业实现自己经营目的的前沿阵地,企业的商品能否最终销售出去以及能否最终实现理想的经济效益,都直接与终端销售点的选择和经营有关。因此,分销管理的第一步就是选择最符合企业商品或服务特色的终端销售点,然后通过有效的销售渠道管理来实现销售目标。否则,企业的前期社会劳动、资本投入等就不能得到有效回报,企业的销售管理工作的分销环节也就失去了存在的意义。

进入21世纪后,消费者的消费需求较上个世纪又产生了一些变化:消费者对个性的追求、消费需求的多样性、消费需求的层次性,无不以各种方式影响着企业的营销行为。分销渠道面临着新的考验。新的消费形式层出不穷、消费者的消费更呈现出不确定性。因此,企业终端销售点的选择也要考虑消费者的购买心理和购买行为的变化及其规律性,从而有的放矢地作出自己的选择。对终端销售点的选择主要取决于以下几点。

(1) 是否方便消费者购买。

(2) 场所环境是否满足消费者的需要。
(3) 是否能充分展现商品特点,让更多人认知。
(4) 是否有利于树立商品形象。

上述要求具体反映在终端销售点的选择中,要求企业根据目标市场的特征及竞争状况、自身的经济实力、商品特点、公关环境、市场基础等特点,以及企业所处的外部环境、竞争对手状况、市场购买力水平等因素,经过综合权衡选择出直接面向消费者的分销点。

三、选择终端销售点的考虑因素

1. 消费者收入和购买力水平

消费者收入和购买力水平是决定市场规模大小的决定性因素。消费者的购买力水平的高低,不仅会影响某种商品的购买量,而且还会影响商品的购买档次。认真分析消费者的收入水平,特别是可自由支配收入水平,是指导企业认识商品购买者,指导企业选择终端销售点的重要依据。例如,据北京市统计局数据显示,截至2010年年末,北京机动车拥有量已达480.9万辆,其中私家车374.4万辆,私人汽车中轿车拥有量275.9万辆。这反映出北京消费者的收入水平是较高的。对大多数消费者而言,劳动所得是他们的主要收入来源,他们的购买力水平取决于他们对社会的贡献程度。在当前的经济环境下,认真分析消费者的收入水平,特别是可自由支配收入水平的高低,是指导企业认识商品购买者,指导企业选择终端销售点的重要依据。

不同收入水平的消费者对商品购买地点的选择和要求是不同的。因此企业销售商品或服务,首先要考虑的就是它所面对的消费者群体的定位。企业在选择终端消费点时,必须考虑到不同地方的消费者个人可支配收入以及任意支配收入的水平。一般而言,收入水平较高、购买力较强的消费者可选购的商品相对较多,而且愿意到规模较大、装潢漂亮、声誉较高的商店去购物,而对货币成本不太在意。而那些收入水平较较低,购买力较弱的消费者,则表现出不同的购买行为特点,如更在意价格、商品实用价值,而非商品的品牌、生产厂家等。

2. 目标消费者出现的位置

如果想让消费者一旦产生需要就能够方便地购买,则意味着商品必须跟踪消费者。不论消费者出现在哪里,满足消费者需要或购物欲望的商品就要同时出现在哪里。比如,各种各样的出售饮料、报纸、食品、袜子的自动售货机,遍布于国外的街头巷尾。国内此种类型的售货机也有许多。因此,作为企业就要认真地研究消费者的可能活动空间在哪些地方,他们可能产生的需要和购买欲望是什么。

一般而言,目标消费者经常出现的地点在哪儿,答案是非常明确的。社区,大、中、小学校门口,商业街,火车站,飞机场,长途汽车站,医院门口,游乐园,地铁站,高速公路的生活区,工作场所边缘,等等。

3. 消费者购买心理

不同消费者的购买兴趣、关注因素、购物期望等心理特征是不同的。消费者的购物心理直接影响到他(她)的购买行为。因此,如果不考虑消费者在一定条件、时间和地点下的购买心理,盲目选点,往往会产生不理想的效果。相反,合理的商业网点布局,准确的市场定位,是能够吸引众多消费者频繁光顾的。例如,在北京语言文化大学的周围,遍布着许多独具异国风情格调的餐馆,吸引着语言文化大学里的各国留学生在这里驻足,找回"家"的感觉。

各种不同消费心理与最终消费点之间有着密切的关系,主要体现为以下几点。

(1) 重质量心理。怀有这种心理的消费者在购物时的第一决策依据是商品的质量。他们关注商品的材质、加工工艺技术、设计造型,因此认为家电商品、化妆品等的最佳销售点为百货商场,可以给人以放心、货真价实之感。

(2) 重品牌心理。怀有这种心理的消费者,非常重视商品的品牌,因此认为最佳销售点是专卖店,如"联想1+1"电脑专卖店、稻香村连锁店、三枪在各大商厦的销售专柜等。

(3) 重价格心理。怀有这种消费心理的消费者在购物时最看重的是商品的价格。他们对价格十分敏感,常常表现得比一般人聪明,商品价格的点滴变动他们都能觉察出来。在选购商品时,他们会在对同类商品的价格比较中作选择。通常情况下,打折的、优惠的商品他们会优先考虑,各种平价超市、批发市场是他们购物地的首要选择。这也是家乐福、北京万通小商品批发市场永远消费者盈门的原因所在。

(4) 重便利心理。对于期刊、报纸、小商品等生活用品,因购买它们时消费者以追求方便为主,所以一般会就近消费。因此,遍布于各居民社区的小型超市最受人们欢迎。

(5) 重服务心理。对于耐用消费品,特别是家用电器、汽车、计算机,等等,消费者在购物时不仅注重品牌、质量、价格等因素,更看重这些商品的整体服务水平。因此,企业应选择能提供一定服务并有良好声誉的中间商来销售商品,或者对中间商提供一定的技术支持、技术培训,使之能够胜任工作。像闻名全国的家电连锁巨头国美家电商城,可以提供大宗家用电器的免费上门送货、安装等各项服务,由此吸引了城市郊区及乡村的众多消费者上门采购。

(6) 防风险心理。消费者在购买商品时或多或少会存在一定的风险。但是消费者能否知觉到这种风险,却因人、因商品、因情景而异。风险是一种客观现象,是不以人的意志为转移的。企业经营者所能做的,就是降低消费者购物消费时的种种风险。

(7) 从众心理。在某些特定的时期内,消费者的需求是非常类似的。在一个商品刚刚进入市场的时候,消费者的要求和标准相对来说比较雷同,并且消费者具有十分明显的模仿性,一旦一个群体对某些商品形成需求,则社会上很快就会形成对这个商品的整体需求。例如,在正式场合穿西服系领带是现代消费者通行的行为方式,少数消费者尽管不习惯或者不喜欢,但为了避免与多数人相左,不得不遵从这一行为规范。根据从众这一消费心理,企业对某些商品需要实行广而密的铺货,配合企业整体销售计划,使商品出现在消费者想购买的地方。

(8) 逆反心理。逆反心理,是人心理活动中的一种常见的心理现象,是消费者购买行为的组成部分,对企业的营销活动有着利弊两方面的影响。具有逆反心理的消费者一般都有较强的好奇心和好胜心,富于冒险精神。因此,具有逆反心理的消费者常常成为新产品的早期采用者。当然,逆反心理有时也给商品宣传和销售造成负面影响。企业的营销者应做到善于利用消费者的逆反心理,变消极因素为积极因素。

4. 消费者对商场的认知

销售现场商品的摆放,销售人员的衣着、谈吐、工作态度,商场各种硬件设施的先进程度,商家所采用的促销手段,以及其他配套设施的完善程度等,这一切都会作用于每一位前来光顾的消费者。当消费者对自己的心理活动进行整合之后,就形成了自身对这家商场的看法和态度,这一看法和态度又将决定或在很大程度上影响消费者的购买行为。消费者对商场的认知,主要是通过商品、服务、硬件设施、促销手段、方便条件、商场气氛等,并通过其他信息传播系统获得,如报纸、店家的海报宣传等。

情景四　广告策略分析

小资料

某国一出版公司有一批滞销书久久不能售出。推销人员想出一个主意,给总统送去一本并征求意见。总统忙于政务便回了一句:"这本书不错。"销售人员便大做广告——"现有总统喜爱的书出售"。于是该书被抢购一空。不久又有书卖不出去,销售人员又送给总统一本,上过当的总统便"回敬"一句:"这本书糟透了。"该公司立即发出广告"现有总统讨厌的书出售"。结果,书又售罄。第三次,该公司又如法炮制,总统接受教训,不予答复。于是该公司再作广告——"现有总统难下结论的书出售"。书仍被抢购一空。

问题:请分析本案例中某国出版公司运用了哪些增强广告效果的心理策略?

广告的定义有广义和狭义之分。广义的广告是指吸引人们注意某一特定事物的一种手段;狭义的广告,也称为商业广告,是指广告主为了达到某一特定目的,采用付费的方式,有计划地利用适当的媒体,向特定受众传播信息,以影响和改变消费者态度和行为的过程。这里所谈及的广告特指狭义广告。

在广告的概念中,主要包含了以下几个要点。

(1) 广告的本质是信息传播。广告就是向特定的目标消费者传递信息,并通过信息去影响和改变消费者的态度和行为。

(2) 广告具有明确的目的性。任何广告都有其具体而明确的目标,广告活动的最终目的是促进和扩大商品的销售。

(3) 广告具有明确的针对性。任何广告都是针对特定的目标消费者而进行的。根据广告的作用原理,广告要获得成功,取决于广告传播的信息能否有效地刺激目标消费者的购买欲望,并促成购买行为的产生。"上兵伐谋,攻心为上",广告战即心理战。广告要促成消费者购买行为的产生,必须要充分考虑消费者的心理与行为特点。

一、广告的心理功能

广告的心理功能是指广告对消费者所产生的作用和影响。广告作为促成企业与消费者之间联系的重要媒介,具有以下五个方面的心理功能。

1. 认知功能

广告具有帮助消费者了解新产品、重新认识原有商品或加深对原有商品的认识的功能。这主要表现在广告对商品品牌、商标、性能、用途、使用、保养、规格、售后服务等方面的介绍,并由此给消费者以深刻的印象。认识功能是广告的基本功能。

2. 诱导功能

广告的诱导功能有两层含义:一是广告通过各种喜闻乐见的形式,唤起消费者美好的联想,给消费者以某种美的视觉享受,从而改变其对商品的原有偏见或消极态度,激发其购买欲望和购买动机;二是广告可以迅速、有效地吸引消费者的注意力,激发其对新产品的兴趣和向往,形成新的消费需要,进而促进购买的实现。广告的效果越好,越能影响消费者的态度,从而促使他们下决心作出购买决策。消费者在接受广告信息的过程中不是被动的,他们会根据自己的知识和经验对信息的可靠性进行真伪鉴别。如果广告的诉求内容和说服方式与消费者的知识和经验相一致,则有助于促使消费者认识到自己存在的潜在需要,从而产生心理上的不平衡,以至于下决心购买以达到心理上的平衡。

3. 教育功能

广告的教育功能也包括两方面的内容:一是增加消费者的商品知识;二是给消费者以美育。设计巧妙、制作精良的广告通过各种各样的艺术表现形式,使消费者在获得信息的同时丰富了精神文化生活,得到了美的享受。调查显示,消费者的商品知识来源有50.9%出自广告。另一方面,广告也是了解世界的一个窗口,消费者在欣赏风情各异的各国广告时,也了解了各民族的文化、习俗和风土人情。

4. 便利功能

广告通过各种媒体,及时、反复地传播商品信息,使消费者在为数众多的商品中搜集到适合自己的商品信息,并通过对各种商品进行比较,在购买行为发生之前做好充分的准备。广告通过信息的广泛收集和客观处理,为购买决策提供充分依据,从而替消费者节约了购买时间、减少了购买风险。

5. 促销功能

广告是市场营销组合中促销组合的一个重要内容,促销是企业对广告最直接的要求,促销是广告的基本功能之一。广告通过介绍商品和服务,把有关信息传递给目标市场的消费者,引起消费者注意,加深其对商品的认识,使其对商品形成好感并产生兴趣,激发购买欲望,增强购买信心,从而有效地促进商品的销售。现代广告已经成为极其重要的促销手段,是"潜在的推销员"。例如,海飞丝、飘柔等洗发水的广告使越来越多的人改变了对头皮屑的忽视态度,扭转了人们对这类商品的消费观念,从而深化消费者对商品的认知,加速购买决策,促进企业的商品销售。

二、增强广告效果的心理策略

消费者购买商品的一般心理过程包括对商品的认知、注意、记忆、联想、想象等心理活动,企业为使消费者在琳琅满目的商品中选择自己中意的商品,就要有效发挥商业广告的诱导、教育等心理功能,并将广告的心理功能与消费者心理活动联结起来,在广告设计中充分重视对消费者心理活动的规律与特点的研究,增强广告的表现力、吸引力、感染力和诱导力。广告引发消费者心理反应的过程一般有以下四个环节。

1. 引起注意

引起注意是增强广告效果的首要因素,若不能引起消费者的注意,以下的几个环节就无从产生。因此,能否引起注意直接关系到广告成功与否。广告界流行一句行话:"如果你的广告能引起人们的注意,则推销商品的任务已成功了一半。"但广告所要求的注意并不是蜻蜓点水、一闪而过的注意,而是持续时间相对较长的有意识的注意。广告有五大引人注目的原则:大物体比小物体醒目;活动的物体比静止的物体醒目;彩色的物体比黑白的物体醒目;圆形比方形醒目;人本身是最醒目。

2. 启发联想

客观事物都是相互联系的,联想反映了事物间的相互联系。例如,在日常生活中,人们看到火炉会想到温暖,看到红果会想到酸味儿……广告需要飞跃性、突破性的联想,要通过对素材的细致加工,利用事物之间的内在联系,以比拟的手法唤起消费者对所宣传的商品的联想,从而加深对商品的认识,激发对商品的兴趣,形成一定的态度和行动。例如,在雪碧汽水的广告词中,一句"晶晶亮,透心凉",道出了这种联想的真谛。

3. 增进情感

消费者的情感直接影响着意识。如果一则广告能够增进消费者积极的情感,就会促进消费者的购买;反之,则会抑制消费者的购买。因此,一则成功的广告设计必须能够增进消费者积极的情感并抑制消费者的消极情感。例如,"南方黑芝麻糊"的电视广告设计就采用了一种怀旧的、故事性的创意,以情感诉求获得成功从而家喻户晓。

4. 增强记忆

反复是加强消费者记忆的最简单、最有效的方法。例如,宝洁公司从不轻易舍弃有效的广告,不管它运用了多久。虽然宝洁的电视广告带有这种模式化倾向,而且很难被认为具有创意,但人们不得不承认它的电视广告很有效,很有推销力,这与它重复"轰炸"的广告攻势不无关系。心理学家艾宾浩斯的研究证明:"遗忘的进程是不均衡的,在记忆后的短时期内遗忘较快,而之后逐渐放缓,只经过一次加强的记忆,衰减得非常快,即被遗忘得很快。记忆被多次加强后就会形成永久性记忆。"

三、广告心理效果的测定

广告心理效果是广告信息经特定媒体传递给消费者后,对消费者心理活动的影响程度。广告作用于消费者而产生的一系列的心理效果,主要表现在对广告内容的感知程度、记忆效果、思维联想、情感激发和态度转变等方面。消费者的这些心理效果是相互联系、相互促进的。

1. 感知程度的测定

消费者对广告内容感知程度的深浅,是衡量广告能否引起注意的标准之一。感知程度的测定,一般应在广告刊播过程中或刊播后不久进行。

测定的方法主要有机械调查法、日记式调查法、访问法等。调查的主要指标包括电视广告的视听率,广播广告的收听率和报纸、杂志广告的阅读率等。同时,还要调查消费者接触广告后,企业、商品或业务的知名度增幅。

视听率的高低,知名度扩大的程度,都能有力说明广告效果的大小。如果广告的色彩、音响、动作等效果理想,就能立刻抓住潜在消费者的视觉听觉,吸引并保持住他们的注意力,使之对广告内容感知清晰,印象良好。

2. 记忆效果的测定

消费者对广告的记忆效果,一般是指对广告重点内容的记忆保持或回忆的能力。广告媒体、广告内容、广告技巧、广告时间的不同,以及消费者的年龄、个性心理特征的差异,都会影响对广告的记忆保持或回忆的能力。

记忆效果的测定,一般需要定期进行。测定的方法有回忆法、再认识法和学习法等,大多以询问的方式进行调查。记忆对刺激潜在消费者的购买行为有较大意义。当他们产生消费需求时,往往有意或无意地回忆起值得信赖的商店或有好感的商品。这会直接影响消费者的购买决策。所以,消费者对广告内容记忆的强弱,对广告具体的经济效果有着深远的影响。广告要获得较好的效果,就必须设法提高人们对广告信息的记忆。

3. 思维联想的测定

消费者在对广告内容感性认识的基础上,会进入对广告内容的思维阶段。消费者对广告的思维,主要表现为对广告观念的理解,即对广告反映的事物的本质的掌握。因此,思维联想的测定,就是调查消费者对广告观念的理解程度。任何一则广告,都是向视听对象提供一种观念,并通过一定的广告内容和创作技巧来表达。由于广告媒体、表现手法以及消费者思维能力的不同,消费者对广告观念的理解程度是有差异的。

思维联想的测定,一般是调查消费者对广告的重点内容或心理目标,以及广告创作的有关组成部分的理解程度。理解程度的测定,可以通过由简单到复杂的询问方法进行。即在调查某一个问题时,从"是什么意思"到"为什么这样",再到"结果怎样"逐层地询问,以掌握视听者对广告的理解程度。

有的广告内容比较容易理解,有的则要通过复杂的分析,有的还要经过一定的时间、阶段和过程才能逐步领会。因此,对理解程度的测定,还应考虑到广告诉求的目的、表达的技巧和广告媒体的特点等具体情况。

4. 情感激发的测定

暗示商品能够满足消费者某种心理需要的广告,对消费者的情感激发效果尤其显著。广告只有激发起消费者的积极情感,才能有效地促进购买欲望。同时,情感激发的测定,是判断广告效果的依据之一。

情感激发的测定,一般可通过对比性试验或询问性检查等方法进行。例如,同时创作同一内容的两则广告:一则是具有启发性的,起联想作用的或能激发人们关心的;另一则是缺乏启发性和不引人关心的。通过销售检查或询问检查,可以测定广告对情感激发的程度。能否激发消费者的情感,是广告能否达到心理目标的重要标志。在广告创作中,必须赋予组成广告的各个部分以健康的情调,引起消费者对美好事物的向往与追求,使之产生各种有益的情感体验。

5. 态度转变的测定

广告可以影响消费者对某个企业、某个品牌或某种商品的态度,亦是增强消费者购买信心,促进购买行为发生的一种重要手段。

态度转变的测定,就是对消费者购买动机的调查。通过调查,测定广告对消费者态度转变的影响力有多大。消费者的购买动机,往往不是单一的,有的消费者的购买动机是不稳定的和不明确的,有的消费者则不愿吐露真实的购买动机。因此,购买动机的调查就比其他测定更为复杂和困难。一般采用观察法、询问法进行调查。

由于消费者具有不同的心理活动和个性特征,加上各种客观因素的影响,广告的心理效果是极为复杂的,只有采用科学的心理测定技术,才能比较符合实际地反映广告的真实效果。同时,对心理效应的调查分析,可以使广告创作更好地遵循人们的心理活动规律,强化消费者对广告的心理印象,从而获得理想的广告效果。

情景五 网络因素

> **小资料**
>
> 美国通用电气公司最早期的商品主页是以亲情和天伦之乐为主题的,吸引了消费者对该网站的兴趣。用这种方式,网站暗示上网的消费者:"本公司志在培育与消费者的情谊,那么您对我们的商品和企业还会有任何安全感、信任感上的疑虑吗?""亲情营销"给通用电气网站带来了众多的上网消费者,也带来了巨大的收益。
>
> **问题:** 1. 从通用电气公司网站"亲情营销"的创意中,你受到哪些启示?
> 2. 假如通用电气公司聘请你担任营销经理,你将采用什么方法与消费者进行网络互动?

一、网络因素概述

以互联网为基础的消费,既是通过网络技术进行的新型消费形式,又全面地包括了精神文化层面的内在含义。它意味着,一方面,网络时代的消费者通过网络间的混合纤维、同轴线缆、蜂窝系统及通信卫星进行信息传播,使消费活动无须通过商业中介而由网络媒介直接连通起来;另一方面,网络消费方式是一种联结不同网络的人脑思维的虚拟化、数字化的交流和互动。因此,网络时代的消费实际上是一种虚拟化、数字化的消费。

1. 网络因素的影响

网络因素对消费者行为的影响,主要反映在促进消费者主导地位的提高,为消费者挑选商品提供前所未有的空间,促进消费者购买行为的理性化。相比而言,网络消费心理的优势在于,具有极强的互动性,能满足消费者对购物方便的需求,满足价格重视型消费者的需求,体现消费者的个性追求,满足消费者需求的差异性,使消费者的主动性大大增强,选择商品更加理性化。

2. 网络消费的特征

网络对市场的影响,具体体现在消费者行为及其心理的变化上。不同的历史文化环境,特别是不同的媒体环境,孕育出不同时代的消费群体。网络媒体的大众化普及催生出第三代消费者,他们被称为网络时代的消费者,或"N(net)时代"消费者、"e人类"。毋庸置疑,"e人类"是电子商务环境下企业的目标消费者群,是一种不同于以往任何时候的一种消费者群。因为"e人类"有其独特的心理特征,具有不同于以往传统消费者的特点,同时还会因其独特的心理特征,采取一些完全不同于以往消费者的消费行为。

(1) 网络营销是对传统营销业务活动过程的信息化,它是传统营销活动在网络环境下的应用过程,是对传统营销思想与营销理论的延续与发展。

(2) 企业运用网络环境从事生产或服务,以各种数字化形式为主要表现形式,是传统营销思想与理论的延续与创新。

(3) 网络环境下的消费者,追求并接受新奇的思想和事物,要求主动参与新产品开发与研究,成为企业的合作者,这也是21世纪网络消费者最突出的特点。

(4) 网络消费喜欢张扬个性,要求每件商品都要根据他们的个人爱好和需要定做,要求全球范围内的最优价格等,各类搜索引擎也让他们成为更加完全地掌握信息的消费者。

因此网络消费互动性强,消费者和商家都可以在第一时间将对方的问题及时反馈;同时网络消费便捷、灵活、虚拟性强、节约时间并讲究高度信用。

二、网络消费者的购买动机

根据调查显示,相对于传统购物方式,网络购物优势体现在三个方面:53.9%的人认为送货上门比较方便;50.1%的人认为价格便宜;44.8%的人认为可以购买到本地没有的商品。正是因为具有这些优点,网络购物近几年发展迅速。购买动机是消费者购买并消费商品最直接的原因和动力。网络消费者的购买动机主要包括以下几种。

1. 方便型动机

方便型动机是为了减少体力上与心理上的支出而产生的消费原因。网络购物只需要消费者点击鼠标,在网络寻找自己所需要的商品,然后经过确认就可以完成购买过程,这样可以省去他们去商场购物的往返时间、寻找商品和挑选商品的时间、排队交款结账的时间;同时,免除他们去商场购物所产生的体能消耗。由此可见,网络购物可以方便消费者的购买,减少购买过程的麻烦(网络购物基本上都采取送货上门方式),减少消费者的劳动强度,节省体力,这样可以满足消费者求得方便的动机。

2. 低价型动机

低价型动机是消费者追求商品低价格的一种消费动机。网络购物之所以具有生命力,重要的原因之一是网络销售的商品价格普遍低廉。由于通过网络销售商品,可以减少经销商、代理商等中间环节,采用订单生产,减少库存,从而降低了成本。因此往往同类商品,网络的价格比超市和商场的价格低廉,许多网络消费者就是因为这一点选择网络购物的。

3. 表现型动机

表现型动机是指消费者通过购买商品来达到宣扬自我、夸耀自我的一种消费动机。目前,网络用户多以年轻、高学历用户为主,这些青年人处于少年向成年的过渡时期,少年的未成熟心理与成年人的成熟心理共存,体现自我意识是青年人在消费中的心理需求。因此,他们更喜欢能够体现个性的商品,往往把所购商品与个人性格、理想、身份、职业、兴趣等联系在一起。青年人喜欢追求标新立异、强调个性,不愿落入"大众化","与众不同"的消费心理比"追求流行"的心理更为强烈。网络上提供的商品包括很多新颖、时尚的商品,并且一般来说,这些商品是在本地传统市场中暂时无法买到或不容易买到的商品。因此,网络购物能比较容易地实现他们的这一要求,即可以实现他们展示自己的个性和与众不同的品位的需要。

4. 好奇型动机

好奇是每个人都具有的一种心理。当人们对某些事物觉得新鲜、有趣、奇怪的时候,想要了解它、认识它、尝试它的好奇之心就产生了。所以,促使消费者产生好奇之心,并且激发其购买欲望的商品,都是外观新颖、功能奇特或使消费者有意外发现的商品。新上市的娱乐用品、玩具等,一般都会激发消费者的好奇型动机。网络构造了一个全球化的虚拟大市场。在这个市场中,最先进的商品和最时尚的商品会以最快的速度与消费者见面。以年轻人为主体的网络消费者通过网络获得这些商品信息,这些信息很容易激发消费者的好奇心,而许多网络消费者为了追求时尚与特色、展现个性与发展自我,必然会很快接受这些新产品。

5. 心理平衡型动机

心理平衡型动机是指由于消费者本人存在某些方面的不足,要通过消费商品来弥补个人的不足以取得心理平衡的消费动机。由于许多网络消费者具有追求流行、时尚的特点,看见周围的人通过网络购买商品后发现自己似乎落伍了,从而进行模仿,也通过网络选择自己需要的商品,以此来融入这个信息化的社会。有些消费者为了改变自己的形象而通过网络购买商品,有些消费者因为自信心不足也通过网络购物来增强自信心,这些消费都源于消费者的心理平衡动机。

三、影响网络消费者购买的主要因素

1. 购物的便捷性

购物便捷性是消费者选择网络购物的首要因素。"节省时间"、"操作方便"是网络消费者进行网络购物的主要原因,也是网络购物区别于实体交易环境的重要方面。在实体交易环境中,消费者既要亲自与商家打交道,又要亲自与商品接触,付出大量的时间和体力。然而,现代社会的快节奏使人们更愿意将有限的时间和精力用于闲暇,从事一些有益于身心健康的活动,充分享受生活。网络购物的优势在于能够改变这种局面,使购物过程不再是一种沉重的负担。而且网络购物的透明性比传统购物方式要强,商品从配货到出货,消费者都可以通过网络直接得到相关信息。

2. 商品的价格

价格不是决定消费者购买的唯一因素,但却是消费者购买商品时必须要考虑的因素。对一般商品来讲,价格与需求量之间经常表现为反比关系:同一商品,价格越低,消费者对该商品的需求量越大,企业的销售量就越大。网络购物之所以具有生命力,重要的原因之一是网络销售的商品价格普遍低廉。

此外,消费者对于互联网有一个价格心理预期,那就是网络商品的价格应该比传统渠道的价格要低。这一方面是因为互联网的起步和发展都依托了免费策略,因此互联网的免费策略深入人心,而且免费策略也得到了成功的商业运作;另一方面,互联网作为新兴市场,可以减少传统营销中的中间费用和一些额外的信息费用,可以大大削减商品的成本和销售费用,这也是互联网商业应用的巨大潜力所在。

3. 商品的特性

首先,网络市场有着区别于传统市场的消费需求特征,因此并不是所有的商品都适合在网络销售和开展网络营销活动。追求时尚和新颖的商品是许多消费者,特别是青年消费者重要的购买动机。因此网络销售的商品一般要考虑商品的新颖性、独特性,才能吸引网络消费者的注意。此外,普通的网络消费者,从网络购买的商品价格一般不会太高,对于从网络购买较为昂贵的商品都会比较谨慎。出于安全的考虑,许多网络消费者喜欢在网络上购买一些外观新颖时尚、价格便宜的小件商品,如书籍、磁盘等,当购买成功,对网站的诚信度认可之后,才会逐渐购买价格较高的商品。

其次,考虑商品的购买参与程度,有些商品要求消费者参与程度比较高,消费者一般需要现场购物体验,而且需要许多人提供参考意见,这些商品不太适合网络销售。对于消费者需要购买体验的商品,可以采用网络营销推广功能,辅助传统营销活动进行,或者将网络营销与传统营销进行整合。可以通过网络来宣传和展示商品,消费者在充分了解商品的性能后,再到相关商场进行选购。

4. 安全可靠性

网络购买另外一个必须考虑的是安全性和可靠性问题。在网络消费中,消费者一般需要先付款后送货,这与一手交钱一手交货的传统购买方式不同,网络购物中的时空发生了分离,消费者有失去控制的离心感。因此,为降低网络购物的不安全感,在网络购物各个环节必须加强安全措施和控制措施,保护消费者购物过程的信息传输安全和个人隐私保护,从而树立消费者对网站的信心。

此外,许多网络消费者认为目前的网络支付系统不是太复杂、不易普及,就是缺少安全性,并且注册时需要录入真实的姓名、地址和联系方式等私人信息,可能会被网站泄露。正因为如此,目前网络购物中交易量较大的商品,主要集中在书籍、日用百货、音像制品等种类,消费金额较低。对于电器、通信器材等大宗商品,许多消费者持谨慎态度。这些都大大制约了网络消费的发展。

四、网络消费者的购买过程

网络购物是指用户为完成购物或与之有关的任务而在网络虚拟的购物环境中浏览、搜索相关商品信息,从而为购买决策提供所需要的必要信息,并实现决策的过程。电子商务的热潮使网络购物作为一种崭新的个人消费模式,日益受到人们的关注。网络消费者的购买过程可分为以下五个阶段:确认需要;信息收集;比较选择;购买决策;购后评价。

1. 确认需要

网络购买过程的起点是诱发需求。当消费者认为已有的商品不能满足需求时,才会产生购买新产品的欲望。在传统的购物过程中,消费者的需求是在内外因素的刺激下产生的;而对于网络营销来说,诱发需求的动因只能局限于视觉和听觉。因而,网络营销对消费者的吸引是有一定难度的。作为企业或中间商,一定要注意了解与自己商品有关的实际需要和潜在需要,掌握这些需求在不同时间内的不同程度以及刺激诱发的因素,以便设计相应的促销手段去吸引更多的消费者浏览网页,诱导他们的需求欲望。

2. 信息收集

当需求被唤起后,每一个消费者都希望自己的需求能得到满足,所以,收集信息、了解行情成为消费者购买的第二个环节。消费者信息收集是指消费者识别和获取可以解决自身问题的相关信息的行为。消费者收集信息时,希望最大限度地获取能够解决问题的商品信息。网络信息收集的快捷与简便是消费者选择上网的主要原因之一。较之传统模式,网络消费不仅选择范围广泛,而且消费者的主动性可以得到最大限度的发挥。消费者一方面可以根据自己了解的信息,通过互联网跟踪查询;另一方面,消费者还可以在网络发布自己对某类商品或信息的需求信息,得到其他上网者的帮助。

3. 比较选择

通过信息收集,消费者将会形成若干可能采用的方案,随后消费者将根据一定的评价标准,并利用一定的选择方法,对这些方案进行比较和选择。消费者为了使消费需求与自己的购买能力相匹配,就要对由各种渠道汇集而来的信息进行比较、分析、研究,根据商品的功能、可靠性、性能、模式、价格和售后服务,从中选择一种自认为足够好的商品。

由于网络购物不能直接接触实物,所以,网络营销商要对自己的商品进行充分的文字描述和图片描述,以吸引更多的消费者,但不能对商品进行虚假宣传,否则可能会永久地失去消费者。

4. 购买决策

网络消费者在完成对商品的比较选择之后,便进入到购买决策阶段。与传统的购买方式相比,网络消费者在作购买决策时主要有以下三个方面的特点:首先,网络消费者理智动机所占比重较大,而感情动机所占比重较小;其次,网络购物受外界影响较小;最后,网络购物决策与传统购买决策相比速度更快。

网络消费者在决定购买某种商品时,一般要具备以下三个条件:第一,对企业有信任感;第二,对支付有安全感;第三,对商品有好感。所以,从事网络营销的企业要重点做好以上工作,促使消费者购买行为的实现。

5. 购后评价

消费者购买了商品之后,整个购买过程并没有结束,而是进入了购后阶段。在这一时期,消费者将会使用和消费商品,并在使用和消费过程中感知是否满意。事后评价决定了消费者本人及其他消费者今后的购买动向,"消费者的满意就是我的最好广告"。在网络环境下,消费者会把自己的网络购物体验在网络上进行反映,而网络空间中信息传递的速度与广度无法衡量。如果消费者的评价是好的,可能会令厂商获益匪浅;但若消费者购后产生不满意感,他很可能会通过网络将它表达出来,在广大网民心中产生不良影响,打消很多潜在的消费者的购买欲望。

通过上述分析我们不难看出,网络消费行为具有一般消费行为的共有属性,也包含着网络所赋予的特殊属性。对于营销人员而言,只有清楚地了解网络消费者的基本特点,才能制定富有针对性的营销策略。巨大的网络市场蕴涵着巨大的商机,只有掌握了正确的方法获得消费者的青睐,才会成为最终的胜利者。

9.3 练习案例

某网站的网络营销策略优劣及改进措施

1. 登录某网站,进行如下分析:
（1）分析该网站现有的网络营销策略。
（2）找出存在的问题。
（3）提出改进建议。

2. 上机操作流程:
打开某个电子商务网站或门户站点的网上商城,观察其在线商品的种类选择,分析其网络营销策略的优劣,提出改进措施,并将结果存入 word 文档。

问题：1. 从 GE 公司网站"亲情营销"的创意中,你受到了哪些启示？
2. 假如 GE 公司聘请你担任营销经理,你将采用什么方法与消费者进行网络互动？

9.4 课后作业

1. 名词解释

商标　　　品牌　　　分销渠道　　　广告

2. 简答题

（1）商品命名的心理要求和心理策略是什么？
（2）商品包装的心理功能是什么？消费者对包装有哪些心理要求？
（3）商品价格具有哪些心理功能,主要特点是什么？
（4）影响消费者价格判断的因素有哪些？
（5）广告的心理功能有哪些？增强广告效果的心理策略有哪些？
（6）影响网络消费者购买的主要因素有哪些？
（7）网络消费者的购买动机有哪些？

3. 分析题

（1）如何根据消费者购买商品的心理因素和营销实践,进行商品的命名、商标的设计、包装？
（2）品牌的象征意义有哪些？它又有哪些情感意义？分析品牌对消费者购买决策过程的作用。

9.5 延伸阅读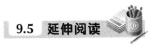

立顿奶茶的网站营销

如何将商品卖给一个原本对这类商品不感兴趣的人?这是个难题。可网络营销时代的到来,却让这个难题变得简单。网络营销中,消费者们君临天下,媒体是传统传播时代的帝王,而消费者才是网络传播时代的新君!在网络媒体时代,信息传播是"集市式"的,信息多向、互动式流动;声音多元、嘈杂、互不相同。网络媒体带来了多种"自媒体"的爆炸性增长,博客、论坛、微博……立顿正是运用了网站建设、搜索引擎营销、网络社区营销等网络营销方法将品牌信息巧妙置入到传播计划中。

立顿公司的网络营销标新立异,主要有以下几个方面。

1. 立顿的网站建设

在世界企业之林中,立顿不是强势品牌,与"500强"相距甚远。其网站在整个网络世界中,尚属建设中的小站点(http:11 www.lipton.com)。然而,该网站以饮食为切入点,面向居家过日子的普通民众,创意新颖,视觉形象生动,感召力强,在网络营销策略上独具特色。

立顿无疑是知名品牌,但尚未上升到全球驰名大品牌的地位,所以网站就干脆以一种人人都十分熟悉的超市食品货架为背景,定位在为居家过日子的人提供服务上。

立顿公司是家制销茶叶的公司,想象中其网站自然以大涌茶经为本,但实际上茶叶制品在该站点中并不占首要地位,其先导栏目竟是美食经——《各国食谱大全》及按季节时令变化的《每日烹调一课》。仅此一栏,就会使各国美食家、家庭主妇们成为该站的铁杆回头客。这一"以食论茶"的创意,在题材定位上是很成功的,因为正如中国的古话所言,"民以食为天",立顿公司利用人们对"食"的广泛关注,极大地扩展了市场受众的范围,吸引了更多的消费者留意立顿、品尝立顿、喜爱立顿的商品、服务,从而建立品牌形象,增加消费者信任。

在营销顺序上,该网站也可谓独具匠心。站中先导入一位拥有高超传统厨艺的意大利老太太作为"妈妈的小屋"栏目主角;而另一位精于品尝各类巧克力、甜点、饼干等零食的年轻女士成为"浪漫生活"栏目的主角,她们在网上大侃各色各类浓汤大菜,使得观众们饱览美妙的主食和点心,之后,立顿推出茶叶(立顿清茶、红茶、黑茶等),使得人们将对美食的喜好转移到对立顿茶的联想上,并引导消费者培养一种"在美食之后饮用立顿茶"的习惯和文化。可以说,立顿网站致力于体现其文化、亲情与品位的倾向是十分明显的。网站的文化气息,体现在立顿的许多富于诗意的菜肴介绍中,再加以进一步的亲情烘托。比如"妈妈的小屋"栏目包括食谱、对话、人物介绍、家庭肥皂剧、写信交流等内容,使网站的整体意境在亲情关爱中得以升华,迥异于一些冷冰冰的生意站点。从"有了立顿茶,生活会更好"的入口进到本站主栏,下设"立顿茶产品"、"茶之凉热"、"立顿茶健康中心"、"茶的演化与发展"等栏目。在浓重的文化色彩背景下营销策略被烘托出来,使网站达到了很好的效果。

营销网站的建设是一门艺术,其语言可如诗,页面可比图,古人曾说"诗外有诗,方是好诗;词外有词,方是好词"。网络营销并不是直接将企业商品手册不作任何改动地翻版到站点上去,只有定位于"服务为本、与众不同",网站才能有所收获,网络营销才能成功。

2."立顿传情下午茶"

当白领们还沉迷于网络的虚拟礼物互赠时,有些人已经先人一步,开始送实体的礼物了,这便是"立顿传情下午茶"活动。只要轻松登录 http:11 www.lipton-icha.com,便可免费为八大城市指定办公楼的朋友点上一份精美的下午茶。一时间,这一活动在全国白领间掀起了一股送茶风潮。

立顿此次的送茶活动不同于传统的赠品派发,而是大打温情牌,朋友间的祝福与情谊即由一杯小小的立顿红茶传递着。"传情下午茶"的蝴蝶效应在短短的一个月时间内,就影响到数以百万的一线城市办公室白领们,此活动很好地强化了立顿牌精选红茶品牌。

为了鼓励大家积极参加活动,立顿还专门搞了一个送茶排行榜,每周送茶最多的10名网友会出现在首页的显著位置。

这次活动运用了搜索引擎营销、网络社区营销等多种网络营销方法,以情感为载体,通过"一传十,十传百"的传播方式,立顿红茶迅速在网友里风靡起来,人们纷纷登录网站送茶传情。这也是一个很成功的体验营销案例。立顿送出的礼包里东西虽然并不多,只有一杯茶、一个茶包、一个小面包,但很多人都体验到了特别的创意。

立顿网络整合营销带给人们两点启示。

① 网站营销最有效的手段就在于提供个性化、互动式服务。所以,企业网站最终要能提供特色化、个性化、实时化和互动性服务,才能聚集人气,培养忠诚消费者,发挥商业功能。从立顿的网站建设上,我们学到了很多营销策略与方法。立顿网站以饮食搭台,由茶叶唱戏,并以文化、亲情与品位为烘托,在网络的世界中树立了自己的品牌。

② 立顿"传情下午茶"活动,融入多种线上线下营销手段,完美演绎了线上互动传播对线下体验的促进。正如"现代营销学之父"科特勒所言,"在 Web 2.0 的趋势下,我们希望想办法让消费者不仅自己成为消费者,而且还带来新的消费者。"无疑这次活动就很好地体现出这种营销趋势。

立顿的成功体现在其表现形式的创新以及对消费者习惯和心理的有效捕捉。立顿,改变了一代年轻人和白领的喝茶习惯。利用互联网等创新营销手段,立顿在粉丝论坛上与消费者亲密"互动",让立顿品牌融入了一代人的生活。

(资料来源:http://blog.sina.com.cn/s/blog_5974954e0100h7ee.html 狂奔的三驴蹦子,2010-02-03,略作修改。)

9.6 参考文献

[1] 〔美〕万克尔·R.所罗门.消费者行为学(第6版)[M].北京:电子工业出版社,2006.

[2] 倪清燃,张根荣.网络消费者购买行为分析[J].经济师,2008(2).

[3] 赵晓鸿,王丽丽.网络营销技术[M].北京:中国人民大学出版社,2005.

[4] 黄维梁.消费者行为学[M].北京：高等教育出版社,2005.

[5] 卢泰宏.消费者行为学：中国消费者透视[M].北京：高等教育出版社,2005.

[6] 聂志红,崔建华.站在消费者的立场审计营销：消费者行为学教程[M].北京：经济科学出版社,2005.

[7] 符国群.消费者行为学[M].北京：高等教育出版社,2001.

购后使用与消费者评价

学习目标

知识目标：通过本章的学习，了解相关配套产品的购买，掌握影响消费者满意和不满的因素，掌握维持消费者忠诚的重要性。

技能目标：能够利用消费者忠诚的相关知识，掌握培养消费者忠诚的途径。

10.1 导入案例

当电脑又一次卡在一个界面不动时，刘航狠狠地敲击了键盘，"这破电脑，真的该换了"。作为一名二年级的研究生，其实刘航早就有换台笔记本电脑的想法。一是自己的这台2004年买的台式机已经完全适应不了需求了，二是马上要找工作的刘航需要便携的笔记本电脑。

价格的持续走低、配置的不断提高以及新技术的不断出现说明2008年是笔记本飞速发展的一年。市场上笔记本品牌很多，刘航通过在网上查找和对电脑城的走访，了解了IBM、联想、惠普、戴尔、宏碁等一线品牌的价格在6000元人民币左右的配置型号，最终确定了IBM的R61、联想的F41、惠普的6515b这三款笔记本作为候选。有了候选的方案刘航就需要在这三款笔记本电脑之间作出选择。通过不断的走访电脑城去看样机、向销售人员咨询，在网上看网友们对这三款笔记本的评价，以及询问用过笔记本的朋友的经验，刘航最终确定了购买惠普的6515b这一款笔记本电脑。这款商务笔记本价格在5700～6000元，具有惠普经典的商务机外观，由于运用了AMD的CPU和芯片组，并且没有预装操作系统，所以价格比一般的商务机要便宜1000元左右，所以它成了刘航的较优选择。

12月2日，刘航和同学一行三人来到了电脑城，通过在各个店面之间的比较，选择了武汉银嘉科技公司的店面。刘航首付3000元,并利用招商银行信用卡的分期付款方式支付了剩余的2900元,购买了这款惠普6515b笔记本电脑。在技术员将笔记本电脑的软件和硬件都安装完毕后,刘航开心地带着笔记本回学校了。

刘航回到学校的第一件事情就是打开电脑,根据说明书将电脑的功能都检测了一遍,没有发现什么问题,就马上根据《惠普给消费者的一封信》将一年送修服务,免费升级到两年送修服务。

一切完毕后,刘航就开始体验新的笔记本电脑给他带来的终极体验了。

在我们的现实生活中,像刘航这样的购买行为随处可见。在刘航的这次购买行为过程中,消费者首先产生了购买需要,其次通过搜集信息、评估选择,在市场上购买到令其满意的笔记本电脑。然而,购买过程并未结束,通过购后使用确认所买的电脑功能良好后,他又将售后服务的时间延长至两年。刘航购买电脑经过了一个完整的购买过程,也是消费者购买行为的一般过程,我们的目的在于总结这个行为过程所具有的规律性。本章将针对这些问题展开讨论。

10.2 学习档案

情景一 产品的使用与处置

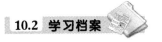

小资料

优质的售后服务是企业取得消费者信任的最佳途径。售后服务是一个系统工程,需要完美的售后处理系统加以保证,要从消费者购买产品的时刻起直到产品消费完毕,包括送货上门、安装调试、维修调养及产品退换等。海尔的星级服务,不仅在上门安装、回访、维修等各个环节有严格的制度与质量标准,还周道地进行上门服务,进门之前先套上一副鞋套,安装空调时先把沙发、家具用布蒙上,自带矿泉水,临走把地扫除清洁,等等。目前,海尔在全国各城市都设有"9999"售后处理热线,用户只需一个电话,剩下的事全由海尔来做。这些措施,培养了消费者对海尔的忠诚度。

问题:海尔公司已经闻名世界,为什么还要进行如此周到的售后服务?

一、产品的安装与使用

很多产品,尤其是耐用性消费品,需要安装调试,才能使之处于可使用的状态。比如,空调机、热水器等,均需要进行某种程度的安装、调试工作。即使是对安装有较少要求的产品,如儿童玩具,对很多消费者来说,"拼装"或"组装"仍是一项较难的工作。很明显,消费者在使用前的准备阶段所获得的体验,对其满意与否具有十分重要的影响。因此,提供必要的安装服务和安装与使用说明，可以大大提高消费者的满意度。

在产品使用过程中，消费者可能采用创新的方式使用产品，赋予产品新的用途。这会带来两个方面的结果。就积极方面而言，这将扩大产品的用途，从而增加产品的销售。例如，国外一家公司生产的酵母除了可以用于烹饪之外，还被消费者用于冰箱的清洗和除臭。发现这一新用途后，这家公司利用各种媒体大做广告，由此使它生产的酵母销量大增。中国的一些消费者把可口可乐与生姜一起熬了喝，除别有一番风味外，还可预防感冒。从消极层面或潜在的不利方面看，产品的某些超过设计范围的使用有可能给消费者带来伤害。例如，在美国，一些消费者将香水洒到点燃的蜡烛上，还有消费者将烤箱当凳子使用，由此受到了伤害，并引发诉讼。

消费者的使用方式还可能与营销人员最初的设计大不相同。例如，宝洁公司的设计人员长期认定消费者在厨房洗碗碟时，是先将洗洁精倒入盛满水的水池中，再用抹布将碗碟洗干净，然后再用清水漂洗。后来的调查发现，绝大部分消费者并不是如此行事。相反，他们先将洗洁精直接挤到要洗刷的碗碟上，用抹布将污渍洗掉后再用清水冲洗。这一调查结果对公司新产品的开发无疑大有帮助。如可以开发出浓度更低的洗洁精，不仅可以降低产品成本，而且也可减少消费者的漂洗负担。

另外，使用频率、使用量或消费量、使用的时间间隔等都是研究消费者商品使用的重要因素。

二、相关与配套产品的购买

很多商品都需要相关或配套的产品才能获得效用。如消费者购买电脑后，会继续购买电脑桌、光盘、软件等配套产品；购买了手机后，会购买充电器、电池、耳机等配件。很多零售商试图主要从配套产品的销售中获利。例如，购买了较为廉价的名牌打印机之后，需要定期购买配套的墨盒，而黑色墨盒加上彩色墨盒的价格就要超过打印机本身的价格，这样商家通过廉价打印机获得了更多的消费者，而日常墨盒的消费使得商家财源滚滚。

很多产品只有同时与其他产品共同使用时才会更方便、更安全和更富有乐趣。而且，这些产品的购买一般遵循一定的规律和顺序。比如，野营爱好者起初可能只买野营帐篷，但他可能很快就会发现需要购买与之相关的很多其他产品，如背包、睡袋、炉子、电筒或马灯等。为获得连带销售或联合促销的好处，一些企业已经使其业务日益多样化，例如，吉列公司不仅销售剃须刀架和刀片，还销售剃须膏、除臭剂和护发剂等产品。

三、产品的闲置

消费者购买的产品并非全部投入使用。产品的闲置是指消费者将产品搁置起来不用，或者仅作非常有限的使用。产品闲置的最主要原因是很多产品的购买决策与使用决策不是同时作出，两者之间存在时间延滞，在此时间段内一些因素会促使消费者推迟消费甚至决定将产品闲置不用。比如，消费者购买了运动器材，但总腾不出时间来使用；购买了跑鞋，但找不到穿出去的机会。或者由于购买与使用的决策时间、情境都明显不同，购买时所设想的某种使用情境迟迟没有出现，由此可能导致产品的闲置。比如，置身于超市时，可能想到某种产品适合野营时使用,但买回来后迟迟没有外出野营,这样,随着时间的推移可能会渐渐忘记这一产品。产品闲置的另外一个原因可能是企业或营销者并没有为产品的使用和消费创造令人满意的条件与环境。产品的闲置不用,无论对消费者还是对企业均是一种损失。前者浪费了金钱,后者无法获得重复购买。

四、产品与包装的处置

产品在使用前、使用过程中和使用后均可能需要产品或产品包装的处置。例如,一位对新购服装不是特别满意的消费者,可能将该服装转卖给同事,或者将其赠送给亲戚。大量的产品处置活动是发生在产品经长期使用、不再具有使用价值或不再具有消费者所希望的象征意义之后。日益增多的消费者对废旧产品、包装如何处理越来越关注,他们甚至将此视为产品的一个属性,在购买时就予以考虑。如果产品、包装不能被重新利用,或者会对环境造成危害,很多消费者可能在作购买决定时就会犹豫甚至拒绝购买。

随着大量包装容器和用过的产品被作为垃圾扔掉,收集处理这些垃圾的费用正在节节攀升。不仅如此,废弃物还对环境和生态造成了严重破坏。很多社会团体和组织正在试图通过宣传、立法游说甚至抵制等活动要求企业对其产品给环境可能造成的影响予以正视。生产保护环境的产品和可回收利用的包装,被越来越多的人视做企业不可推卸的社会责任。废旧产品形成了巨大的旧货市场,从而降低了市场对新产品的需求。例如,二手教材的销售会严重减少某些出版商的总体销售量。虽然从短期看,这可以节约学生的购书费用,但从长远看会抬高新书价格。因为新书卖得越少,单本书成本就越高,出版社出版新书的压力也就越大。

图 10-1 描述了在产品处置过程中的主要决策。大致来说,消费者有三种处置产品的方法或策略,一是暂时性处置,二是永久性处置,三是保存。每一种处置方法又都有一些更具

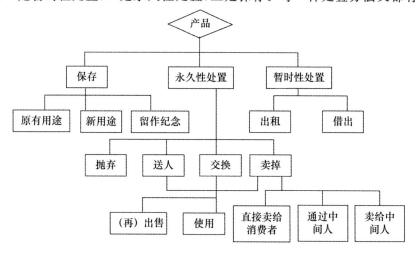

图 10-1 消费者处置产品时的主要决策

资料来源:Jacob Jacoby, Carol K. Berning and Thomas F. Dietvorst, "What about Disposition?" Journal of Marketing 41(April 1977):23. By permission of American Marketing Association.

体的做法。例如,如果产品被保存,它可以留待今后继续使用,或作为纪念品储存起来,或被用于新的用途。同样,如果产品被永久性处置,也存在很多种可能的选择,如扔掉、赠送、交换或出售。产品的处置通常与消费者角色的转换或变化相联系。例如,离开父母上大学、大学毕业、找到新的工作、结婚、迁徙、退休等都会引发角色的转换,而在此过程中,某些产品的处置就不可避免。

情景二　消费者满意

> **小资料**
>
> 　　为了进一步提升用户满意度,提高销量,同时增加品牌的含金量,南京菲亚特公司推出了以服务为主题的"心动计划"。它涵盖了营销和服务的各个环节,旨在以优秀的服务打动消费者的心。菲亚特相继推出了"总经理售车日"、"航空式服务"、"上门售车"等项目,还开展了主题为"超越你的想象"的创新体验式营销活动,该活动将在九个主要城市发起,随后遍及南京菲亚特位于全国各地的4S店。
>
> 　　问题:思考提高消费者满意度对企业究竟意味着什么?如何切实有效地提高消费者的满意度?

消费者在做出购买产品或服务的行为之后,就进入了购后过程。通过自己的使用和他人的评价,消费者会对自己的购买决策进行一个再评价,来判断其购买是否满意。

一、消费者满意的概念及意义

菲利普·科特勒认为,消费者满意(Customer Satisfaction)"是指一个人通过对一个产品的可感知效果(或结果)与他的期望值进行比较后,所形成的愉悦或失望的感觉状态"。亨利·阿塞尔也认为,当商品的实际消费效果达到消费者的预期时,就产生了满意;否则,会导致消费者不满意。

从上面的定义可以看出,消费者满意是消费者对所购产品或服务期望的功效与实际功效进行评价后所形成的一种感受。

购买者对其购买活动的满意感(S)是其产品期望(E)和该产品可觉察性能(P)的函数,即 $S=f(E,P)$。若 $P=E$,则消费者感到满意;若 $P<E$,则消费者会不满意;若 $P>E$,则消费者会非常满意。消费者根据自己从卖主、朋友以及其他来源所获得的信息来形成产品期望。如果卖主夸大其产品的优点,消费者将会感受到期望不能实现。这种不能实现的期望会导致消费者的不满意感。所以,企业应使其产品真正体现出可觉察性能,以便使消费者感到满意。有些企业为了提高满意度,只是强调产品的某一方面的优点,而对其他一些优点有保留地宣传,使消费者产生了高于期望的满意感,并借此树立起良好的产品形象和企业形象。

消费者对其购买的产品是否满意,不仅影响到以后的个人购买行为,还影响到周围人群的购买意愿。如果消费者对产品满意,则可能在下一次购买中继续采购该产品,并向其他人宣传该产品的优点。如果对产品不满意,则会尽量减少不和谐感,因为人的机制存在着一种在自己的意见、知识和价值观之间建立协调性、一致性或和谐性的驱使力。感受到不和谐感的消费者可以通过放弃购买或退货来减少不和谐，也可以通过寻求证实产品价值比其价格高的有关信息来减少不和谐感。此外，消费者对所购买的产品是否满意，除了取决于对产品性能的预期值与该产品实际性能之间的对比外，同时也受周围环境的影响。例如，某女士购买的时装得到了同事和家人的赞赏，于是就觉得该产品物有所值，从而肯定了这次购买行为，于是可能发生再次购买行为；相反，假如消费者的同事家人对产品的购后评价很差，则不仅再次购买行为不会发生，还会对企业的声誉、形象等产生很不利的影响。

因此，营销人员应采取有效措施尽量减少购买者购后过程的不满意情绪，并通过加强售后服务、保持与消费者的联系，提供使他们从积极方面认知产品特性的方式，以增加消费者的满意度。

在买方市场的条件下，让消费者感到满意是企业生存与发展的基础。这具体表现在以下几个方面。

（1）消费者满意是消费者持续购买的基础。消费者满意对企业来讲至关重要。只有使消费者满意的产品，消费者才可能持续购买。消费者满意是消费者忠诚于企业的前提，不满意的消费者会给企业带来很大的负面效应。

（2）消费者满意有助于形成良好的口碑。如果对企业的产品和服务感到满意，消费者会将他们的消费感受通过口碑传播给其他的消费者，扩大产品的知名度，提高企业的形象，为企业的长远发展不断地注入新的动力。

（3）消费者满意是提高企业获利能力的重要途径。通过提供消费者认为较高的价值，企业将使消费者感到满意进而提升消费者忠诚，促进消费者的持续购买。这样，企业就可把有限的资源集中在消费者认为最重要的东西上，就会使企业获得巨大的市场份额和更大的利润。

二、影响消费者满意的因素

1. 对产品或服务功效的期望

消费者对产品或服务的满意度在很大程度上取决于它的功效。一般来说，产品或服务功效越好，越能够为消费者解决问题，消费者越满意。除此之外，满意度还取决于消费者的期望。当消费者将期望和收到的功效作比较时，如果功效达不到期望，消费者就会不满意；达到期望，消费者就会满意；超出期望，消费者就会十分满意。

2. 与服务相关的内心体验

这里的内心体验主要指的是消费者在商品购买过程中伴随服务而来的多种情绪感受，其中包括企业为消费者提供人员服务、商品服务的方式以及为增进与消费者的关系设计的种种活动。它是来自于多方面的。例如，优雅的购物环境、令人愉悦的视觉感受、悦耳动听的音乐、舒适的产品体验、微小的细节艺术、热情的服务态度和娴熟的服务技巧等，都会带给消费者超乎想象的满意，从而改变消费者固有的消费习惯。

3. 购后管理

消费者的购后管理对企业提高满意度、留住消费者、培育忠诚消费者具有相当大的价值。在一个成熟和高度竞争的市场中，维系原有消费者比吸引新消费者对企业提高市场竞争力更有意义。因而,消费者购后行为管理,在市场竞争日益激烈的环境下,将成为企业市场营销管理的一个新的视角。

4. 企业或产品形象

在竞争日益激烈的现代市场经济中,消费者的选择也日益多样化,而促使其作出决定的,则在很大程度上是产品形象和企业形象。良好的产品和企业形象能够更多地赢得广大消费者的信赖,并且能够长时间地影响消费者的消费心理和消费行为,从而保证企业销售渠道的畅通,使企业顺利地开拓新的市场。

三、提高消费者满意度的途径

1. 良好沟通

通过上述分析可以发现,要准确把握消费者的期望就必须关注消费者心理,把握消费者心理就能准确判断消费者需求,才能使消费者更满意。而目前许多公司的头号问题,就是忽视了客户的心理和需求。要想准确把握消费者的心理和需求,就应当建立企业与消费者之间畅通的沟通渠道,真正做到决策未动,沟通先行。许多企业的成功就充分证明了这一点。例如:在史玉柱开发"征途"游戏的时候,他沟通的方式是找玩家聊天。史玉柱坚持在开发这款游戏的过程中与 2000 个玩家进行了 4000 多个小时的聊天。聊天让他充分洞悉了玩家的各种情绪。给所有这些情绪一种载体,一种释放机制,正是"征途"最吸引人的地方。

2. 创建品牌

商品的品牌不只是商品的名称,它既包含了产品品质和服务等多方面的承诺,又被赋予了一种象征意义,能够向消费者传递一种生活方式,影响人们的生活态度和观点,从而为企业带来长久的效益。可以说,企业拥有了品牌就等于拥有了相对固定的消费者群。例如,在星巴克咖啡馆里,石质地板、咖啡豆、弥漫的香味、蓝调音乐、10～20 秒的服务速度及符号性的咖啡杯,都显示了其独具匠心的设计,展现了浪漫的经典式生活。星巴克已不仅是一个品牌,更代表了一种优雅的文化和一种西式的生活方式。

事实上许多企业也证明了只有走品牌发展之路,才是企业的必由之路。超级咖啡的创始人 David Teo Bock 原本是咖啡包装商,从外国人手上购买咖啡,然后灌装出售。后来他决定与外国咖啡供应商一起在新加坡建立咖啡生产厂,由于产品打不开市场,咖啡厂被迫关闭。后来 David 意识到应当建立自己的品牌,再次建厂后,超级咖啡取得了巨大的成功。这个品牌现在已经打败了雀巢,成为全球第一大咖啡品牌,并且将销售扩展到世界各地。

创建品牌并不像想象得那么困难,企业要做的是成为消费者心目中某个品类的代表。只要企业把握自己产品的准确定位,将品牌内涵传递给目标消费者并强化他们的认知,企业就会走出自己与众不同的品牌之路。

3. 产品创新

如果企业拥有了品牌而不思进取、原地踏步就等于在倒退,企业原有的市场份额和领先地位就将迅速地丧失。随着经济全球化的进程、信息通信技术革命的推动和日益激烈的商业竞争,一项产品创新可能会迅速被竞争者模仿,从而失去其竞争优势。企业唯有将产品创新纳入有效的管理规划之中,通过不断进行产品创新,提高产品的差异化程度,降低运营成本,才能使消费者的多样化需求得到满足,增强企业的竞争力,提高企业的投资回报率,保持长久竞争优势。诺基亚能成为中国手机市场上的领导者,就归功于其产品驱动型战略,即针对当时中国手机市场上产品较为单一、消费者选择余地较小的情况,根据市场需求不断推出新产品,在产品种类上动态覆盖多层次、多种类型的消费者的需要,直接促使其在中国市场的份额稳步上升。

4. 员工素质

要想使消费者有良好的购物体验,关键的因素就是培训企业员工。一项调查发现,购物过程中,售货员漠不关心,准备不充分,并且对消费者冷淡,会导致业务量大量流失,而且更易于造成不好的口碑。另一项对全球各地上百家企业的成千上万名雇员进行的调查表明,随着雇用时间的增长,雇员的投入度反而降低了。也就是说在一个企业工作越久的员工,忠诚度越低。上述调查显示,员工的素质在很大程度上决定了消费者的满意度及忠诚度。

5. 社会责任

传统的企业形象战略和公关虽然能很好地树立企业形象,但随着消费者的成熟,越来越多的消费者所关注的是企业的社会责任。2001年,欧盟委员会给企业社会责任作了广义的界定:"企业根据其社会责任这个概念可以自发地把关于社会和环境的问题纳入商业运营和处理与企业股东的关系中去。"即企业除了必须顾及股东的利益以外,还必须关照受企业决策与行为影响的人,即其他"利益相关者",包括员工、供应商、消费者的利益,乃至有关环境保护、社区和谐的利益。如何善待这些利益相关者,满足他们的利益要求,担负与他们相关的责任,就构成了企业社会责任的主要内容。这些责任虽然不像明文契约关系那样刚性,但已日益成为评价企业绩效、企业伦理的重要尺度。一个负责任的企业理应致力于实现所有利益相关者的共同利益最大化,而不仅是股东利润的最大化。这两方面的要求形成了某种张力,使企业的经济效益和社会效益达到了一定的均衡状态。

有调查表明,在美国,84%的消费者愿意选择更有社会责任感的企业的产品。在欧盟,44%的人愿意为社会责任和环保产品多付点钱。正如迈克尔·波特所言,"一般来说,社会问题与企业的关系越紧密,企业获取资源、提高生产力和造福社会的希望越大"。

总之,企业要做到消费者满意,只了解影响消费者满意的因素及提高的途径是远远不够的,还需要有长期服务于消费者的理念,持之以恒地根据消费者需求结构及产品或服务的特点最大限度地服务于消费者,并在企业中建立一组与产品或服务有关的、能反映消费者对产品或服务满意程度的产品满意项目,作为消费者满意度的评价指标。这样才能全面了解消费者的满意程度,不断提升消费者的满意水平。

情景三 消费者不满

> **小资料**
>
> 美国纽约电话公司曾遇到一个蛮不讲理的客户,他拒不付电话费,声称电信公司的记录是错的。他暴跳如雷,破口大骂,甚至威胁要砸碎电话机,同时写信给各大报社,向公共服务委员会投诉。为此,他与电话公司打了好几场官司。公司派出好几个人去处理

> 此事都失败了。后来,公司派了最有耐心的乔治去处理此事。在乔治面前,那位客户没完没了地大发脾气。第一次,乔治静静地听了三个小时,对客户所讲的每一点都表示同情。后来又去了三次,乔治依然静听客户的抱怨。在第四次时,客户的态度渐渐变得友好起来。最后,乔治说服了这位客户加入了"电话用户联络协会",与此同时,客户付清了全部电话欠费账单,结束了他的投诉。
>
> 问题:乔治是如何处理消费者不满的?从案例中你得到了什么启示?

一、消费者不满的概念

消费者不满一般是指消费者因为对交易结果的预期与实际情况存在较大出入而产生的行为上或情绪上的反应。

二、消费者不满情绪的表达

一旦消费者对所购的产品或服务不满,随之而来的问题就是如何表达这种不满。不同的消费者、同一消费者在不同的购买问题上,不满情绪的表达方式都可能有所不同。消费者表达不满意情绪的方式一般有以下几种。

(1)自认倒霉,不采取外显的投诉行为。消费者之所以在存在不满情绪的情况下,采取忍让、克制态度,主要原因是他认为采取投诉行动需要花费时间、精力,所得的结果往往不足以补偿其付出。很多消费者在购得不满意的产品后,未采取任何行动,恐怕大多是抱有这种"投诉也无济于事"的态度。虽然如此,消费者对品牌或店铺的印象与态度显然发生了变化。当然,不采取行动并不意味着消费者对企业行为方式的默许。

(2)采取私下行动。比如转换品牌,停止光顾某一商店,将自己不好的体验告诉熟人和朋友,使他们确信选择某一品牌或光顾某一商店是不明智之举。

(3)直接对零售商或制造商投诉,要求补偿或补救。比如写信、打电话或直接找销售人员或销售经理进行交涉,要求解决问题。

(4)要求第三方予以谴责或干预。如向地方新闻媒体写投诉信,诉说自己的不愉快经历;要求政府行政机构或消费者组织出面干预,以维护自己的权益;对有关制造商或零售商提起法律诉讼等。

如图10-2所示。

一般而言,消费者投诉是基于两个方面的考虑。第一,获得经济上的补偿。比如要求更换产品、退货或者要求对其所蒙受的损失予以补救。第二,重建自尊或维护自尊。当消费者的自我形象与产品购买紧密相连时,不满意的购买可能会极大地损害这种形象。例如,在婚宴或其他庆典上喝到假"茅台",主人因此会感到愤怒,很可能采取事后投诉行动。

不满的消费者不大可能继续使用同一品牌,而且很可能向同事、亲友表达不满。相反,满意的消费者则可能向他人推荐产品,重复选择该产品甚至形成品牌忠诚。

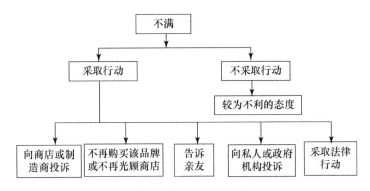

图 10-2　消费者表达不满意情绪的方式

资料来源：德尔·I.霍金斯(Dell I. Hawkins)等，消费者行为学(原第 8 版)，符国群等译，北京：机械工业出版社，2003，596。

三、企业处理消费者不满的对策

在销售过程中，我们经常会听到消费者的抱怨：价格高，服务差，质量不可靠……消费者的抱怨就是消费者不满的一种表现，而企业只有重视消费者满意度，才能创造更多的消费者价值，获得立足市场的资本。经调查发现：服务不能令消费者满意，会造成 90% 的消费者流失，消费者问题得不到解决会造成 89% 的消费者流失，而一个不满的消费者往往会向别人叙述不愉快的购物经历。可见，处理好消费者不满是多么重要。企业处理消费者不满的对策主要有以下几种。

1. 正视消费者不满

（1）认清消费者不满的价值

消费者是企业生存之本，利润之源，他们不满情绪的表达，给了企业与消费者深入沟通、建立消费者忠诚的机会。同时，一切新产品的开发，新服务的举措，无一不是对消费者需求的一种满足，而这些潜在的需求往往表现在消费者的购买意愿和消费感觉上，商家要通过对消费者的牢骚、投诉、退货等不满举动的分析，来发现新的需求。例如，许多企业的营销人员往往抱怨，消费者是越来越难"伺候"了，看报纸要送到门口，买袋米要送到家、买个空调要安装妥当、买斤肉要剁成馅儿、买个电脑要教会他上网……一步没做到都会引起消费者的不满意。但回头来看一看，这些当初无理的要求，如今都已成了企业争夺消费者的法宝。消费者对商家服务提出的看似"无理"的要求，往往正是商家服务的漏洞，而其之所以显得"无理"，仅是因为商家服务观念僵化。企业要想完善服务，就必须依靠消费者的"无理取闹"来打破"有理的现实"。

（2）转变观念，善待消费者不满

对企业来说，认识到消费者不满并非坏事，它给了企业一个留住消费者、增加消费者忠诚度的机会。消费者对企业的认识是一步一步进行的，消费者的不满给了企业与消费者进一步沟通的机会，处理好消费者的不满更有利于加强消费者对企业的忠诚度。

2. 以良好的态度应对

当消费者表现出不满时，企业应该迅速了解消费者的不满，这就要求工作人员学习倾听、安抚和平息消费者怒火的技巧。

(1) 学会倾听

商家需要以诚恳、专注的态度来听取消费者对产品、服务的意见,听取他们的不满和牢骚。工作人员倾听消费者不满的过程中要看着消费者,使其感到企业对他们的意见非常重视;必要时,工作人员还应拿笔记下消费者所说的重点,这些虽不能彻底安抚消费者,却可以平息消费者的怒火,防止事态进一步恶化。在倾听过程中工作人员的观点可能会与消费者所述有偏差。这时一定要站在消费者的立场上替消费者考虑,同时将听到的内容简单地复述一遍,以确认自己能够把握消费者的真实想法。倾听时不可有防范心理,不要认为消费者吹毛求疵,鸡蛋里面挑骨头。绝大多数消费者的不满都是商家的工作失误造成的,即使部分消费者无理取闹,也不可与之争执。

(2) 安抚、平息怒火

消费者在开始陈述其不满时,往往都是一腔怒火,工作人员应在倾听过程中不断地表达歉意,同时允诺事情将在最短时间内解决,从而使消费者逐渐平静下来,使怒火平息。

3. 了解不满消费者的希望

应对消费者抱怨,首先要做的是了解消费者不满背后的希望是什么,这样有助于按照消费者的希望处理,这是解决消费者不满的根本。比如,表面上看,消费者向保险代理人抱怨说,她们打电话要求保险公司处理一个简单的问题,等了好几天都没有回应。但深入地看,消费者是在警告代理人,保单到期后,他们会去找另一家保险公司续保。令人遗憾的是许多公司只听到了表面的抱怨,结果因对消费者的不满处理不当,白白流失了大量的消费者。

4. 采取行动化解不满意

消费者抱怨的目的主要是让员工用实际行动来解决问题,而绝非口头上的承诺。首先,在行动时,动作一定要快,这样可以让消费者感觉到被尊重。其次,应表示经营者解决问题的诚意,从而防止消费者的负面宣传对企业的声誉造成影响。

5. 处理得当,不满变圆满

对于消费者提出的不满处理不当,就有可能小事变大,甚至危及企业的生存;处理得当,消费者的不满则会变成圆满,消费者的忠诚度也会得到进一步提升。

四名来自欧洲的 MBA 学员到位于美国亚利桑那州菲尼克斯的 Ritz Carlton 酒店参加服务营销理论研讨会。他们想在即将离开酒店前往机场的那个晚上到酒店的游泳池里轻松地度过几个小时。但是,当他们下午来到游泳池时,被礼貌地告知游泳池已经关闭了,原因是为了准备晚上的一个招待会。这些学员向招待员解释说,晚上他们就将回家,这是他们唯一可以利用的一点时间了。听完他们的解释后,这个招待员让他们稍等一下。过了一会儿,一个管理人员来到他们身旁解释道,为了准备晚上的酒会,游泳池不得不关闭;但他接着又说,一辆豪华轿车正在大门外等待他们,他们的行李将被运到 Biltmore 酒店,那里的游泳池正在开放,他们可以到那里游泳。至于轿车费用,全部由 Ritz Carlton 酒店承担。这四名学生感到非常高兴。这家酒店给他们留下了非常深刻的印象,也使他们乐于到处传颂这一段服务佳话。

由此可见良好的处理方式不仅可以赢得消费者的满意,而且为企业宣传自己、改善自己提供了良好的机遇。

情景四 消费者的品牌忠诚

> **小资料**
>
> 在一个寒冷的雨夜,一位经理人所搭乘的飞机比正常时间晚到了一个小时。他来到候车区,等候 Hertz 汽车租赁公司的巴士。他在那等了将近 20 分钟,有两辆 Avis 公司的巴士经过,但又离开了。最后,第三辆巴士停了下来。司机问他是否是 Avis 公司的顾客。当这位经理人回答他一直在等 Hertz 公司的巴士时,对方思索了片刻,然后说道,"上车吧,我送你到 Hertz 公司的租车处"。
>
> 这位经理人充满感激地上了车,并向司机询问 Avis 公司是否有汽车出租业务。当司机回答说有时,经理人决定取消向 Hertz 公司所做的预订,并从 Avis 公司租用了一辆汽车。从那晚起,这位经理人不仅自己成为了 Avis 公司的常客,还经常向他人讲述这个故事,并将他们也转变成了 Avis 公司的顾客。
>
> Avis 的巴士司机简单而善意的举动并没有给公司带来任何损失,却将一位竞争对手的忠实顾客转变成自己公司的拥护者。企业成功的关键在于,培养比竞争对手更多的拥护者,因为在顾客满意度至上的商界,拥护者无比重要。
>
> **问题:** 如何才能做到让消费者产生情感忠诚并进而产生行为忠诚?

一、消费者忠诚的概念及分类

消费者忠诚(Customer Loyalty)即消费者购买行为的持续性,它是指消费者对企业产品或服务的信赖和认可,坚持长期或重复购买和使用该企业的产品或服务,即使出现了替代品,也不会轻易转移或更换,并自愿向其他消费者推荐企业的产品或服务。

消费者忠诚依据其程度深浅,可分为行为忠诚、意识忠诚和情感忠诚。行为忠诚是消费者实际表现出来的重复购买行为。意识忠诚是消费者可能具有在未来的购买意向。情感忠诚则是指消费者对企业及其产品或服务的态度,包括积极向其他消费者推荐企业的产品和服务。情感忠诚可以促进行为忠诚。消费者对某一品牌的情感忠诚度越高,就越有可能产生重复的购买行为。如果没有足够的情感基础,消费者的行为忠诚往往不会持久,由便利性、价格、垄断等原因所引发的行为忠诚在外界条件发生变化的时候很容易消失,只有建立在情感忠诚基础上的行为忠诚(通常称之为超值忠诚)才能为企业带来持久的价值。情感忠诚会产生很强的口碑效应,往往会带来大量的新的消费者,并可能产生一批新的忠诚消费者,从而为企业带来较高的价值。如果一个消费者在情感上忠于企业,那么即使他不能再购买该企业的产品了,他也会将该企业推荐给他的亲朋好友,通过别人的购买将自己的忠诚价值实现。

二、消费者满意与消费者忠诚

消费者满意不一定等于消费者忠诚,消费者满意是一种心理状态,消费者忠诚是一种持续的购买行为。消费者忠诚是建立在消费者满意的基础上,两者的区别在于:消费者购买某产品觉得满意之后,并不一定会再次购买该产品,消费者满意一般是一次性的;而消费者对某产品由满意发展到忠诚后,他会再三地购买同一产品,甚至积极地鼓励其他消费者一起来购买,消费者忠诚会引发重复性很高的行为。因此,消费者忠诚实际上是一种消费者行为的持续性,一个企业要发展必须拥有大量的忠诚消费者。

持久的消费者忠诚是消费者满意情感状态(如消费者快乐和愉悦)长期作用的结果。在这种情况下,忠诚的消费者会抵制竞争对手的营销努力。如果产品消费与某一社会群体或个性特征密切相关,那么忠诚度会更高。如年轻人对某品牌牛仔裤或背包忠诚,是因为可以通过这些品牌来表达自我个性。再如,对某支欧洲足球队的忠诚就反映了个体的自我个性和特定的社会群体关系。尽管环境的影响和营销努力会对购买行为的转化产生潜在作用,消费者仍会重复购买其所偏好的产品和服务。因此,消费者忠诚能为商家带来更大的市场份额、更高的利润率和更好的口碑。企业应致力于建立和维持消费者忠诚。

三、基于消费者满意的消费者忠诚因素分析

消费者满意的水平是期望绩效与期望差异的函数,它是消费者忠诚的前提和基础。消费者满意直接导致消费者忠诚。在不同的竞争条件下,消费者满意对消费者忠诚的作用也不一致,市场竞争越激烈,消费者满意水平对赢得消费者忠诚就越发重要。消费者满意一般被认为是消费者重复购买、口碑效应和消费者忠诚的决定性因素。凡是影响消费者满意的因素都是消费者忠诚的驱动因素,比如产品的价格、产品的功能与品质、销售服务、技术特点、时间投入、机会成本、广告宣传、口碑、品牌形象、环境、承诺、尊重、信息、消费者心理等因素。但是,不同的因素对消费者忠诚的驱动力是不同的。

1. 产品

优良的产品是形成消费者忠诚的基础,消费者只有获得满意的产品才有可能形成重复购买的欲望。可靠的质量是消费者对优良产品的基本要求,而同等质量水平下的较低价格则是消费者忠诚的根本动力。消费者在购买产品时,除了希望以较小的成本获取更多的实际利益外,更加追求产品的个性化及多样化。消费者的实际价值是通过可感知的产品质量来衡量的,即产品质量决定消费者满意。当消费者可感知的产品质量高于或相当于自己的期望时,将获得消费者满意。否则消费者会不满。当可感知的质量远远高于消费者的期望时,消费者不仅满意,而且上升到了更高的心理状态,即愉悦。

2. 企业形象

信誉好、知名度高的企业能够把企业的良好形象注入商品中,消费者极容易把企业的优质服务和商品的优良品质联系在一起,增强他们对商品的认同感和忠诚度,从而形成良好的品牌形象和竞争优势。而企业形象的正面效应反过来又会进一步强化消费者对企业的满意度。因此企业的无形商誉资产流动起来,新增加了企业的利润源,形成企业形象和产品信誉的良性循环发展。所以,加强品牌形象建设、个性的传播和与消费者的情感沟通,保持高水平的情感承诺,可以进一步促进其心理忠诚和行为忠诚。

3. 服务质量

消费者忠诚水平的高低也取决于企业所提供的服务水平。服务质量是影响消费者行为

意向的一个重要决定性因素。同时,服务质量还直接影响了重复购买行为和推荐意愿的产生。优质的服务可以提高消费者的满意程度,增强企业与消费者的关系。良好的服务体现为消费者在参与购物的整个过程中所得到的有利指引和帮助,良好的服务质量还意味着企业为消费者提供的个性化和定制化服务。良好的服务质量还包括妥善处理客户投诉。客户的投诉是因为客户对商品或服务不满意,企业如正确对待客户投诉,并用积极的态度处理投诉,就会在极大程度上提高消费者的满意程度。

4. 转换成本

转换成本是消费者改变原消费选择时要付出的成本,既包括货币成本,也包括时间、精力和心理等非货币成本。它可以成为消费者的一种退出障碍,考虑到转换现有选择和发展新关系过程中需要付出的多项成本,消费者将有可能维持原选择。在市场营销理论中,低水平满意关系中的转换成本即可成为一种退出障碍;当满意水平不断上升直至形成忠诚,消费者面对的转换成本也将不断增加,达到较高水平。转换成本越高,消费者对企业的行为忠诚越高,但这也并非意味着态度忠诚必然会提升。态度忠诚的形成除依赖于高水平满意下的转换成本外,更取决于消费者的情感定位。

5. 消费者个人特征

消费者的个人特征也是影响消费者忠诚的因素之一。消费者的人生观、价值观、消费观、收入、前期交易经验、受教育程度、生活方式、个人的好恶等特征,使得不同的消费者具有不同的嗜好、不同的服务要求、不同的价格敏感度以及千差万别的品牌偏好和品牌忠诚度。

四、提升消费者忠诚的措施

企业常常认为,只要品牌足够强大,消费者一定会保持忠诚;同时企业还相信,只要消费者认定了自己的品牌,就一定会一如既往地购买自己的产品。但是,消费者却不是这样想的,因为市场上总是会不断出现很多新的品牌或产品,而消费者对于新产品的好奇心是非常强烈的,他们在消费的过程中也越来越精明,总是会拿自己过去一直购买的品牌和新的品牌作一些比较,一旦发现新的比旧的好,马上就会转移,而如何转移、在什么时候转移,企业并不知道。正如一位营销大师所说:没有带不走的消费者忠诚。

以消费者为中心的定律告诉我们:要发展一个新的消费者,其成本是你留住一个原有消费者的六倍;而消费者如果对你不满意,就会告诉若干个潜在消费者。因此,如何让消费者对品牌始终忠诚是很多企业共同面临的问题,特别是那些具有强大品牌影响力的企业。因此,针对企业的特点和影响企业消费者忠诚度的因素,企业在培养消费者忠诚时应着重从以下几个方面努力。

1. 准确定位,提升产品质量

人们在购买产品和服务时,存在不同的消费观点。企业应该准确定位产品,培养一批忠实消费者。如果定位不明确,很难保证消费者忠诚。此外,产品质量是消费者忠诚的基础,产品质量在很大程度上决定了消费者的忠诚程度。只有过硬的产品质量才能真正吸引到消费者。提高产品质量,有效满足消费者需求,提升消费者满意度是成功构建消费者忠诚的关键策略。

2. 塑造企业形象

良好的企业形象,会对消费者形成一种吸引力;而良好的产品形象,才是培养消费者忠诚的根本。企业要树立良好的形象,不仅要提高消费者对企业的认识程度,更重要的是要让广大消费者对企业产生好感和信赖,只有这样才能真正产生购买行为。所以,企业必须树立为消费者提供优质的商品和满意的服务的观念。通过各种途径,不断加强企业各方面的形象建设。消费者只要对与企业形象相关的某一方面不满意,如对企业产品形象、服务形象、员工形象、企业的生活与生产环境形象、企业精神、企业文化、企业责任、企业信誉等不满意,就会影响消费者对企业的忠诚。

3. 提供可靠的服务保障

服务保障是指企业在培养忠诚消费者的过程中所提供的优质服务和安全服务保障。企业不仅要确保提供质量高、价格合理的产品,还要提供及时准确的物流配送,快速有效地化解消费者抱怨,更要保护消费者的支付安全、个人隐私安全,并及时准确地履行契约以及防止交易中的欺诈行为等,让消费者感觉到企业是在为他们服务,而不是在向他们出售产品或服务。只有这样才能使消费者产生对企业的信任感,从而忠诚于企业。

4. 提高转换成本

通过提高消费者转换成本的方式留住消费者是提升消费者忠诚的有效途径。企业构建转换壁垒,使消费者在更换品牌和供应商时感到转换成本太高,或消费者原来所获得的利益会因为转换品牌而损失,可以加强消费者的忠诚。建立企业与消费者之间的结构性纽带和对消费者作出某些积累承诺,也可以提高消费者转向竞争者的转移成本,进而增强消费者忠诚。一般来说,消费者转换品牌或转换卖主会面临一系列有形或无形的转换成本。对单个消费者而言,转换购买对象需要花费时间和精力重新寻找、了解和接触新产品,放弃原产品所能享受的折扣优惠,改变使用习惯,同时还可能面临一些经济上、社会上或精神上的风险;对机构购买者,更换使用另一种产品设备则意味着人员再培训和产品重置成本。提高转换成本就是要研究消费者的转换成本,并采取有效措施人为增加其转换成本,以减少消费者退出,保证消费者对本企业产品或服务的重复购买。

5. 了解消费者的需求

企业必须更加关注最终消费者,改善与消费者间的互动性,充分了解消费者交易的特点,节省消费者的时间,提供个性化服务,为消费者交易创造更大便利。企业应与消费者进行有效的沟通,了解消费者的期望,充分与准确地了解消费者要求及对产品的满意程度;也要了解消费者某些隐含的要求,并进一步通过对相关产品进行评审,确定企业有能力满足消费者的要求,同时也向消费者传达企业寻求合作的真诚愿望。与消费者进行有效沟通,有助于在服务发生问题时减少或避免消费者的挫折感,从而使消费者树立对企业的信任与理解,提高消费者的忠诚度。

6. 正确对待消费者投诉

要与消费者建立长期相互信任的伙伴关系,就要善于处理消费者投诉。有些企业的员工在消费者投诉时常常表现出不耐烦、不欢迎,甚至流露出一种反感,其实这是一种非常危险的做法,往往会使企业丧失宝贵的消费者资源。

总之,通过发现消费者的潜在需要以及消费者对企业、商品及员工的期望,做到比竞争对手更早、更周到地满足消费者的需要,并从消费者的角度对企业行为进行评估,不断依据反馈改善企业的产品及服务,企业才能使消费者感受意想不到的满意,取得消费者的信任,使其成为忠诚的甚至终身的消费者。

10.3 练习案例

雪中飞:靠忠诚和信赖腾飞

羽绒品牌雪中飞通过出色的印象管理和高效的广告营销,使得消费者对其保持了一种高度信任和忠诚。而正是这种信任和忠诚,保障了雪中飞的利润真正能够"在雪中飞起来"。

"一旦认准一个品牌,我就会长期坚持购买它。"

"我是只选对的,不买贵的。"

"我就喜欢买同一品牌的商品,因为它有品质保证啊,而且这样的保证也是我多年来所认可的。"

以上的种种消费者购买习惯,在某种程度上是左右着企业利润的重要指标之一。这一点在很多理论和实践当中多次被验证,如彼得·德鲁克就曾说:"消费者忠诚度是考量品牌利润的中心,争取一位新消费者所花成本是维系一位老消费者的6倍。"帕累托著名的"二八法则"则指出:企业营业收入的80%是来自20%的消费者。对于还在危机中前行的羽绒服行业来说,企业用于计算价值的单位已不再是商品,而是客户关系。在这点上,雪中飞做出了表率。

短短几年内,雪中飞在竞争激烈的羽绒服领域脱颖而出,连续5年全国销量第2名,成为中国服装行业最具成长潜力的品牌之一。而雪中飞消费者忠诚的经济价值主要体现在产生溢价和口碑推荐上。忠诚的消费者经常向潜在的消费者进行品牌推荐,为雪中飞带来更多的消费者。

那么,雪中飞是如何培养消费者的忠诚度呢?这主要是通过以下两个有效策略来完成的。

一、出色独特的印象管理

羽绒服行业卖场印象管理是增强企业竞争力的前提,但却一直被众多企业忽视或曲解。在传统管理理念下,企业对卖场的设计只是用来卖货,并没有深入到消费者的生活方式中,自然也没有上升到消费者的情感及价值层次。雪中飞实施个性化的印象管理策略,就很容易使自己找到新的生存空间与获取价值的新机会。

所谓印象管理,是指人们运用各种技巧和方法左右他人,以期建立良好印象的过程。只有那些被消费者认为是重要的、有价值的环节,才能够真正打动消费者的心,这些环节就是印象管理中的关键时刻。而雪中飞恰恰在这些关键时刻上设计出很好的情境与情节,加深消费者对企业的印象,特别是通过卖场外观向消费者传递一种感情并引发消费者正面的联想和认同,从而能够增强消费者对雪中飞品牌的偏好程度与忠诚度。

事实上,消费者不是从局部而是从整体上感受卖场的。因此,如何通过卖场展示在消费者心目中留下第一位的深刻印象,就是雪中飞提升消费者忠诚度的重要前提。因为,一个企业要获得消费者的支持,赢得消费者的信赖,就必须通过各种设计,创建良好的卖场购物气氛,使企业在消费者心目中留下美好印象。这不仅可以使消费者获得超额让渡价值,而且还可以在忠诚的消费者群体中产生良好的口碑效应,从而扩展了企业的知名度,并树立了良好的企业社会形象;同时,也增强了企业的品牌竞争力,使企业能够获得并长期保持市场竞争中的优势地位。

由此可见,雪中飞实施的卖场印象管理是一项系统工作,它同雪中飞的企业经营理念、市场定位、营销策划、商品的组织、营销技术、消费者的需求和市场环境等因素结合起来,进行了全面的规划,所以才给消费者带来一个独特而难忘的印象,增强了消费者对雪中飞品牌的忠诚度。

二、相得益彰的广告营销

任何一种产品都有生命周期,只是周期长短不同,因此,广告目标、诉求重点、媒介选择和广告实施策略也有所不同。

在对媒体受众进行科学分析与导入的基础上,雪中飞实行品牌提升与新品推广同步、高端策划宣传与市场销售终端配合、广告投放与软文烘托相得益彰的市场推广策略。比如,在雪中飞产品的引入期和成长期,新产品刚进入市场,产品的品质、功效、造型、结构等都尚未被消费者所认知。在这一阶段里,雪中飞的广告宣传以创品牌为目标,目的是使消费者产生新的需要,执行开拓市场的战略。因此,广告策略以突出新旧产品的差异为主,向消费者介绍新产品的有关知识,使消费者对新产品有所认识,从而产生兴趣和信任感,并大力宣传产品的商标和品牌,不断扩大知名度,争取更多的早期使用者,并逐步扩大使用者群。

此外,当需要增加广告支出的时候,雪中飞同样展现了自己的"个性"。其一,要做就做最好。雪中飞在各大城市寸土寸金的地方竖起了超大面积的霓虹灯广告牌,虽然成本不菲,但只有这样才会引起关注。其二,找别人不注意的地方做广告。例如,在地处热带的云南瑞丽,雪中飞也竖起了广告牌。有人质疑:热带地区的人需要羽绒服吗?雪中飞的广告策略制定者却认为:瑞丽地区一年到头游客很多,中间肯定有需要羽绒服的,其他竞争对手没有注意到这点,正好是品牌推销的一个大好机会。

其实,就消费者而言,不管是印象管理也好广告营销也罢,雪中飞最突出的一点是可以游刃有余地倡导消费者生活方式的转变。在这个过程中,消费者认知度与忠诚度是相互关联的,这种关联又使消费者形成了一种习惯、一种传统、一种文化。当消费者对产品产生感情之后,产品自然会被更多的消费者推荐,这也正是雪中飞品牌在市场竞争中获胜的先决条件。

(资料来源:王新业《中国服饰》,2010)

问题: 雪中飞在经营过程中采用了什么样的营销策略?

10.4 课后作业

1. 名词解释

消费者满意　　消费者不满意　　消费者忠诚

2. 简答题

(1)企业处置产品的方式主要有哪些?

(2)产品与包装的处置为何日益引起企业的关注?

(3)影响消费者满意的因素主要有哪些?提高消费者满意的途径有哪些?

(4) 消费者不满意情绪的表达方式有哪些？

(5) 广告的心理功能有哪些？增强广告效果的心理策略有哪些？

(6) 影响网络消费者购买的主要因素有哪些？

(7) 网络消费者的购买动机有哪些？

3. 分析题

(1) 选择你最近经历的一次不满意的消费行为，说明商家是如何处理使你达到满意的。

(2) 培养消费者对企业产品或品牌的忠诚为什么特别重要？

(3) 识别你对其产生忠诚的某一品牌并分析形成忠诚的原因。在此基础上辨别你曾重复购买但缺乏忠诚的某一品牌，分析生产该品牌的企业是如何使你由单纯的重复购买者转向品牌忠诚者的？

4. 案例分析

和一个从事营销的专业人员展开深度访谈，让他描述一下：

(1) 对于他所在的公司，消费者满意有多重要？

(2) 他如何做到使消费者满意的？

(3) 他和不满意的消费者有什么样的接触经历？

(4) 总结一下你的体会。

10.5 延伸阅读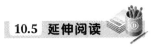

忠诚消费者靠培养

日本一家化妆品公司位于一座人口百万的大城市，而这座城市每年的高中毕业生相当多。该公司的老板灵机一动，想出了一个好点子，从此，他们的生意蒸蒸日上。

这座城市中的学校，每年都有许多即将步入黄金时代的年轻女子毕业。这些刚毕业的女学生，无论是选择就业还是深造，都将开始一段崭新的生活，她们会脱掉学生制服，开始学会修饰和装扮自己。这家化妆品公司的老板了解了这个情况后，每一年都为女学生们举办一场服装表演会，聘请知名度较高的明星或模特现身说法，教她们一些美容的技巧。在她们欣赏、学习的同时，老板自己也利用这一机会宣传自己的产品，表演会结束后他还不失时机地向女学生们赠送一份精美的礼物。

这些应邀而来的女性，除了可以观赏到精彩的服装表演之外，还可以学到不少美容的知识，又能人人中奖，满载而归，真是皆大欢喜。因此许多人都对这家化妆品公司颇有好感。

这些女学生事先都收到了公司寄来的请柬，这请柬也设计得相当精巧有趣，令人一看卡片就十分向往。因而大部分人都会寄回报名单，公司根据这些报名单做好各种准备。

据说每年参加活动的人数，都占全市女性应届毕业生的 90% 以上。

在她们所得的纪念品中，有一张申请表。上面写着："如果您愿意成为本公司产品的使用者，请填好申请表，亲自交回本公司的服务台，你就可以享受到公司的许多优惠，其中包括各种表演会和联欢会，以及购买产品时的优惠价等。"大部分女学生都会响应这个活动，纷纷填表并交回。该公司就把这些申请表一一加以登记装订，以便事后联系对方或提供服务。

事实上,她们在交回申请表时,或多或少都会买些化妆品。如此一来,该公司真是一举多得,不仅吸收了新顾客,也实现了消费者忠诚。

从以上案例中,我们可以得到以下启示。

启示一:"攻心为上,攻城为下。"

《孙子兵法》说:"善用兵者,屈人之兵而非战也,拔人之城而非攻也。"未战而屈人之兵,未战而投人之城,正是"攻心为上"的形象说明。

这家日本公司的老板正是一位高明的"攻心为上"术的使用者。他牢牢抓住了那些即将毕业的女学生们的心理:脱掉学生制服之后,希望通过装扮和修饰创造一个不同于以往的形象,能更漂亮、更出众,但却不会装扮,也不知该向哪儿咨询。公司老板的服装展示会和美容教学进一步激发了这些少女爱美的心理,并使她们摆脱了"弄巧成拙"的担忧,让她们在学习的同时,熟悉并接受了该公司的产品。

启示二:优秀的策划可以事半功倍。

一流策划创造潮流,二流策划领导潮流,三流策划顺应潮流。企业如果通过一流策划使用本企业产品和服务成为潮流,必然可以事半功倍。日本的这家化妆品公司将服装展示会变成一种少女们趋之若鹜的潮流,使得每个人都认为不参加展示会的人,是天大的傻瓜。于是,公司的服装展示会不但得到大多数应届毕业女生的青睐,还影响到了以后的每一届毕业生。当然,只有优秀的策划是不够的,要真正形成潮流,要变新顾客为企业的忠诚消费者,企业所提供的产品和服务必须要能给消费者带来实际的价值,否则就会像当年的"呼啦圈热"一样,热一阵马上就销声匿迹了。

启示三:企业要想更高效地获得忠诚消费者,应改被动"等待"为主动"培养"。

为了获得忠诚消费者,企业大多通过广告等手段将自己的产品及服务特点介绍给广大消费者,然后静等新顾客上门;如果新顾客在使用了企业的产品和服务之后感到满意,他就会一次一次的购买,最终成为企业的忠诚消费者。显然,这是一种被动"等待"的过程。由于企业并没有对新顾客进行选择,也没有采取什么主动措施将新顾客牢牢"锁住",因此,新顾客中可成长为忠诚消费者的比例就会极低。为了能够更高效地获得至诚消费者,企业应将传统的被动"吸引"和"等待"改为主动"拉拢"和"培养"。正如这家日本公司所做的,它先是针对即将毕业的女学生这个目标消费者群,通过服装展示会及美容教学等方法主动将其拉向自己,然后利用申请表收集新顾客的信息以便为其提供更优质的产品及服务,并通过公司的各种优惠将消费者牢牢"锁住",耐心将其培养成为企业的忠诚消费者。

(资料来源:http://www.35dl.com/marketing/al/marketing_29637.html)

10.6 参考文献

[1] 〔美〕万克尔·R.所罗门,卢泰宏.消费者行为学(第6版:中国版)[M].北京:电子工业出版社,2006.

[2] 〔美〕德尔·I.霍金斯等.消费者行为学(原第8版)[M].符国群等,译.北京:机械工业出版社,2003.

[3] 孔祥臻,鞠敏,陈惜如.产品创新的思维密码[J].销售与市场,2008,(2).

[4] 高晓培.铸造企业文化品牌 铺就企业成功之路[J].质量与品牌,2006,(1).

[5] 赵晓鸿,王丽丽.网络营销技术[M].北京:中国人民大学出版社,2005.
[6] 黄维梁.消费者行为学[M].北京:高等教育出版社,2005.
[7] 卢泰宏.消费者行为学:中国消费者透视[M].北京:高等教育出版社,2005.
[8] 聂志红,崔建华.站在消费者的立场审计营销:消费者行为学教程[M].北京:经济科学出版社,2005.
[9] 符国群.消费者行为学[M].北京:高等教育出版社,2001.